文法がしっかりわかる 韓国語

長友英子・荻野優子 共著

巻末の単語集も収録!
CD2枚付き

池田書店

●発音ルビと発音記号●

- 本書では、初めて韓国語に接する方の理解の手助けとなるように、ハングルの下にカタカナで発音ルビがふってあります。韓国語独自の音に少しでも近づくよう、ルビのふり方を工夫しています。ルビを参考にして、韓国語の特徴に慣れていただければと思います。詳しくは本文中で解説しています。
- ただし、日本語で韓国語の発音を正確に表記するのには自ずと限界があります。CDのネイティブスピーカーの発音をよく聴いて、正確な発音を身につけるようにしましょう。
- また、母音の長音（長く伸ばす音）はハングルでは表記されませんが、母音を長く伸ばすかそうでないかで単語の意味が変わる場合があります。そのため、本書では原則として単語の長音を発音ルビで表記しています。しかし、現在の韓国語では、長音は短く発音される傾向にあります。とくに母音で始まる語尾が続く場合、用言の母音の長音は短くなりやすいので、このようなケースに限り長音表記を省略することにしました。
- 母音や子音の説明に用いた発音記号は、国際音声記号に準じて表記してあります。英語などでは見かけない発音記号も出てきますが、解説を進める中で随時説明を加えてあります。

●付録CDを利用しましょう！●

- 本書には2枚のCDがついています。第1章では、韓国語の発音のポイントおよび日常の基本会話を、第2章では、各レッスンのスキットと例文を収録しています。基本的に日本語と韓国語の両方を収録していますが、付録の形容詞と動詞については、例文の日本語を割愛しています。
- 会話を練習する際は、ネイティブスピーカーの声と一緒に発音する、聴きながらあとについて繰り返す、本を閉じて音だけ聴いて繰り返すなど、いろいろな方法で練習しましょう。また、実際に声に出して元気よく発音練習をしましょう。繰り返し練習することが何より言葉の学習では大切です。おおいにCDを活用してください。

CD収録時間　DISC1　38分（P.19〜154）／DISC2　58分（P.156〜251）

はじめに

　韓国の映画やドラマ、ポップミュージックなどは、今やあたり前のように身近に見たり聞いたりできる存在になってきました。隣国の文化を直接知り、隣国の人々と接する機会が増えるにつれ、徐々に「身近な隣国」「より理解したい隣人」に感じられるようになっています。

　外国の人とコミュニケーションをとり、相手をより深く理解するには、「読み書き」や「聞いて話す力」をつける外国語の学習が必須です。そして、そのためには「文法的な知識の裏付け」が不可欠になります。本書はわかりやすく、かつ初級文法の全体が見通せることを目的に作成しました。楽しいばかりとはいえない文法学習を、初心者が無理なく段階を踏んで学習が進められるように、やさしい言葉で詳しく解説を加えました。本書を読みすすめていけば、さらに本格的なステップへも抵抗なく進んでいけるはずです。

　本書は3部から構成されています。第1章は文法の基礎、第2章はより深く文法を理解するために活用のパターンやしくみを詳しく解説しました。難しいと思われがちな変則活用は図で視覚的に示しました。付録は日常よく使われる基本的な単語を名詞、形容詞、動詞と項目を分けて載せてあります。また、ハングルの表記のしかたや長音などの発音は、韓国で使われているものを用いています。

　ことばの学習を通して、隣国の歴史や社会、文化などをより深く学び、日本と隣国との架け橋となる方が増えていくことを心から願っております。

　最後に、ネイティブチェックや様々な助言をしてくださった李泰文先生、李殷燮先生、美しい発音でナレーションをしてくださった林周禧さん、李栽彧さん、松井弘子さん、編集作業をしてくださった編集工房アモルフォの松井美奈子さん、江森一夫さん、池田書店編集部の田口勝章さんに心から感謝を申し上げます。

＊　＊　＊

　このたび復刊の機会を得て、視点も新たに内容を見直しました。より詳しく丁寧になった『文法がしっかりわかる韓国語』が、皆様の学習の一助となれば幸いです。

著者

Contents

はじめに

第 1 章　韓国語基礎セミナー

①ハングルのしくみ

ハングルことはじめ …………………………………… 10
ハングルって難しい？／身近なハングルを探してみましょう

ハングル解体新書 〜ハングルのしくみ探検 …………… 12
母音と子音／ハングルは積み木みたい？／アルファベットと比較すると…／反切表を活用しましょう

(DISC 1)

②ハングルの発音

Track 02-03　**母音字とその発音** …………………………… 18
母音字のかたち／基本母音字の発音／合成母音字

Track 04-09　**子音字とその発音** …………………………… 22
韓国語の子音字／基本子音字の由来と発音／基本子音字を発音してみましょう／基本子音字の発音の特徴——平音・激音・濃音／子音字の聞き比べ

Track 10-17　**音節とパッチム** ……………………………… 32
文字の構成要素は大きく３つ／パッチムに使われる文字とその発音／発音が変化する様子

③韓国語の文法

Track 18-20　**韓国語の語彙の種類** ………………………… 38
固有語／漢字語／外来語

韓国語の主語と述語 ………………………………… 42

用言——基礎の基礎 ………………………………… 44
用言のはたらき／辞書形について

韓国語の助詞 ………………………………………… 46

丁寧表現と尊敬表現 ………………………………… 48
丁寧表現／尊敬表現／パンマルについて

Track 21-26 韓国語ひとことフレーズ
最初におぼえたい基本会話 〜簡単な会話をまずマスター …… 50
あいさつ／返事／自己紹介／感謝の表現／お詫び／お礼やお詫びにこたえる

第2章 文法マスター30

文法学習を進めるにあたって　58

STEP1

Lesson1 Track 27-30	Point ① 「〜です。」**丁寧で堅い文体―平叙文①**	63
	Point ② 「〜ですか？」**丁寧で堅い文体―疑問文①**	64
	Point ③ 「〜は」**主題を表す助詞**	65
Lesson2 Track 31-33	Point ① 「〜ではありません。」**丁寧で堅い文体―否定文①**	67
	Point ② 「〜ではありませんか？」**丁寧で堅い文体―否定疑問文①**	68
Lesson3 Track 34-39	Point ① 「あります。／います。」**丁寧で堅い文体―平叙文②**	71
	Point ② 「ありますか？／いますか？」**丁寧で堅い文体―疑問文②**	72
	Point ③ 「ありません。／いません。」**丁寧で堅い文体―否定文②**	73
	Point ④ 「ありませんか？／いませんか？」 **丁寧で堅い文体―否定疑問文②**	74
	Point ⑤ 「これ」「それ」「あれ」**指示代名詞のいろいろ**	75
Lesson4 Track 40-44	Point ① 「〜です。」「〜ます。」**丁寧で堅い文体―平叙文③**	77
	Point ② 「〜ですか？」「〜ますか？」**丁寧で堅い文体―疑問文③**	79
	Point ③ 「〜が」**主語を表す助詞**	80
	Point ④ 「〜で」**手段を表す助詞**	81
Lesson5 Track 45-48	Point ① 「〜です。」**丁寧でうちとけた文体―平叙文①**	83
	Point ② 「〜ですか？」**丁寧でうちとけた文体―疑問文①**	84
	Point ③ 「〜で」**場所を示す助詞**	85
Lesson6 Track 49-52	Point ① 「あります（か？）／います（か？）」 **丁寧でうちとけた文体―平叙文②、疑問文②**	87
	Point ② 「ありません（か？）／いません（か？）」 **丁寧でうちとけた文体―否定文、否定疑問文**	88
	Point ③ 「〜に」**場所を示す助詞**	89
Lesson7 Track 53-56	Point ① 「〜時」**時刻を表す表現（固有数詞）**	91
	Point ② 「〜する（つもり）」**意志を表す表現**	94

	Point ③ 「～へ」「～に」 方向を表す助詞	95
Lesson8	Point ① 「～月～日」 日にちを表す表現（漢数詞）	97
Track 57-60	Point ② 「～しましょう。」 勧誘を表す表現①	100
	Point ③ 家族や親せきの呼び方	101
Lesson9	Point ① 「～です（か？）」「～ます（か？）」	
Track 61-63	丁寧でうちとけた文体―平叙文③、疑問文③	103
	Point ② 「～を」 動作の目的を表す助詞	105
Lesson10	Point ① 「～なさい（ませ）。」「～してください。」 少し丁寧な命令	107
Track 64-68	Point ② 「～してください。」 丁寧で柔らかい依頼	108
	Point ③ 「～しない」「～くない」「～でない」	
	用言の否定（書き言葉、話し言葉）	109
	Point ④ 「～しない」「～くない」「～でない」	
	用言の否定（話し言葉）	111
	まとめ	112

STEP2

Lesson11	Point ① 「～してみる」 試みる行為を表す表現	115
Track 69-72	Point ② 「～してもいい」 許可を表す表現	116
	Point ③ 「～ですね。」「～しますね。」	
	感嘆、詠嘆を表す表現①（うちとけた文体）	117
Lesson12	Point ① 「～したい」 希望や願望を表す表現	119
Track 73-76	Point ② 「～しましょう。」 勧誘を表す表現②	120
	Point ③ 「～ならいい」「～すればいい」 許容、助言を表す表現	122
Lesson13	Point ① 「～する」「～だ」 하変則用言（하다用言）	125
Track 77-79	Point ② 「～できない」 用言の否定（不可能）	126
Lesson14	Point ① 「お～になる」 用言の尊敬表現	129
Track 80-83	Point ② 「～なので」 原因、理由を表す表現①	131
	Point ③ 「～しやすい」 利便性を表す表現	133
Lesson15	Point ① 「～している」 動作の進行、反復、習慣を表す表現	135
Track 84-87	Point ② 「～になる」 状態の変化を表す表現	136
	Point ③ 「～だった」 用言の過去形の語尾	137
Lesson16	Point ① 「～して」 ことがらの並列を表す表現	141
Track 88-91	Point ② 「～だが」「～するが」 逆説の表現	142

	Point ③ 「〜くなる」「〜になる」 程度や状態の変化を表す表現	142
Lesson17	Point ① 「〜しに」 目的を表す表現①	145
Track 92-94	Point ② 「〜する〜」「〜している〜」 現在連体形の語尾①－動詞	146
Lesson18	Point ① 「〜ある〜／〜ない〜」 現在連体形の語尾②－存在詞	149
Track 95-98	Point ② 「〜ですが。」「〜ですね。」 柔らかな余韻を残す婉曲表現	150
	Point ③ 「〜に」「〜く」 用言の副詞化	154
Lesson19	Point ① 「〜ので」「〜だから」 原因、理由を表す表現②	157
DISC 2	Point ② 「〜して」 動作の先行を表す表現	159
Track 01-04	Point ③ 「〜ですね。」 感嘆、詠嘆を表す表現②	160
Lesson20	Point ① 「〜しようと思う」「〜しようとする」	
Track 05-07	近い未来の意志を表す表現	163
	Point ② 「〜することができる」 可能を表す表現	164
	まとめ	166

STEP3

Lesson21	Point ① 「〜な〜」「〜である〜」	
Track 08-11	現在連体形の語尾③－形容詞、指定詞	169
	Point ② 「〜して」「〜なので」 原因、理由を表す表現③	170
	Point ③ 「〜すること」「〜であること」 用言の名詞化	171
Lesson22	Point ① ㄹ語幹用言 ㄹ語幹用言の活用	175
Track 12-15	Point ② 「〜でしょうか？」「〜しましょうか？」	
	推量、相手の意向を問う表現	177
	Point ③ 「〜だろう。」「〜だと思う。」「〜（する）つもりだ。」	
	推量、自分の意志を表す表現	178
Lesson23	Point ① ㅎ変則用言	181
Track 16-19	Point ② ㅂ変則用言	183
	Point ③ 「〜した〜」 過去連体形の語尾①－動詞	186
Lesson24	Point ① 르変則用言	189
Track 20-23	Point ② 「〜する（予定の）〜」「〜する（はずの）〜」	
	未来連体形の語尾	191
	Point ③ 「〜だ」「〜なの（か）？」 パンマル―くだけた言い方	192
Lesson25	Point ① ㅅ変則用言	195
Track 24-27	Point ② 「〜ようだ」「〜しそうだ」 推量を表す表現	197

	Point ③ 「〜してさしあげる」「お〜する」 謙譲の表現	200
Lesson26	Point ① ㅇ変則用言	203
Track 28-31	Point ② 「〜するようだ」「〜みたいだ」	
	推量、不確実な断定を表す表現	205
	Point ③ 「〜するな」 禁止を表す表現	207
Lesson27	Point ① 러変則用言	209
Track 32-35	Point ② 「〜するまで」「〜するほど」	
	ものごとの程度や限界を表す表現	212
	Point ③ 「〜のために」 目的を表す表現②	213
Lesson28	Point ① ㄷ変則用言	215
Track 36-38	Point ② 「〜なので」「〜するので」 原因、理由を表す表現④	217
Lesson29	Point ① 「〜だった〜」 過去連体形の語尾②−形容詞、存在詞、指定詞	219
Track 39-42	Point ② 「〜しながら」 動作の同時進行、状態の同時存在を表す表現	220
	Point ③ 「〜しますよ。」「〜しますから。」 意思、約束を表す表現	221
Lesson30	Point ① 「〜するはずだから」「〜だろうから」	
Track 43-45	予測を含んだ理由を表す表現	223
	Point ② 「〜している」	
	完了した動作、作用の継続状態を表す表現	224
	まとめ	226
	反切表（ハングル早見表）	228

付　録　日常必須単語集

Track 46-81	名詞 …………………………………………………	230
	食事 230 ／ 食材 231 ／ 衣料品 233 ／ いろいろな店 234	
	観光 234 ／ 交通 235 ／ 病気 236 ／ 身体の部位 237	
	仕事 238 ／ 人生 239 ／ 教育 240 ／ 趣味 240	
	スポーツ 240 ／ 自然 241 ／ 行事 242	
	時間に関する単語 243 ／ 日にちに関する単語 243	
	位置・方向 244	
Track 82	形容詞 ………………………………………………	245
Track 83	動詞 …………………………………………………	247

索引 ……………………………………………………………… 252

第 1 章
韓国語基礎セミナー

① ハングルのしくみ
ハングルことはじめ
そもそもハングルとは？

◆ ハングルって難しい？

　韓国語にはとっても興味があるけれど、「どうも、ハングルをおぼえる自信がないなあ…」なんて心配していませんか？ **ハングルは韓国語で用いられている文字です**が、ちょっと見ただけではどう読んだらいいのかわからず、とまどってしまいますね。

　でも、大丈夫です！ ハングルはもともと、多くの人々が読めるようにという目的でつくられた文字です。ですから、とてもわかりやすいしくみになっているのです。

　あせらずに少しずつ、韓国語の世界に親しんでいきましょう。

まったく初めて習う言葉だけど、大丈夫かしら？

糸口をみつけて、少しずつ勉強を進めれば、大丈夫ですよ。

◆ 身近なハングルを探してみましょう

　スーパーやデパートなどの食品コーナーには、キムチや韓国海苔などの韓国食品やコチュジャンなどの調味料が並んでいますね。旅行のおみやげに、韓国のお茶や工芸品などをいただく機会も増えたのではないでしょうか？ もし、手もとに何かハングルが書かれているものがあったら、あらためてじっくりながめてみましょう。

ハングルをよ〜く見てみると……

どんなしくみになっているのか、文字を一つひとつじっくり見てみましょう！

韓国海苔のパッケージ

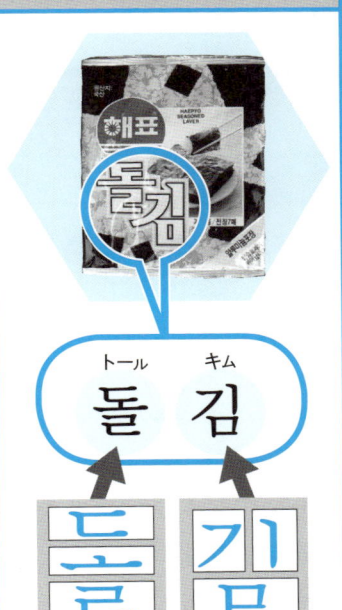

トール　キム
돌 김

2つの文字が、それぞれ3つのパーツからできている。

お酒（マッコリ）のラベル

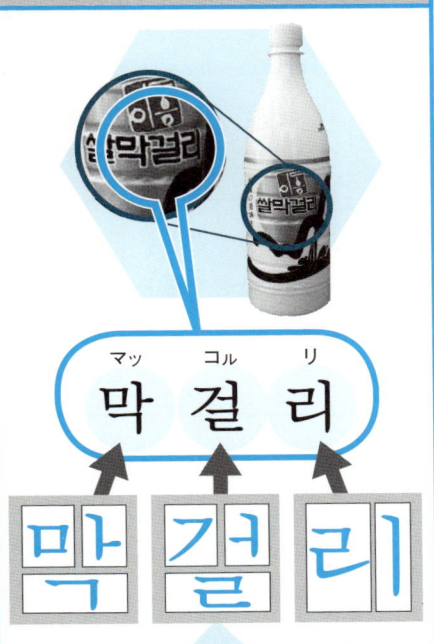

マッ　コル　リ
막 걸 리

3つのパーツからできている文字と、2つのパーツからできている文字がある。

ハングル文字は、いくつかの文字を組み合わせて、音を表現しているみたいだけど……

どんなふうに組み合わされているのか、ハングル文字をみかけたら、考えてみてください。

第1章　韓国語基礎セミナー

ハングル解体新書

① ハングルのしくみ

ハングルのしくみ探検

🔷 母音と子音

　私たちが言葉を話すとき、その一つひとつの音は母音や子音、あるいは母音や子音の組み合わせで成り立っています。

　母音は、発音の基本となる音で、日本語の場合では「あ」「い」「う」「え」「お」の5つの音があります。子音は、歯や唇、喉などを使って作り出す音です。

🔷 ハングルは積み木みたい？

　ひとつの文字が、実はいくつかの文字のパーツの組み合わせでできている——これがハングルの特徴のひとつです。これらのパーツは、**母音**と**子音**を意味しています。母音を表す文字を**母音字**＊、子音を表す文字を**子音字**＊といいます。これらのパーツを積み木のように縦や横に組み合わせて、ひとつの**音節**を表す文字をつくります。音節とは発音をするときに区切ることのできる音のかたまりのことで、原則として母音が1つだけ入っています。

＊母音や子音を表すパーツのことを「字母」ともいいます。

🔻 音節の例

日本語　　す・い・か　　←3つの音節からできています。
　　　　　①　②　③

韓国語　　수・박　　←2つの音節からできています。
　　　　　スー　バク
　　　　　①　②

12

ハングルの文字の組み立て

ハングルの組み合わせの基本

- **子音＋母音**
- **子音＋母音＋子音**

の **2種類**

文字を書く順番

原則 1　子音字を書いて、その右か下に母音字を書く。
「ア」や「イ」といった母音だけを表現するときにも、ㅇ（イウン）という子音字を最初に書く。

■「子音＋母音」の場合

◎ 母音字は、右または下に配置する

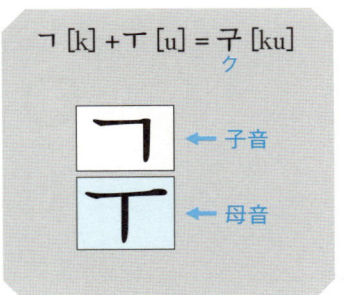

ㅎ [h] ＋ ㅏ [a] ＝ 하 [ha]
　　　　　　　　　　ハ

하
↑　↑
子音　母音

ㄱ [k] ＋ ㅜ [u] ＝ 구 [ku]
　　　　　　　　　　ク

ㄱ ←子音
ㅜ ←母音

◎ 母音だけを表現するときは、ㅇ（イウン）を最初に書く

ㅇ [ɸ] ＋ ㅣ [i] ＝ 이 [i]
　　　　　　　　　　イ

이
↑　↑
子音　母音

ㅇ [ɸ] ＋ ㅛ [jo] ＝ 요 [jo]
　　　　　　　　　　ヨ

ㅇ ←子音
ㅛ ←母音

※発音記号［ɸ］は、発音しないことを表します。

第 1 章　韓国語基礎セミナー

|原則2| その次に子音字がくる場合は必ず下に書く。この場合、子音字が2つ並ぶこともある。

■「子音 + 母音 + 子音」の場合

◎「子音字＋母音字」の次の子音字は必ず下に配置する

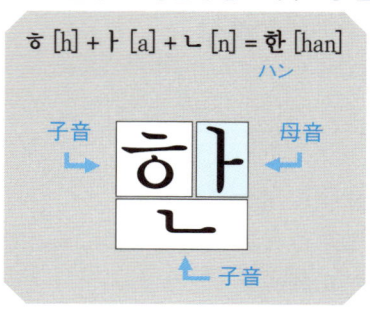

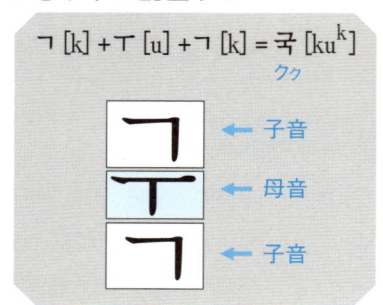

ㅎ [h] + ㅏ [a] + ㄴ [n] = 한 [han]
ハン

子音 / 母音 / 子音

ㄱ [k] + ㅜ [u] + ㄱ [k] = 국 [ku^k]
クク

子音 / 母音 / 子音

◎ 最後に子音字が2つ続くこともある

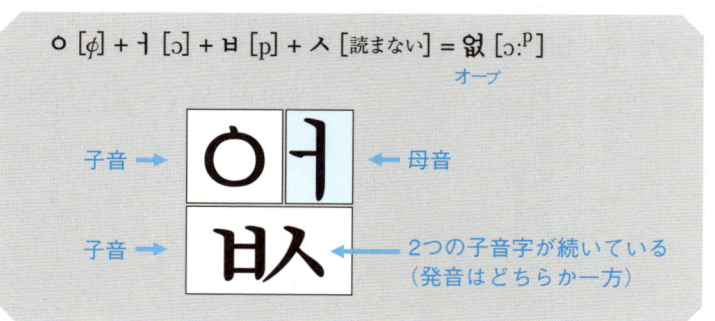

ㅇ [∅] + ㅓ [ɔ] + ㅂ [p] + ㅅ [読まない] = 없 [ɔːp]
オープ

子音 / 母音 / 子音 / 2つの子音字が続いている（発音はどちらか一方）

まあ、ずいぶんフクザツな文字ね!

でも、組み立て方は一緒。この本を読んでいくうちに読めるようになりますよ。

🔷 アルファベットと比較すると…

さて、文字のしくみがわかったところで、私たちになじみの深い外国語である英語と比較してみましょう。子音と母音を組み合わせて音を表現するという点で、英語などのヨーロッパ言語と韓国語は共通しています。それを図にしてみると次のようになります。

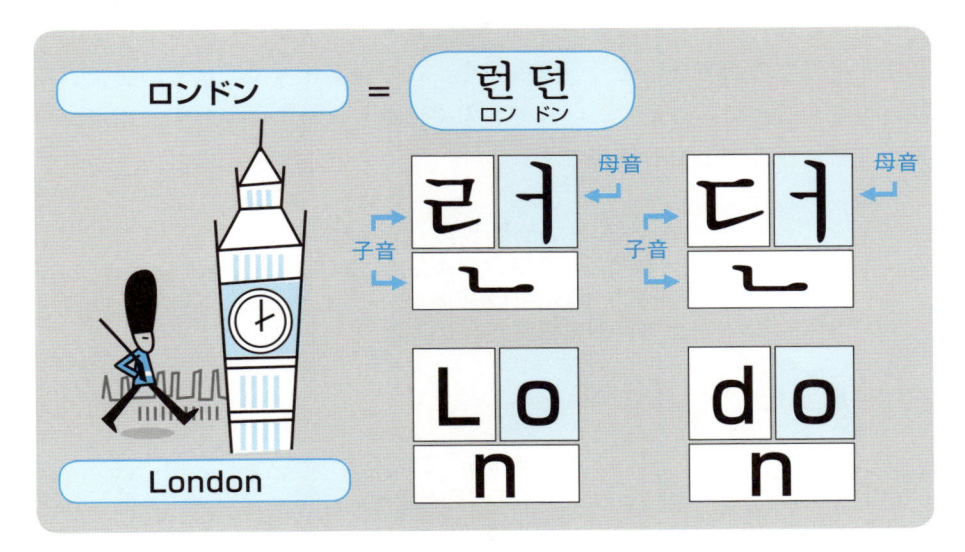

ロンドン ＝ 런던
ロン ドン

London

実際には、韓国語と英語や日本語の発音は違いますが、文字のしくみを理解するという意味で、次のハングルにもアルファベットとカタカナを当てはめてみましょう。

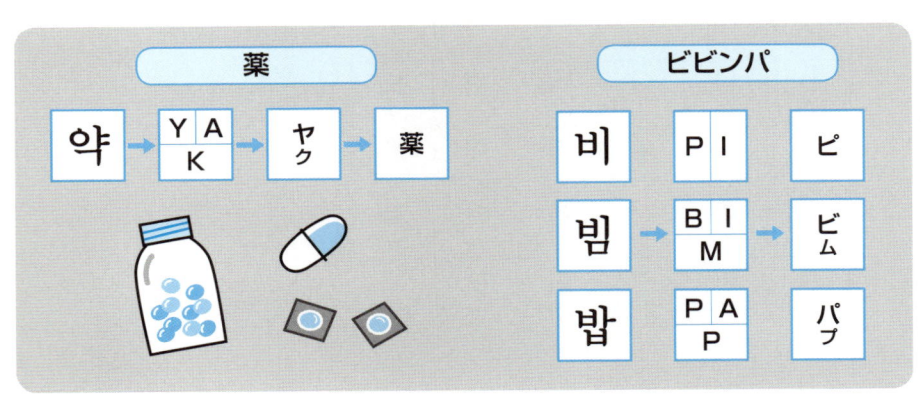

薬

야 → YAK → ヤク → 薬

ビビンパ

비 → PI → ピ
빔 → BIM / M → ビム
밥 → PAP → パプ

反切表を活用しましょう

　ハングルが子音と母音の組み合わせである以上、文字の音さえわかれば意味がわからなくても読めるはずです。そのときの強い味方が、**反切表**（カギャ表）です。本書では、228ページに掲載しています。コピーをとっていつでもすぐに見られるようにしておくと、学習を進めるうえでとても便利です。

　反切表とは、いうなれば韓国語版の五十音表のようなもの。基本となる母音字と子音字の組み合わせの一覧表です。この表を使って、基本的な文字の読み方をおぼえていきます。いつでもすぐに見られるようにしておくと、学習を進めるうえでとても便利です。

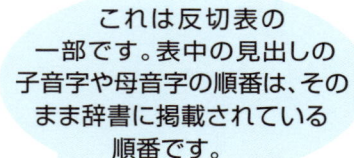

> これは反切表の一部です。表中の見出しの子音字や母音字の順番は、そのまま辞書に掲載されている順番です。

> 早めにおぼえてしまうと便利ですね。

母音 子音	ア[a]	ヤ[ja]	オ[ɔ]	ヨ[jɔ]	オ[o]
ㄱ [k, g]	가 カ/ガ	갸 キャ/ギャ	거 コ/ゴ	겨 キョ/ギョ	고 コ/ゴ
ㄴ [n]	나 ナ	냐 ニャ	너 ノ	녀 ニョ	노 ノ
ㄷ [t, d]	다 タ/ダ	댜 ティヤ/ディヤ	더 ト/ド	뎌 ティョ/ディョ	도 ト/ド
ㄹ [r, l]	라 ラ	랴 リャ	러 ロ	려 リョ	로 ロ
ㅁ [m]	마	먀	머	며	모

← 基本母音字

基本子音字

ハングル豆知識　　ハングル文字の謎？

1 数の謎

　韓国語には基本になる母音字が10個、基本になる子音字は14個あります。さらに合成母音字（20ページ）もあるし、パッチム（32ページ）がつく場合もあります。いったいどれくらいの文字数をおぼえればいいのだろう……とちょっと不安になったりしませんか？　学習の最初にまずは、基本母音字と基本子音字を組み合わせた文字を確実におぼえましょう。これを基本に、あとはそのバリエーションだと考えると、学習のなかで自然におぼえていくことができますよ。

2 形の謎

　ハングルの文字は、子音字と母音字を組み合わせるときに、母音字によって上下・左右の配置が決まっています。縦長の母音字（ㅏ, ㅑ, ㅓ, ㅕ, ㅣ）には左に、横長の母音字（ㅗ, ㅛ, ㅜ, ㅠ, ㅡ）には上に子音字を書きます。このように規則性がありますので、反切表を参考にしておぼえていきましょう。

　また、とくに子音字の場合、母音字と組み合わさったときに形が少し変化することがあります。また、印刷された文字では、書体によってまるで別の文字のように見えることもあるので、慣れるまで少しだけ時間がかかるかもしれません。

第1章　韓国語基礎セミナー

同じ文字でも形が少し変わる…

・文字の組み合わせによる違い

たとえば ㄱ
ㄱ　까
ㄲ　가

母音字によって子音字の形が変化

・文字の種類による違い

하 ⇔ 하
죠 ⇔ 죠
치 ⇔ 치

最初は見間違えることがあるので、気をつけて！

② ハングルの発音

母音字とその発音
韓国語には母音がたくさんあります

DISC1 02〜03

母音字のかたち

　ハングルはシンプルな文字の組み合わせであり、組み合わせのもとになる文字は子音字と母音字に分かれているという点については、すでにお話しました。ここでは、まず母音字について解説しましょう。
　基本となる母音字＝**基本母音字**は次の10あります。

基本母音字

ㅏ	ㅑ	ㅓ	ㅕ	ㅗ	ㅛ	ㅜ	ㅠ	ㅡ	ㅣ
ア	ヤ	オ	ヨ	オ	ヨ	ウ	ユ	ウ	イ

　母音字は、短い棒と長い縦の棒、そして横の棒という3つの要素の組み合わせからできています。これらの構成要素は、それぞれ天「・」、人「ㅣ」、地「ㅡ」を象徴しています。
　また、10個の基本母音字のうち、上の一覧表のなかで色がついている

ㅏ　ㅑ　ㅗ　ㅛ

の4つの母音を**陽母音**、ㅣを**中性母音**、それ以外の5つの母音を**陰母音**といいます。
　中性母音ㅣは、語尾活用のときなどは陰母音として扱います。

基本母音字の発音

それでは、基本母音字の発音をみていきましょう。ネイティブスピーカーの声に続いて発音してみてください。

基本母音字の発音　DISC 1 / 02

母音字	発音	発音のしかた
ㅏ	ア [a]	日本語の「ア」とほぼ同じ音ですが、日本語より少し口を大きくあけましょう。
ㅑ	ヤ [ja]	日本語の「ヤ」とほぼ同じ音ですが、日本語より少し口を大きくあけましょう。
ㅓ	オ [ɔ]	日本語の「ア」の口の形で「オ」と発音しましょう。
ㅕ	ヨ [jɔ]	日本語の「ヤ」の口の形で「ヨ」と発音しましょう。
ㅗ	オ [o]	唇を丸めて突き出しながら「オ」と発音しましょう。
ㅛ	ヨ [jo]	唇を丸めて突き出しながら「ヨ」と発音しましょう。
ㅜ	ウ [u]	唇を丸めて突き出しながら「ウ」と発音しましょう。
ㅠ	ユ [ju]	日本語の「ユ」とほぼ同じ音ですが、唇を丸めて突き出しながら発音しましょう。
ㅡ	ウ [ɯ]	唇を平たく左右に引いて「ウ」と発音しましょう。
ㅣ	イ [i]	日本語の「イ」とほぼ同じ音ですが、日本語より少し唇を横に引いて発音しましょう。

■ 間違えやすい母音字 ■

上の表の母音のうち、ㅏ[ア]、ㅑ[ヤ]、ㅠ[ユ]、ㅣ[イ]は日本語の発音とほぼ同じですが、次の文字は日本語とは違うので注意しましょう。

オ	ㅓ , ㅗ
ヨ	ㅕ , ㅛ
ウ	ㅜ , ㅡ

第1章　韓国語基礎セミナー

合成母音字

韓国語では、たとえば母音の［オ］と［ア］が、［オア］→［ワ］のように2つの音が1つになる場合があります。このように、2つの母音が組み合わさって1つの母音となる文字を、**合成母音字**といいます。合成母音字は、基本母音字を組み合わせてつくったもので、全部で11個あります。陽母音は陽母音どうし、陰母音は陰母音どうしで組み合わせられますが、中性母音 ｜ [i] は、その両方と組み合わせられます。

合成母音字の発音

DISC 1 / 03

母音字	発音	発音のしかた
ㅐ（ㅏ＋ㅣ）	エ [ɛ]	日本語の「エ」より口を大きく開いて「エ」と発音しましょう。
ㅒ（ㅑ＋ㅣ）	イェ [jɛ]	口を大きく開いて「イェ」と発音しましょう。
ㅔ（ㅓ＋ㅣ）	エ [e]	日本語の「エ」とほぼ同じように、やや口をせばめて「エ」と発音しましょう。
ㅖ（ㅕ＋ㅣ）	イェ [je]	口をせばめて「イェ」と発音しましょう。
ㅘ（ㅗ＋ㅏ）	ワ [wa]	唇を丸めてから「ワ」と発音しましょう。
ㅙ（ㅗ＋ㅐ）	ウェ [wɛ]	唇を丸めて「ウ」と発音しながら口を大きく開いて「エ」と発音しましょう。＊
ㅚ（ㅗ＋ㅣ）	ウェ [we]	唇を丸めたまま「ウェ」と発音しましょう。
ㅝ（ㅜ＋ㅓ）	ウォ [wɔ]	唇を丸めてから「ウォ」と発音しましょう。
ㅞ（ㅜ＋ㅔ）	ウェ [we]	唇を丸めて「ウェ」と発音しましょう。
ㅟ（ㅜ＋ㅣ）	ウィ [wi]	唇を丸めて「ウ」の発音をしながら「イ」と発音しましょう。
ㅢ（ㅡ＋ㅣ）	ウィ [ɯi]	唇を横に広げその平らな形のまま「ウイ」と発音しましょう。

＊ㅙ「wɛ」は、ㅚ「we」やㅞ「we」に比べてもう少し口をあけて発音する音ですが、ほぼ同じと考えてよいでしょう。

ハングル豆知識　ハングルの成り立ち

- 世界で使われているほとんどの言語は、同じ言語を話す地域のなかで伝承される過程で、徐々にまとまった表記体系（文字や書式など）を形づくってきました。これとは対照的に、ハングルは初めから計画されてつくられた言語の表記体系であるという意味で、きわめて特異な言語といえます。ハングルの成立には、名君の誉れ高い朝鮮王朝第4代王の世宗（セジョン）（在位：1418〜50）が大きく尽力しました。

- ハングル文字がつくられる以前は、言葉を表記するのに漢字が用いられていました。しかし、教育を受けた一部の人しか漢字を読んだり書いたりすることはできませんでした。当時の民衆の識字率は低く、自分たちが蓄えた農業などの知識を記録したり、王朝の指導者たちに何かを要望したいと思っても、文書をつくったりすることができませんでした。そのため世宗は、朝鮮の言葉を表現するのにふさわしい28文字からなる表記方法を定め（現在は24文字）、それを1446年に「訓民正音」（くんみんせいおん）として公布しました。「訓民正音」とは、"民衆に教える正しい音"という意味で、この名前からも当時使われていた朝鮮語にふさわしい音の表記をめざした世宗の意図があきらかになっています。

- この「訓民正音」は、その原理や理論がひじょうに合理的であることから、言語学者の間でも高く評価されているほか、1997年にはユネスコの「世界記録遺産」にも選定されています。

第1章　韓国語基礎セミナー

② ハングルの発音

子音字とその発音
カタチで発音がわかる

DISC 1
04〜09

🔷 韓国語の子音字

　韓国語の子音字は、口や舌といったその音を発音するときに使うからだの部位をかたどってつくられました。それぞれの文字は、人間のからだの「どこを使って、どのように発音するか」を表しています。
　基本となる子音字＝**基本子音字**は全部で14あります。

■ハングルの基本子音字■
　発音に使う部分別に仲間分けしてみると次のようになります。

唇を使って出す音	舌を使って出す音	歯を使って出す音
ㅁ ㅂ ㅍ	ㄴ ㄷ ㅌ ㄹ	ㅅ ㅈ ㅊ

軟口蓋を使って出す音	のどを使って出す音	
ㄱ ㅋ	ㅇ ㅎ	言われてみると、たしかに形が似ているように見えるわ。

22

基本子音字の由来と発音

それでは、各子音字について、発音に使う体の部位ごとに解説していきます。この仲間分けで見ていくと、文字の形が覚えやすいですよ（辞書に出てくる順番は、228ページの「反切表」で確認できます）。また、子音にはそれぞれ名前がついています。この名前もおぼえておくと便利です。表の中で、平音、激音とあるのは、発音の特徴からみた種類分けの呼び方で、28〜29ページで改めて解説します。また、終声（パッチム）については、32ページ以降で解説します。

唇を使って出す音

■ 미음（ミウム） ㅁ

発音	[m]（鼻音）
発音のポイント	●唇を閉じて出す [m] の音です。 ●口をかたどってつくられました。 ●語頭・語中での発音の区別はありません。
終声（パッチム）	●終声も [m] で、口を閉じっぱなしにして鼻から声を出すのがポイントです。

■ 비읍（ピウプ） ㅂ

発音	[p/b]（平音）
発音のポイント	●唇を少しふるわせて出す音です。 ●ㅂの上にはみ出ているのは軽い息だと思ってください。 ●柔らかく発音し、語頭では [p]、語中では濁って [b] となります。
終声（パッチム）	●終声は [p] で、「はっぱ」と発音したときの口を閉じた状態の音です。

■ 피읖（ピウプ） ㅍ

発音	[pʰ]（激音）
発音のポイント	●唇から息を激しく出して発する音です。 ●横の線が長くとび出ているのは激しい息だと思ってください。 ●語頭でも語中でも濁りません。
終声（パッチム）	●終声はㅂと同じ [p] です。

舌を使って出す音

■ 니은 （ニウン）　ㄴ	発音	[n]（鼻音）
	発音の ポイント	●舌先を上の歯の裏から歯ぐきにつけて発音する音です。 ●舌が歯ぐきについているようすをかたどってつくられました。 ●「ナ」行の [n] で、語頭でも語中でも変わりません。
	終声 （パッチム）	●終声も [n] で、次の音がくるまで舌の先をつけたままにしておくのがポイントです。
■ 디귿 （ティグッ）　ㄷ	発音	[t/d]（平音）
	発音の ポイント	●ㄴの上をふさぐように 1 画加えた形です。 ●舌先を上の歯の裏から歯ぐきにあてて、やわらかくはじいて発音します。 ●語頭では「タ」行の [t]、語中では [d] になります。
	終声 （パッチム）	●終声は [t]。「いった」と発音したときの、息を止めた状態の [t] の音で、しっかり歯ぐきのうしろで舌を止めます。
■ 티읕 （ティウッ）　ㅌ	発音	[tʰ]（激音）
	発音の ポイント	●ㄷにさらに 1 画加えた形です。 ●増えた 1 画は激しい息だと思ってください。 ●発音する場所はㄷと同じですが、息を激しく出し、語頭でも語中でも濁りません。
	終声 （パッチム）	●終声はㄷと同じ [t] です。
■ 리을 （リウル）　ㄹ	発音	[r/l]（流音）
	発音の ポイント	●舌先を巻き気味にして上あごの中央部につけ、はじくように発音します。 ●「ラ」行の [r] で、語頭、語中の区別はありません。
	終声 （パッチム）	●終声は [l] で、次の音がくるまで、舌をしっかりつけたままにしておくことがポイントです。

軟口蓋を使って出す音

軟口蓋とは、喉の上奥の柔らかいところ。舌で触って確かめてみてください。

■기역（キヨヶ）ㄱ

発音	[k/g]（平音）
発音の ポイント	●舌の付け根の部分を上あごの奥につけて出す音で、その舌の形をした文字です。 ●軽く息を出して柔らかく発音します。 ●語頭の場合は「カ」行の [k]、語中では濁って [g] になります。
終声 （パッチム）	●終声は [k]。「いっか」と発音したときの、息を止めた状態の [k] の音です。

■키읔（キウヶ）ㅋ

発音	[kʰ]（激音）
発音の ポイント	●ㄱに 1 画加えた形です。 ●加えた 1 画は激しい息だと思ってください。 ●発音する場所はㄱと同じですが、息を激しく出します。語頭でも語中でも濁りません。
終声 （パッチム）	●終声はㄱと同じ [k] です。

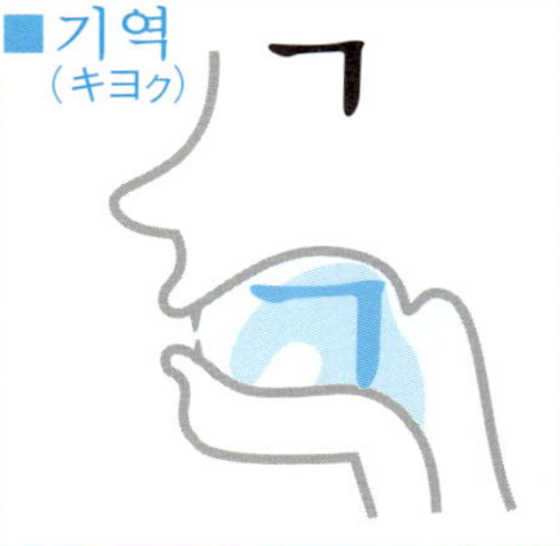

第 1 章　韓国語基礎セミナー

ハングル豆知識　ハングルの書き順

文字の書き順は、日本語と同様、基本は「上から下」、「左から右」、です。ㅂだけは例外で、「縦縦横横」の順に書きます。

母音字

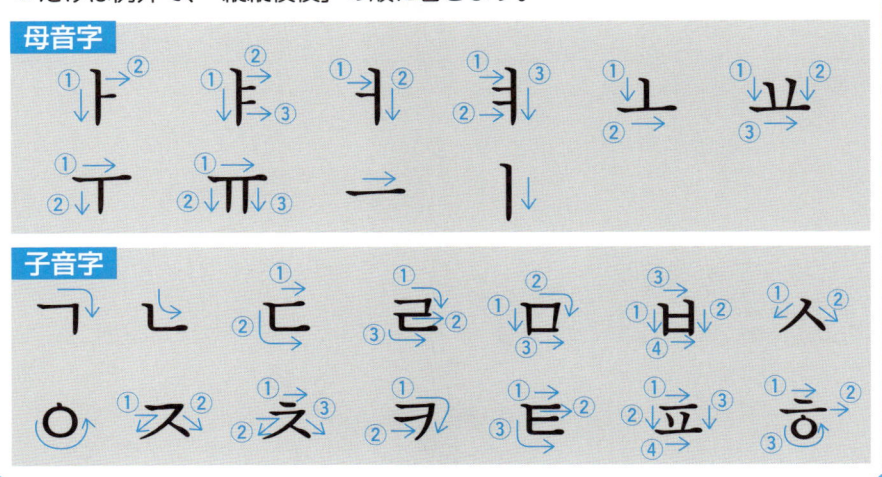

ㅏ ㅑ ㅓ ㅕ ㅗ ㅛ
ㅜ ㅠ ㅡ ㅣ

子音字

ㄱ ㄴ ㄷ ㄹ ㅁ ㅂ ㅅ
ㅇ ㅈ ㅊ ㅋ ㅌ ㅍ ㅎ

歯を使って出す音

■시옷 (シオッ) ㅅ	発音	[s/ʃ]（平音）
	発音の ポイント	●歯をかたどってつくられた文字です。 ●「サ」行の子音より少し柔らかめの [s] または [ʃ] の音です。[ʃ] は「シ」や「シャ」行の子音の音です。 ●語頭でも語中でも変化しません。
	終声 (パッチム)	●終声は [t] です。
■지읒 (チウッ) ㅈ	発音	[tʃ/dʒ]（平音）
	発音の ポイント	●ㅅに1画加えた形です。 ●語頭では柔らかめの「チャ」行の子音 [tʃ] となり、語中では「ジャ」行の子音 [dʒ] となります。
	終声 (パッチム)	●終声はㅅと同じ [t] です。
■치읓 (チウッ) ㅊ	発音	[tʃʰ]（激音）
	発音の ポイント	●ㅈにさらに1画加えた形です。 ●「チャ」行の子音 [tʃ] を激しい息を出しながら発音します。 ●語頭も語中も濁りません。
	終声 (パッチム)	●終声はㅅと同じ [t] です。

言葉の最初にくると「チ」　　　言葉の途中だと「ジ」

同じ文字でも、語頭と語中で発音が違ってくる場合があるんだね。

のどを使って出す音

■ 이응 （イウン）	発音	[∅]（無音）
	発音の ポイント	●のどの形をかたどってつくられています。 ●初声（文字の最初の子音字部分）にきたときは、発音しません。
	終声 （パッチム）	●終声になった場合は [ŋ] で、「ング」というような感じで鼻音にします。
■ 히읗 （ヒウッ）	発音	[h]（激音）
	発音の ポイント	●ㅇに２画を加えた形で、のどから強く息を出して発音します。 ●「ハ」行の子音 [h] の音です。 ●語中では弱くなったり聞こえない場合があります。
	終声 （パッチム）	●終声は [t] です。

基本子音字を発音してみましょう

それぞれの子音字に、母音字のㅏ[a]（ア）をつけて発音してみましょう。まず、CDのお手本をよく聞いて、そのあとでネイティブスピーカーの声に続いて発音してください。

なお、ここに示している子音字の順番は、辞書の掲載順序と同じです。

基本子音字の発音練習　　DISC 1 / 04

가	나	다	라	마	바	사	아	자	차	카	타	파	하
カ	ナ	タ	ラ	マ	パ	サ	ア	チャ	チャ	カ	タ	パ	ハ

第1章　韓国語基礎セミナー

基本子音字の発音の特徴 —— 平音・激音・濃音

基本子音字の特徴は、次のようにまとめることができます。

❶ 平音(へいおん)

次の5つの子音字です。激しい息はともなわず、柔らかく発音します。

$$ㄱ, ㄷ, ㅂ, ㅅ, ㅈ$$

これらのうち、

$$ㄱ, ㄷ, ㅂ, ㅈ$$

は、語頭ではそれぞれ [k] [t] [p] [tʃ] と発音されますが、語中で母音などにはさまれると**有声音化**(ゆうせいおんか)して濁音となり、それぞれの音が [g] [d] [b] [dʒ] に変わります。

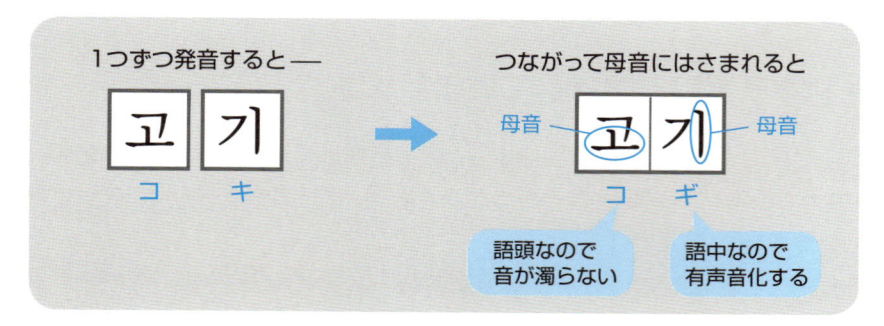

```
1つずつ発音すると──              つながって母音にはさまれると
                                        母音        母音
    고  기          →              고   기
    コ  キ                              コ   ギ
                               語頭なので        語中なので
                               音が濁らない      有声音化する
```

▽ 語頭と語中での発音の違い　　　　　　　　DISC 1 / 05

기기 (機器)　　다도 (茶道)　　도둑 (どろぼう)
キ ギ　　　　　タ ド　　　　　ト ドゥク

자주 (ひんぱんに)　부부 (夫婦)　비비다 (混ぜる)
チャジュ　　　　　ブ ブ　　　　ピ ビ ダ

❷ 激音(げきおん)

名前のとおり、激しい息をともなって発音される子音字です。

$$\text{ヲ , ㅌ , ㅍ , ㅊ}$$

語頭、語中どちらの場合でも音は濁りません。発音記号の[ʰ]は激しい息を表しますので、たとえば카[kʰa]という音の場合、「カ」と「ハ」の2つの音を1つの音のように一気に発音してください。

▼ 激音の発音練習

DISC 1 / 06

카메라 （カメラ）
カ メ ラ

조카 （甥、姪）
チョ カ

택시 （タクシー）
テク シ

도토리 （どんぐり）
ト トリ

포도 （ぶどう）
ポ ド

커피 （コーヒー）
コー ピ

치마 （スカート）
チ マ

고추 （トウガラシ）
コ チュ

なお、上記の子音ほどは激しい息をともないませんが、本書ではㅎも激音として扱います。

> ルールを暗記するのではなく、発音の練習のなかで少しずつ「体得」していきましょう。

第1章 韓国語基礎セミナー

③ 濃音

　息をまったく出さずに、のどを緊張させて発音する音を**濃音**（または**硬音**）といい、5種類あります。文字は同じ子音字を2つ並べて表記されます。「いっかい（一回）」、「いったい（一体）」のような詰まった音をイメージしてください。発音記号の[ʔ]は濃音（詰まった音）を表します。また、これらの音は語頭・語中のいずれの場合でも濁りません。

▼ 濃音の発音

濃音	発音	発音のポイント	終声（パッチム）
ㄲ	[ʔk]	「カ」行の詰まった音。「いっかい」の「か」のイメージ	k
ㄸ	[ʔt]	「タ」行の詰まった音。「いったい」の「た」のイメージ	―
ㅃ	[ʔp]	「パ」行の詰まった音。「いっぱい」の「ぱ」のイメージ	―
ㅆ	[ʔs]	「サ」行の詰まった音。「いっさい」の「さ」のイメージ	t
ㅉ	[ʔtʃ]	「チャ」行の詰まった音。「へっちゃら」の「ちゃ」のイメージ	―

　それぞれの子音字に、母音のㅏ[a]をつけて発音してみましょう。まずは、CDのお手本をよく聞いて、そのあとでネイティブスピーカーの声に続いて発音してください。

▼ 濃音の練習

DISC 1
07

까	따	빠	싸	짜
ッカ	ッタ	ッパ	ッサ	ッチャ

🔻 濃音の例 　　　　　　　　　　　　　　　　　　　DISC 1 / 08

꽃（花）
ッコッ

어깨（肩）
オッケ

떡볶이（もちの炒め物）
ットッポッキ

따뜻하다（暖かい）
ッタットゥタ ダ

뼈（骨）
ッピョ

예쁘다（かわいい）
イェーップ ダ

쓰다（使う、書く）
ッス ダ

비싸다（値段が高い）
ピッサ ダ

찌개（韓国風鍋料理）
ッチ ゲ

진짜（本物）
チンッチャ

> 語頭にくると、なかなか発音が難しいわ。

🔷 子音字の聞き比べ

　平音、激音、濃音の発音を比べてみましょう。日本語表記では限界がありますが、たとえば、平音の「カ」がほとんど息が出ず、「ガ」に近い柔らかな音であるのに比べ、激音の「カ」は激しく息が出て決して濁音になりません。

🔻 子音の発音比較　　　　　　　　　　　　　　　　DISC 1 / 09

平音	가 カ	바 パ	사 サ	다 タ	자 チャ
激音	카 カ	파 パ	―	타 タ	차 チャ
濃音	까 ッカ	빠 ッパ	싸 ッサ	따 ッタ	짜 ッチャ

※本書では、濃音の発音ルビの表記は、音の前に小さい「ッ」を入れてあります（例：까〈ッカ〉）。
※平音と激音は同じルビ表記にしてありますが、発音は異なりますので注意してください。

第1章　韓国語基礎セミナー

② ハングルの発音 — 音節（おんせつ）とパッチム
韓国語の音の流れをつかみましょう

DISC1 10〜17

📘 文字の構成要素は大きく3つ

　下の図を見てみましょう。この文字は、한글（ハングル）の最初の文字です。子音字が2つ、母音字が1つの合計3つの部分から構成されています。これらのうち、音節の最初にくる子音を**初声（しょせい）**、次にくる母音を**中声（ちゅうせい）**、最後の子音を**終声（しゅうせい）またはパッチム**といいます。

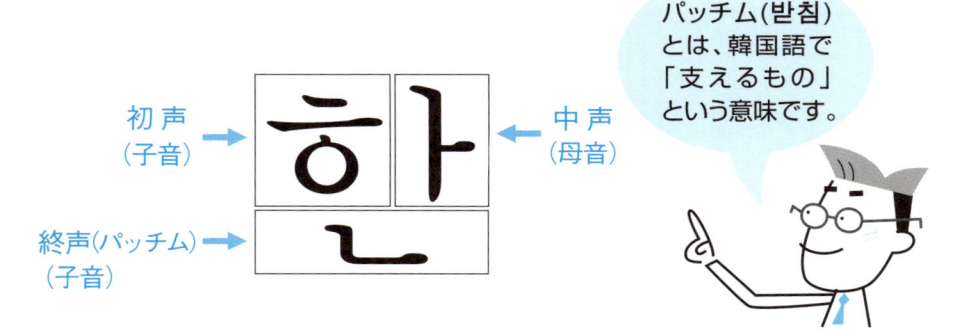

初声（子音）→ 한 ←中声（母音）
終声（パッチム）（子音）→

パッチム（받침）とは、韓国語で「支えるもの」という意味です。

　このパッチムは次にくる音によって、その音とつながったりあるいは違う音に変化したりします。この音の変化が、韓国語独自の音の流れを作り出します。その意味で、パッチムの理解はとても大切です。

📘 パッチムに使われる文字とその発音

　パッチムに使われる音は、整理すると7つの音に分類されます。2つの子音からなる場合は、原則としてどちらか一方だけを発音します。どちらを発音するのかは次の表を参考にしてください（ただし、例外もあります）。

また本書では、パッチムの発音ルビのうち、[k] の音を「ク」、[p] の音を「プ」、[l] の音を「ル」というように小さい文字で示しています。

🔷 パッチムの発音

パッチムの文字	発音	発音のポイント	発音ルビ
① ㄱ, ㅋ, ㄲ (ㄳ, ㄺ)	ㄱ [k]	「いっか」と発音したときの息を止めた状態の [k] の音。	ク
② ㄷ, ㅌ, ㅅ, ㅆ, ㅈ, ㅊ, ㅎ	ㄷ [t]	「いった」と発音したときの息を止めた状態の [t] の音で、しっかり歯ぐきの後ろで舌を止めます。	ッ
③ ㅂ, ㅍ (ㅄ, ㄼ*, ㄿ)	ㅂ [p]	「はっぱ」と発音したときの口を閉じた状態の音。	プ
④ ㄹ (ㄼ, ㄽ, ㄾ, ㅀ)	ㄹ [l]	舌先を歯茎の裏につけて、[l] と発音します。	ル
⑤ ㅁ (ㄻ)	ㅁ [m]	「あんま」と発音したときの口を閉じた状態の音。	ム
⑥ ㄴ (ㄵ, ㄶ)	ㄴ [n]	「かんだ」と発音したときの「ン」の音。	ン
⑦ ㅇ	ㅇ [ŋ]	「キング」と発音したときの「ン」の音。音を鼻からぬいて、口は閉じません。	ン

＊パッチム ㄼ を [p] と発音するのは、밟다（パープタ）「踏む」のみです。

それぞれのパッチムの発音を練習してみましょう。

🔷 パッチムの発音練習　　DISC 1 10

① [k] 밖（外の、表面）
　　　パク

② [t] 밭（畑）
　　　パッ

③ [p] 밥（ご飯）
　　　パプ

④ [l] 발（足）
　　　パル

⑤ [m] 밤（晩、夜）
　　　パム

⑥ [n] 반（半分）
　　　パーン

⑦ [ŋ] 방（部屋）
　　　パン

> 日本語と違って子音だけを発音するので、慣れないと、どうしても母音のウの音が聞こえてしまいます。

33

発音が変化する様子

どのパッチムにどんな音が続くのか、その組み合わせによって音の変化のしかたが決まります。ここでは、基本的な規則を7つに分けて紹介しますので、第2章以降、フレーズを勉強するなかで少しずつおぼえていきましょう。

❶ 連音化　　　　　　　　　　　　　　DISC 1 / 11

終声(パッチム)の次に母音で始まる音節(文字)がくると、そのパッチムは次の音節の初声として発音されます。これを**連音化**といいます。また、平音のㄱ、ㄷ、ㅂ、ㅈがパッチムの場合、次に母音がきて連音化すると、パッチムは母音にはさまれるため、ㄱ[g]、ㄷ[d]、ㅂ[b]、ㅈ[dʒ]と濁った音になります(有声音化⇒28ページ)。

【表記】　【実際の発音】　　　　　【表記】　【実際の発音】

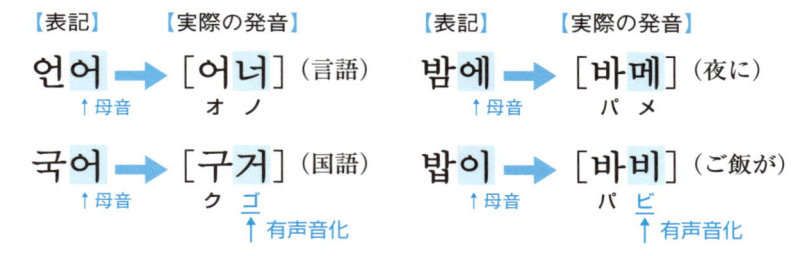

언어 → [어너]（言語）　　　　밤에 → [바메]（夜に）
 ↑母音　　オノ　　　　　　　　 ↑母音　　パメ

국어 → [구거]（国語）　　　　밥이 → [바비]（ご飯が）
 ↑母音　　クゴ　　　　　　　　 ↑母音　　パビ
　　　　↑有声音化　　　　　　　　　　　↑有声音化

❷ 濃音化　　　　　　　　　　　　　　DISC 1 / 12

パッチムの発音が[ㄱ]=[k]、[ㄷ]=[t]、[ㅂ]=[p]の場合、次に平音(ㄱ[k]、ㄷ[t]、ㅂ[p]、ㅅ[s]、ㅈ[tʃ])が続くと、これらの平音は濃音ㄲ[ʔk]、ㄸ[ʔt]、ㅃ[ʔp]、ㅆ[ʔs]、ㅉ[ʔtʃ]の音に変化します。これを**濃音化**といいます。

【表記】　【実際の発音】　　　　　【表記】　【実際の発音】

학교 → [학꾜]（学校）　　　　학생 → [학쌩]（学生）
　　　　ハッキョ　　　　　　　　　　　　ハクセン

있다 → [읻따]（ある、いる）　　꽃밭 → [꼳빧]（花畑）
　　　　イッタ　　　　　　　　　　　　コッパッ

약속 → [약쏙]（約束）　　　　잡지 → [잡찌]（雑誌）
　　　　ヤクソク　　　　　　　　　　　チャプチ

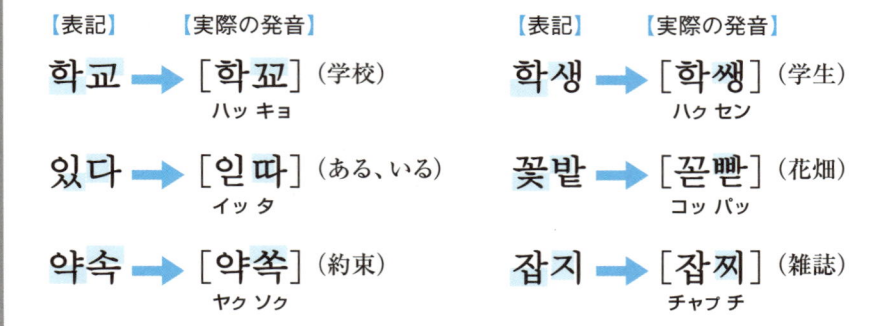

34

❸ 激音化　　DISC 1 / 13

ㅎパッチムのあとに平音のㄱ [k]、ㄷ [t]、ㅈ [tʃ] がくる場合、または発音が [k]、[t]、[p] となるパッチムのあとにㅎがくる場合、それぞれの平音が激音のㅋ [kʰ]、ㅌ [tʰ]、ㅍ [pʰ]、ㅊ [tʃʰ] に変化します。これを**激音化**といいます。

【表記】　　【実際の発音】　　　　　　　【表記】　　【実際の発音】

어떻게 ➡ [어떠케]（どのように）　　많다 ➡ [만타]（多い）
　　　　　　オットケ　　　　　　　　　　　　　　マーンタ

좋다 ➡ [조타]（良い）　　　　　　　못하다 ➡ [모타다]（できない）
　　　　チョータ　　　　　　　　　　　　　　　　モタダ

❹ 鼻音化　　DISC 1 / 14

パターン a

パッチムの発音が [ㄱ] = [k]、[ㄷ] = [t]、[ㅂ] = [p] の場合に、ㄴ = [n]、ㅁ = [m] の音が続くと、パッチムの発音が [ㅇ] = [ŋ]、[ㄴ] = [n]、[ㅁ] = [m] に変化します。これを**鼻音化**といいます。

　　　　　　　　　　　　　　　　　　　　　　　　【表記】　【実際の発音】

[ㄱ]　　　　　　　　　　[ㄱ] → [ㅇ]：국물 ➡ [궁물]（スープ）
　　　　　　　　　　　　　　　　　　　　　　　　　　　　クンムル

[ㄷ] ＋ { [ㄴ] / [ㅁ] } ⇒ [ㄷ] → [ㄴ]：옛날 ➡ [옌날]（昔）
　　　　　　　　　　　　　　　　　　　　　　　　　　　　イェーンナル

[ㅂ]　　　　　　　　　　[ㅂ] → [ㅁ]：잡무 ➡ [잠무]（雑務）
　　　　　　　　　　　　　　　　　　　　　　　　　　　　チャンム

パターンb

パッチムの発音が［ㄱ］＝［k］、［ㄷ］＝［t］、［ㅂ］＝［p］の場合に、ㄹ［r］という音が続くと、パッチムの音はそれぞれ［ㅇ］、［ㄴ］、［ㅁ］に変化し、初声も［ㄴ］＝［n］という鼻音に変化します。また、初声ㄹは、前の文字のパッチムが［ㅇ］と［ㅁ］の場合、［ㄴ］と鼻音化します。

【表記】　　　【実際の発音】

［ㄱ］＋［ㄹ］ → ［ㅇ］＋［ㄴ］： 독립 ➡ [동닙] （独立）
　　　　　　　　　　　　　　　　　　　　　トン ニプ

［ㄷ］＋［ㄹ］ → ［ㄴ］＋［ㄴ］： 몇리 ➡ [면니] （何里）
　　　　　　　　　　　　　　　　　　　　　ミョン ニ

［ㅂ］＋［ㄹ］ → ［ㅁ］＋［ㄴ］： 협력 ➡ [혐녁] （協力）
　　　　　　　　　　　　　　　　　　　　　ヒョム ニョク

［ㅇ］＋［ㄹ］ → ［ㅇ］＋［ㄴ］： 강력 ➡ [강녁] （強力）
　　　　　　　　　　　　　　　　　　　　　カン ニョク

［ㅁ］＋［ㄹ］ → ［ㅁ］＋［ㄴ］： 심리 ➡ [심니] （心理）
　　　　　　　　　　　　　　　　　　　　　シム ニ

❺ 流音化（りゅうおんか）　DISC 1　15

パッチムㄴ［n］のあとに、ㄹ［r］が初声としてきたり、あるいはパッチムㄹのあとにㄴ［n］が初声としてくる場合、この［ㄴ］＝［n］の音が、［ㄹ］＝［l］に変化します。また、ㄹを流音とよぶことから、これを**流音化**といいます。

【表記】　　　【実際の発音】

［ㄴ］＋［ㄹ］： 신라 ➡ [실라] （新羅）
　　　　　　　　　　　　　シル ラ

　　　　　　： 천리 ➡ [철리] （千里）
　　　　　　　　　　　　　チョル リ

［ㄹ］＋［ㄴ］： 달나라 ➡ [달라라] （月の国）
　　　　　　　　　　　　　　タル ラ ラ

❻ 口蓋音化

パッチムの発音が［ㄷ］,［ㅌ］のとき、その後に［ㅣ］という音が続くと

［ㄷ＋ㅣ］は［ㅈ］

［ㅌ＋ㅣ］は［ㅊ］

と発音が変化します。これを**口蓋音化**といいます。

【表記】　　【実際の発音】　　　　　【表記】　　【実際の発音】

굳이 ➡ [구지]（あえて）　해돋이 ➡ [해도지]（日の出）
　　　　　クジ　　　　　　　　　　　　　　ヘドジ

같이 ➡ [가치]（一緒に）　밭이 ➡ [바치]（畑が）
　　　　　カチ　　　　　　　　　　　　　　パチ

❼ ㅎの弱音化あるいは無音化

パッチムㄴ［n］、ㅁ［m］、ㅇ［ŋ］、ㄹ［l］など、有声音のパッチムのあとにくる初声のㅎ［h］は、ふつうの速さで読むと、ほとんど音が聞こえません。

• **ㅎの弱音化**

【表記】　　【実際の発音】　　　　　【表記】　　【実際の発音】

전화 ➡ [저놔]（電話）　　은행 ➡ [으냉]（銀行）
　　　　チョーヌァ　　　　　　　　　　ウネン

• **発音しないㅎ（ㅎの無音化）**

ㅎパッチムのあとに母音が続く場合は、常にㅎは発音しません。

【表記】　　【実際の発音】

좋아요 ➡ [조아요]（いいです）
　　　　　チョア ヨ

놓아요 ➡ [노아요]（置きます）
　　　　　ノ ア ヨ

> あまり難しく考えすぎないことも大切

③ 韓国語の文法

韓国語の語彙の種類
3つの分類があります

DISC1 18～20

🔷 固有語

　韓国語の語彙は、主に固有語、漢字語、外来語の3種類に分類ができます。固有語は、日本語の「やまとことば」にあたる韓国固有の言葉です。それ以外にも「漢字語＋外来語」や「漢字語＋固有語」など、それぞれが混合した形もあります。

▼ 固有語の例

DISC1 18

나무（木） ナ ム	치마（スカート） チ マ	다리（足、橋） タ リ
바지（ズボン） パ ジ	비누（せっけん） ピ ヌ	숟가락（スプーン） スッカラク
말（言葉） マール	아버지（お父さん） ア ボ ジ	어머니（お母さん） オ モ ニ

固有語には、自然に関係したことがらや、生活に深くかかわる言葉が多いみたいだね。

漢字語

　中国語から伝わった漢字からできた言葉です。韓国では20世紀の初頭にいたるまで公文書が漢文であったこともあり、かなりの数の漢字語が現代語の中で生きています。

　日本語で用いられる漢字語と共通性が高く、発音も一定の対応関係がみられるものがたくさんあるので、おぼえやすいでしょう。

▼ 漢字の読み方の比較例

漢字	日本語の読み	韓国語の読み
安	アン	안 (アン)
単	タン	단 (タン)
美	ミ、ビ	미 (ミー)
心	シン	심 (シム)
学	ガク	학 (ハク)

ここに挙げたのは、ほんの一部。音の対応にどのようなものがあるのかは、学習を進めるなかでおぼえていきましょう。

　私たちにとって嬉しいことに、韓国語ではほとんどの場合漢字1語に対し1音しか対応していません。韓国語の漢字の読みがわかると、語彙がぐんと増えますよ。

▼ 漢字語の例

DISC 1
19

간단 (簡単)　　단순 (単純)　　단신 (単身)
カン ダン　　　タン スン　　　タン シン

문 (文)　　　　안심 (安心)　　미학 (美学)
ムン　　　　　アン シム　　　ミー ハク

第1章　韓国語基礎セミナー

39

外来語

　外国語の音を、韓国語の発音体系に合わせてハングルで表記したものです。日本語と同じような発音をするものもたくさんあります。カタカナ表記のような視覚的な区別はありません。ほとんどが英語由来ですが、パンのように日本語経由（ポルトガル語由来）の言葉もあります。

外来語の例

택시 （タクシー）
テクシ

카드 （カード）
カードゥ

빵 （パン）
ッパン

스포츠 （スポーツ）
スポチュ

스키 （スキー）
スキ

테니스 （テニス）
テニス

인터넷 （インターネット）
イントネッ

컴퓨터 （コンピュータ）
コムピュート

팩스 （ファクス）
ペクス

ハングル豆知識　韓国語の表記のしかた

　かつて韓国語は縦書きでしたが、最近は横書きが主流になっています。新聞や書籍類はほとんど横書きになっています。

　韓国語では、文末にかならず「．」（ピリオド）をつけます。ただし、疑問文のときは、文末に「？」（クエスチョンマーク）がつきます。また、日本語ほど多くありませんが、文章が長い場合は、わかりやすいように「，」（カンマ）を使う場合もあります。

　また、韓国語を書く場合、日本語でいう文節ごとにひとマスあける**分かち書き**をします。

例

한국과 일본을 겉으로 보면, 여러 가지 면에서
ハングッカ　イル ボヌル　コトゥロ　ボミョン　ヨロ　ガジ　ミョネソ

비슷한 점이 많아요.
ピスタン　ジョミ　マーナヨ

　　　（韓国と日本を一見すると、色々な面で似ている点が多いです。）

　分かち書きにはいろいろなルールがありますが、基本的なルールとして、日本語の文節にあたる部分で区切ってひとマス（半角）あけて、文章を書くと考えるといいでしょう。また、名詞と助詞は続けて書き、そのあとひとマスあけて次の文節につなげていったり、用言の語尾は続けて書いたりします。

　日本語は漢字かな混じり文なので、句読点をつけると視覚的に意味がとりやすくなります。一方韓国語は公文書もハングルが原則といわれるほど、ハングルだけで文章が書かれている場合が多いのですが、分かち書きがあるので「，」が多くなくても意味がとりやすいといえます。

③ 韓国語の文法
韓国語の主語と述語
日本語とよく似た文章構造

　さて、いよいよ文法の話に入ります。言葉を勉強するときに大きな課題のひとつが語順です。英語で簡単な言葉を話すときにも、習いたての頃は「主語の後ろには、まず動詞がくるから…」などと、文章の構成を組み立て直して考える作業を行う必要があります。
　ところが、韓国語の場合、日本語と語順がたいへん似ているのでこのような作業をする必要がなくなります。

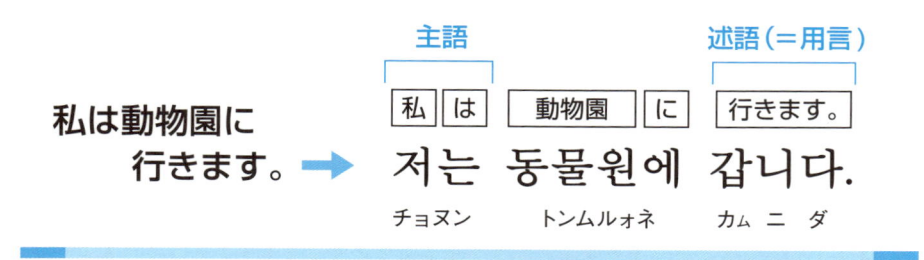

私は動物園に行きます。　→　
　　　　　　　　　主語　　　　　　　述語（＝用言）
　　　　　　　　|私|は|　|動物園|に|　|行きます。|
　　　　　　　　저는　　동물원에　　갑니다.
　　　　　　　　チョヌン　トンムルォネ　カムニダ

　いかがでしょうか？「は」や「に」といった助詞を含めて、言葉の順序も内容もみごとに一緒ですね。韓国語の文章は、基本的に日本語と同じように主語となる名詞と述語となる動詞や形容詞からできています。
　なお、名詞や代名詞など、活用せず主語となりうるものを**体言**（たいげん）、活用があって述語としてのはたらきができるものを**用言**（ようげん）といいます。

日本語との共通点に注目！

◆ 韓国語の語順

〈主語〉 저는(私は) チョ ヌン 〈述語〉 갑니다.(行きます。) カム ニダ

> 語順が似ているので、私たちが韓国語を勉強するのはとても有利なことなんです！

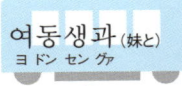

〈主語〉 저는(私は) チョ ヌン 동물원에(動物園に) トンムルォネ 〈述語〉 갑니다.(行きます。) カム ニダ

〈主語〉 저는(私は) チョ ヌン 여동생과(妹と) ヨドンセングァ 동물원에(動物園に) トンムルォネ 〈述語〉 갑니다.(行きます。) カム ニダ

入れかえ可能

◆ 韓国語の体言、用言の種類

体言	用言
名詞 ネコ、山、お母さん など	**動詞** —— 動作や作用を表す 行く、勉強する、増える など
代名詞 これ、それ など	**形容詞** —— ものごとの性質や状態を表す かわいい、白い、嬉しい など
数詞（数） いち、に、ひとつ、ふたつ など	**存在詞** —— 存在しているかどうかを表す ある／いる、ない／いない
	指定詞 —— ものごとを断定する 〜である、〜でない

> 日本語に比べて、韓国語には用言の種類が多いようですね。

第1章　韓国語基礎セミナー

③ 韓国語の文法

用言——基礎の基礎
用言は韓国語学習の大きなポイント

🔹 用言のはたらき

　韓国語の学習で、もっとも大きなポイントになるのが用言でしょう。用言は、ものごとの動作や作用、存在、性質などを表す単語で活用し、日本語でいう述語のはたらきをします。

　用言には、前ページで紹介したように、

　　動詞（どうし） —— 動作や作用を表す
　　形容詞（けいようし） —— ものごとの性質や状態を表す
　　存在詞（そんざいし） —— 存在しているかどうかを表す
　　指定詞（していし） —— ものごとを断定する

の4種類があります。

🔹 辞書形について

　辞書に載っているすべての用言には、最後に

　　다（タ）

という文字がついています。この다のついた形を**辞書形（じしょけい）**あるいは**原形（げんけい）**、**基本形（きほんけい）**と呼びます。
　また、다以外の部分を**語幹（ごかん）**といい、語幹の最後の文字を**語幹末（ごかんまつ）**といいます。

🔻 用言を分解してみると……

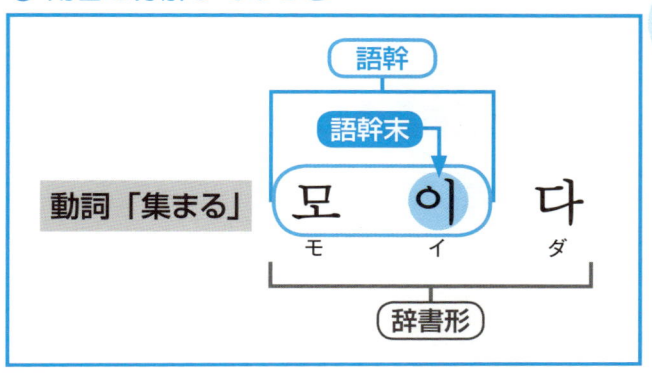

```
                    語幹
                 ┌───────┐
                 │ 語幹末 │
                 │  ↓   │
  動詞「集まる」    모  이   다
                 モ   イ   ダ
                 └───────────┘
                      辞書形
```

日本語でも、用言は語幹と活用部分が分かれていますよね。

■用言を活用させて作る表現のヴァリエーション■

　韓国語では、用言の語幹にいろいろな語尾が続きます。あとに続く語尾によって3つの活用パターンに分けられます。日本語の用言の活用には五段活用がありますが、韓国語の場合はいわば三段活用だと考えてください。

　下の図で、おおよそのイメージをつかんでください（⇒ 166 ページ）。第2章で詳しく解説します。

🔻 用言の活用

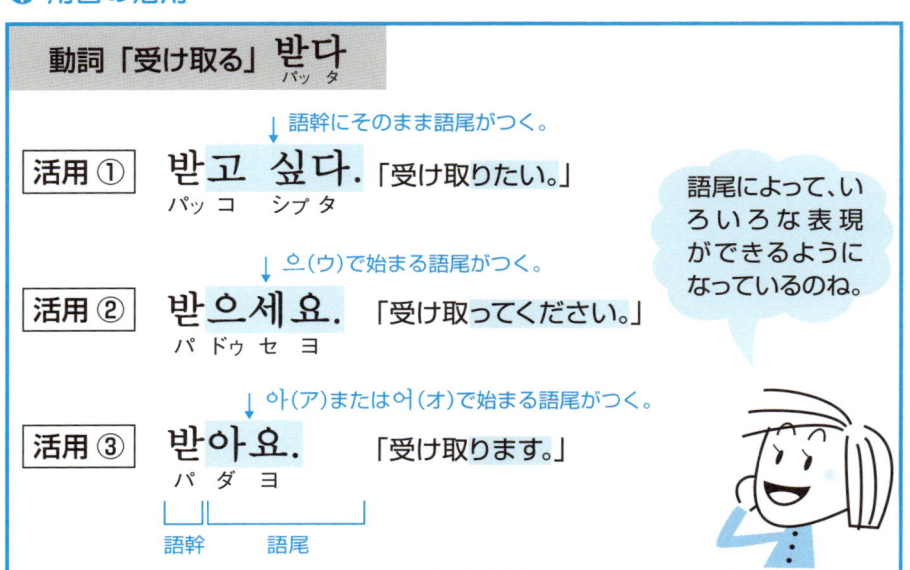

動詞「受け取る」 받다
　　　　　　　　パッ タ

↓ 語幹にそのまま語尾がつく。

活用①　받고　싶다.　「受け取りたい。」
　　　　　パッ コ　シプ タ

↓ 으(ウ)で始まる語尾がつく。

活用②　받으세요.　「受け取ってください。」
　　　　　パ ドゥ セ ヨ

↓ 아(ア)または어(オ)で始まる語尾がつく。

活用③　받아요.　「受け取ります。」
　　　　　パ ダ ヨ
　　　　　└─┘└─┘
　　　　　語幹　語尾

語尾によって、いろいろな表現ができるようになっているのね。

第1章　韓国語基礎セミナー

③ 韓国語の文法

韓国語の助詞
日本語に近いもうひとつの特徴

　韓国語には日本語の「てにをは」にあたる**助詞**があります。意味もかなり対応するので、勉強しやすいでしょう。

　また、これらの助詞は会話のなかで省略される場合がよくあります。日本語でも、たとえば「これをください」と言っても「これください」と言っても問題なく通じますね。これと同じことが、韓国語にもいえるのです。

　ただ、気をつけなければいけないのは、前につく名詞が母音で終わる場合と子音で終わる場合では、形が変わるものがあることです（次ページ参照）。

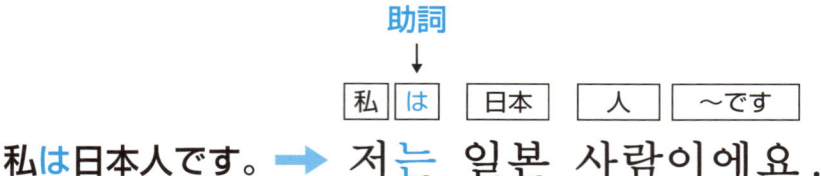

助詞
↓
| 私 | は | 日本 | 人 | ～です |

私は日本人です。 ➡ 저는 일본 사람이에요.
　　　　　　　　　 チョ ヌン　イルボン　サーラ ミ エ ヨ

言葉と言葉の関係性を示すという点でも、意味もほぼ一緒。

代表的な助詞とその変化

母音と子音のあとで助詞がそれぞれどのように変化するのか、具体的な例で見てみましょう。

「〜が」

❶ ~가（ガ）…… **母音で終わる名詞につく**

[この] [キムチ] [が] [おいしいです。]

이 김치가 맛있어요.
イ　キム　チ ガ　　マ　シッ ソ ヨ

└─ 母音で終わる

❷ ~이（イ）…… **子音で終わる名詞につく**

[この] [海苔] [が] [おいしいです。]

이 김이 맛있어요.
イ　キーミ　　マ シッ ソ ヨ

└─ 子音で終わる

「〜は」

❶ ~는（ヌン）…… **母音で終わる名詞につく**

[私] [は] [学生です。]

저는 학생이에요.
チョ ヌン ハㇰ セン イ エ ヨ

└─ 母音で終わる

❷ ~은（ウン）…… **子音で終わる名詞につく**

[恋人] [は] [学生です。]

애인은 학생이에요.
エ イ ヌン ハㇰ セン イ エ ヨ

└─ 子音で終わる

③ 韓国語の文法
丁寧表現と尊敬表現
文法から文化が見えてくる

　韓国語にも日本語と同じように、丁寧な表現や相手を敬う表現があります。また、友だちや恋人同士のあいだで使う親しい表現もあります。韓国語の場合、日本語に比べてその使い方が厳密です。よく知られているように、韓国は儒教の国といわれ、「長幼の序（年長者と年少者のあいだの秩序）」が重んじられている国です。言葉にも、それが反映されているのです。

▶ 丁寧表現

　日本語の「～です。／ます。」にあたる丁寧な表現です。韓国語の丁寧な表現には、かしこまった感じがする堅い文体と柔らかいうちとけた感じのする文体の2種類があります。これらを합니다体（ハムニダたい）と해요体（ヘヨたい）ともいい、韓国語の会話の基本となる表現です。本書でもこの表現を中心に学習します。

　旅行先で韓国語を話すときにも、きちんと丁寧語を話せば、相手への印象もよくなります。

どこへ行くのですか？　➡

〈丁寧で堅い文体〉
[どこ(へ)] [行きますか?]
어디 갑니까?
オディ　ガムニッカ

〈丁寧でうちとけた文体〉
[どこ(へ)] [行きますか?]
어디 가요?
オディ　ガヨ

尊敬表現

話の対象となる相手が自分より目上であれば、身内であっても敬語を使います。日本語では、自分の両親や会社の上司といった「身内」の人間のことを他人に話す場合、敬語を使うことはありませんが、韓国語では尊敬語を用います。日本語のように、相手によって使い分ける敬語を**相対敬語**といいます。それに対して韓国語のような敬語の使い方は**絶対敬語**といいます。

尊敬表現は、用言だけでなく、名詞や助詞にもあります（⇒ 167 ページ）。

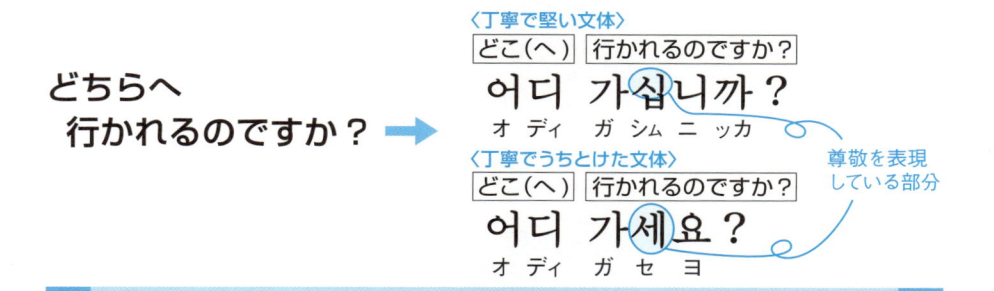

どちらへ
行かれるのですか？　→

〈丁寧で堅い文体〉
どこ(へ) 行かれるのですか？
어디 가십니까？
オディ ガ シム ニッカ

〈丁寧でうちとけた文体〉
どこ(へ) 行かれるのですか？
어디 가세요？
オディ ガ セ ヨ

尊敬を表現している部分

パンマルについて

同年輩や、年下あるいは年齢が近いもの同士のあいだで使う親しさを表す表現です。パンマルは「半分の言葉」という意味です。親しくない人に用いるとぞんざいな印象を相手に与えてしまうので、注意しましょう（⇒ 192 ページ）。

どこへ行くの？　→

どこ 行くの
어디 가？
オディ ガ

どこ 行くの
어디 가니？
オディ ガ ニ

パンマルには、いろいろなバリエーションがあります。

韓国語ひとことフレーズ　DISC 1 21〜26

最初におぼえたい基本会話
簡単な会話をまずマスター

▶ 実践会話に挑戦！

　次の第2章で韓国語の文法についてこまかく解説していきますが、その前にあいさつや、お礼の表現など韓国語の基本的な会話表現をみていきましょう。ハングルと発音の対応を確認しながら、韓国語に少しずつなれていってください。

● あいさつ　　　DISC 1 21

こんにちは。　　안녕하세요？
　　　　　　　　アンニョン ハ セ ヨ

　　　　　　　　안녕하십니까？
　　　　　　　　アンニョン ハ シム ニッカ

- ●「お元気でいらっしゃいますか」が本来の意味です。そのため、「おはようございます」「こんにちは」「こんばんは」の意味で、時間帯に関係なく使えます。
- ●「はじめまして」の代わりにも使います。日本語では初対面のときには「はじめまして」というあいさつがよく使われますが、韓国語ではきちんと初対面のあいさつをしたいとき以外は、この表現を使います。
- ● 안녕하십니까？（アンニョンハシムニッカ）は、안녕하세요？（アンニョンハセヨ）のあらたまった堅い言い方で、意味はまったく同じです。公式の場で使われます。日常会話のなかでは年配の男性などがよく使います。

はじめてお目にかかります。

처음 뵙겠습니다.
チョ ウム　ベプ ケッスム ニ ダ

● この表現は、あらたまった場で、きちんとした初対面のあいさつが必要な場合に使います。

お元気ですか？	잘 지내요？（↗） チャル　チ ネ ヨ
ええ、元気ですよ。	네, 잘 지내요.（→） ネー　チャル　チ ネ ヨ
元気でね。	잘 지내요.（⤴） チャル　チ ネ ヨー

● 久しぶりに会った知人どうしでよく使われるあいさつです。男女とも同じように使えます。

● 文末のイントネーションで意味が大きく変わりますから、CDをよく聞いて使い分けをしましょう。文末をピリオドにして語尾を下げぎみに発音すると「元気ですよ」「元気にしているよ（わ）」という意味の平叙文になります。また、語尾の요を「ヨー」と長くのばして、イントネーションを平板にするか、あるいは少し下げてから上げる抑揚をつけると、「元気でね」という意味の柔らかい命令になります。

ええ、元気ですよ。
네, 잘 지내요.
ネー　チャル　チネヨ

お元気ですか？
잘 지내요?
チャル　チネヨ

第1章　韓国語基礎セミナー

51

さようなら。 （お気をつけて。）	안녕히 가세요. アンニョイ　ガセヨ
さようなら。 （元気でいてください。）	안녕히 계세요. アンニョイ　ゲーセヨ

● 韓国語の別れのあいさつには2種類あります。

　1段目の例文안녕히 가세요.（アンニョイ ガセヨ）は、その場に残る人が、立ち去る人に対していう言い方です。안녕히（アンニョンヒ）は「お元気で」、가세요（カセヨ）は「お行きください」という意味です。それぞれが同時にその場を立ち去る場合もこちらの表現を使います。

　2段目の例文안녕히 계세요.（アンニョイ ゲーセヨ）は立ち去る人が残る人に対していうあいさつで、계세요.（ケーセヨ）は「いてください」の意味です。それぞれの言葉の意味を考えながら使うと区別しやすいでしょう。

● なお、ひと息で発音すると、안녕히（アンニョンヒ）はㅎが弱音化して「アンニョンイ」となり、가세요.（カセヨ）または계세요.（ケーセヨ）は最初の音が有声音化して、それぞれ「アンニョンイ　ガセヨ」「アンニョンイ　ゲーセヨ」となります（⇒ 28、37 ページ）。

さようなら
（元気でいてください）。
안녕히 계세요.
アンニョイ　ゲーセヨ

さようなら
（お気をつけて）。
안녕히 가세요.
アンニョイ　ガセヨ

● 返事

はい。　　네.
　　　　　ネー

　　　　　예.
　　　　　イェー

● 「はい」あるいは「ええ」という意味です。どちらも使えますが、예.(イェー)のほうが、より丁寧な感じになります。両方とも「？」をつけて語尾をあげ、「ええっ？」「何ですって？」という聞き返しの表現としても使えます。

いいえ。　아니요.
　　　　　アニヨ

　　　　　아뇨.
　　　　　アーニョ

● どちらも「いいえ」という否定の返事です。아니요.(アニヨ)のほうが少し堅い感じがしますが、実際の発音は「アーニョ」とほぼ同じになります。

第1章　韓国語基礎セミナー

● 自己紹介

わたしは山田といいます(と申します)。
저는 야마다라고 합니다.
チョヌン　ヤマダラゴ　ハムニダ

● 저는(チョヌン)には、「わたくしは」というへりくだった意味があります。저는(チョヌン)を省いた形もよく用いられます。〜라고 합니다.(ラゴ ハムニダ)で「〜といいます。/〜と申します。」という意味になります。

わたしは山田です。
저는 야마다예요.
チョヌン　ヤマダエヨ

● こちらも丁寧な表現ですが、少しくだけた言い方です。

(わたしは)大学生です。
대학생이에요.
テハクセンイエヨ

● 〜예요.(エヨ)/〜이에요.(イエヨ)という語尾は、名詞のあとにつける「〜です」なので、名前だけでなく職業などを伝えるときにも使えます(⇒83ページ)。

● 感謝の表現

ありがとうございます。

감사합니다.
カームサ ハム ニ ダ

고맙습니다.
コ マプスム ニ ダ

고마워요.
コ マ ウォ ヨ

- ●「ありがとうございます」と感謝の気持ちを表す言葉はいくつかあります。
- ●감사합니다.(カームサ ハムニダ)は正式できちんとした言い方です。いろいろな場面で使えます。감사(カームサ)は漢字語の「感謝」にあたる言葉です。고맙습니다.(コマプスムニダ)も丁寧な表現ですが、より格式ばらない感じがします。一方、고마워요.(コマウォヨ)は柔らかくうちとけた表現です。

감사합니다.
カームサハムニダ

고맙습니다.
コマプスムニダ

고마워요.
コマウォヨ

● お詫び

すみません。	미안합니다. ミー アナム ニ ダ
申し訳ありません。	죄송합니다. チェーソン ハム ニ ダ

- 미안합니다.（ミーアナムニダ）は、「すみません。」「ごめんなさい。」といったお詫びの表現です。
- 죄송합니다.（チェーソンハムニダ）は、「申し訳ございません」「恐縮です」といった謝罪の気持ちがより強く込められた表現です。

● お礼やお詫びにこたえる

どういたしまして。	천만에요. チョンマ ネ ヨ

- 「千万のお言葉です。」の省略形で、相手のお礼やお詫びに対して「どういたしまして。」または「とんでもありません。」という意味で使います。

大丈夫です。	괜찮아요. クェン チャナ ヨ

- 謝罪の言葉などへの受け答えとして、「（気にしなくて）大丈夫です。／けっこうです。」という意味で用いられます。
- 日本語の「けっこうです。」、英語の「No thank you.」と同様、相手の申し出を断るときにも使います。

第 2 章
文法マスター30

文法学習を進めるにあたって

いよいよ、本格的な文法学習のはじまりです。

本章では、会話例文（スキット）を通して韓国語に親しみながら、文法の基本を解説しています。登場人物の会話に盛り込まれたポイントに沿って、学習を進めていきましょう。

スキットのなかで、主人公である雑誌記者冬木さんは、韓国でいろいろな人に出会ったり、さまざまな体験をしていきます。

●おもな登場人物●

冬木
雑誌記者。今回、祭りの取材のために、はじめて韓国へ赴く。

パク・チヒョン
幼稚園の先生。休暇をとって韓国での冬木の案内役を買ってでる。

パク・サンウ
仕事で日本に滞在中。冬木の友人で、チヒョンの兄でもある。日本から冬木の応援のため、一時帰国するのだが…。

■本章の構成

本章の構成は、次のとおりです。

STEP 1　基本的な文体を中心に学習　　　　　　　　　（Lesson 1 〜 10）

入門編です。基本的な文体、助詞、数字についてなど、まず最初におぼえておきたい韓国語の文章表現を中心に解説しています。少しでも早く慣れていただけるように、発音のコメントも細かく入れてあります。

STEP 2　さまざまな会話表現を中心に学習　　　　　　（Lesson 11 〜 20）

韓国語の表現の幅をひろげるために、意志を伝えたり状況を説明するために必要な、さまざまな表現を盛り込みました。敬語表現も、ここで学習する大切なポイントです。STEP2までをマスターすれば、あなたの韓国語の基礎知識はかなりのもの。がんばりましょう。

STEP 3　変則用言を中心に学習　　　　　　　　　　　（Lesson 21 〜 30）

さらに深く、韓国語を知るための応用ステップです。無理をせずに、少しずつ学習を進めていきましょう。ここで紹介する7つの変則用言は少々複雑な項目なので、理解の助けになるよう図解を加えて解説しました。

第2章　学習項目早見表

STEP 1	ポイントとなる表現	学習項目	ページ
Lesson 1	Point① 「～です。」	丁寧で堅い文体―平叙文①	63
	Point② 「～ですか?」	丁寧で堅い文体―疑問文①	64
	Point③ 助詞「～は」	主題を表す助詞	65
Lesson 2	Point① 「～ではありません。」	丁寧で堅い文体―否定文①	67
	Point② 「～ではありませんか?」	丁寧で堅い文体―否定疑問文①	68
Lesson 3	Point① 「あります。/います。」	丁寧で堅い文体―平叙文②	71
	Point② 「ありますか?/いますか?」	丁寧で堅い文体―疑問文②	72
	Point③ 「ありません。/いません。」	丁寧で堅い文体―否定文②	73
	Point④ 「ありませんか?/いませんか?」	丁寧で堅い文体―否定疑問文②	74
	Point⑤ 「これ」「それ」「あれ」	指示代名詞のいろいろ	75
Lesson 4	Point① 「～です。」「～ます。」	丁寧で堅い文体―平叙文③	77
	Point② 「～ですか?」「～ますか?」	丁寧で堅い文体―疑問文③	79
	Point③ 助詞「～が」	主格を表す助詞	80
	Point④ 助詞「～で」	手段を表す助詞	81
Lesson 5	Point① 「～です。」	丁寧でうちとけた文体―平叙文①	83
	Point② 「～ですか?」	丁寧でうちとけた文体―疑問文①	84
	Point③ 助詞「～で」	場所を示す助詞	85
Lesson 6	Point① 「あります(か?)/います(か?)」	丁寧でうちとけた文体―平叙文②、疑問文②	87
	Point② 「ありません(か?)/いません(か?)」	丁寧でうちとけた文体―否定文、否定疑問文	88
	Point③ 助詞「～に」	場所を示す助詞	89
Lesson 7	Point① 「～時」	時刻を表す表現(固有数詞)	91
	Point② 「～する(つもり)」	意志を表す表現	94
	Point③ 助詞「～へ」「～に」	方向を表す助詞	95
Lesson 8	Point① ～月～日	日にちを表す表現(漢数詞)	97
	Point② 「～しましょう。」	勧誘を表す表現①	100
	Point③ 家族・親せきの呼び方		101
Lesson 9	Point① 「～です(か?)」「～ます(か?)」	丁寧でうちとけた文体―平叙文③、疑問文③	103
	Point② 助詞「～を」	動作の目的を表す助詞	105
Lesson 10	Point① 「～なさい(ませ)。」「～してください。」	少し丁寧な命令	107
	Point② 「～してください。」	丁寧で柔らかい依頼	108
	Point③ 「～しない」「～くない」「～でない」	用言の否定(書き言葉、話し言葉)	109
	Point④ 「～しない」「～くない」「～でない」	用言の否定(話し言葉)	111
まとめ	助詞のまとめ		112
	疑問詞のまとめ		112
	指示代名詞とその縮約形		113
	-아요/어요.「～です。」「～ます。」―母音の縮約について		113

第2章 文法マスター30　文法学習を進めるにあたって

STEP 2		ポイントとなる表現	学習項目	ページ
Lesson 11	Point1	「～してみる」	試みる行為を表す表現	115
	Point2	「～してもいい」	許可を表す表現	116
	Point3	「～ですね。」「～しますね。」	感嘆、詠嘆を表す表現①（うちとけた文体）	117
Lesson 12	Point1	「～したい。」	希望や願望を表す表現	119
	Point2	「～しましょう。」	勧誘を表す表現②	120
	Point3	「～ならいい」「～すればいい」	許容、助言を表す表現	122
Lesson 13	Point1	「～する」「～だ」	하変則用言（하다用言）	125
	Point2	「～できない」	用言の否定（不可能）	126
Lesson 14	Point1	「お～になる」	用言の尊敬表現	129
	Point2	「～なので」	原因、理由を表す表現①	131
	Point3	「～しやすい」	利便性を表す表現	133
Lesson 15	Point1	「～している」	動作の進行、反復、習慣を表す表現	135
	Point2	「～になる」	状態の変化を表す表現	136
	Point3	「～だった」	用言の過去形の語尾	137
Lesson 16	Point1	「～して」	ことがらの並列を表す表現	141
	Point2	「～だが」「～するが」	逆接の表現	142
	Point3	「～くなる」「～になる」	程度や状態の変化を表す表現	142
Lesson 17	Point1	「～しに」	目的を表す表現①	145
	Point2	「～する～」「～している～」	現在連体形の語尾①―動詞	146
Lesson 18	Point1	「ある／ない～」	現在連体形の語尾②―存在詞	149
	Point2	「～ですが。」「～ですね。」	柔らかな余韻を残す婉曲表現	150
	Point3	「～に」「～く」	用言の副詞化	154
Lesson 19	Point1	「～ので」「～だから」	原因、理由を表す表現②	157
	Point2	「～して」	動作の先行を表す表現	159
	Point3	「～ですね。」	感嘆、詠嘆を表す表現②	160
Lesson 20	Point1	「～しようと思う」「～しようとする」	近い未来の意志を表す表現	163
	Point2	「～することができる」	可能を表す表現	164
まとめ		用言の活用		166
		尊敬の意味を表す単語		167
		語幹 -기 形容詞「～するのが」を使った表現		167

特に重要な項目は、色で強調してあります。

- まず最初にマスターしたい基本となる文体
- 連体形について解説
- 変則活用する用言について解説
- 韓国語で大切な尊敬・謙譲の表現を解説
- 各 STEP のまとめページ

第2章　学習項目早見表

STEP 3		ポイントとなる表現	学習項目	ページ
Lesson 21	Point1	「〜な〜」「〜である〜」	現在連体形の語尾③ ―形容詞、指定詞	169
	Point2	「〜して」「〜なので」	原因、理由を表す表現③	170
	Point3	「〜すること」「〜であること」	用言の名詞化	171
Lesson 22	Point1	ㄹ語幹用言	ㄹ語幹用言の活用	175
	Point2	「〜でしょうか？」「〜しましょうか？」	推量、相手の意向を問う表現	177
	Point3	「〜だろう。」「〜だと思う。」 「〜（する）つもりだ。」	推量、自分の意志を表す表現	178
Lesson 23	Point1	ㅎ変則用言		181
	Point2	ㅂ変則用言		183
	Point3	「〜した〜」	過去連体形の語尾①―動詞	186
Lesson 24	Point1	르変則用言		189
	Point2	「〜する（予定の）〜」 「〜する（はずの）〜」	未来連体形の語尾	191
	Point3	「〜だ」「〜なの（か）？」	パンマル―くだけた言い方	192
Lesson 25	Point1	ㅅ変則用言		195
	Point2	「〜ようだ」「〜しそうだ」	推量を表す表現	197
	Point3	「〜してさしあげる」「お〜する」	謙譲の表現	200
Lesson 26	Point1	ㅇ変則用言		203
	Point2	「〜のようだ」「〜みたいだ」	推量、不確実な断定を表す表現	205
	Point3	「〜するな」	禁止を表す表現	207
Lesson 27	Point1	러変則用言		209
	Point2	「〜するまで」「〜するほど」	ものごとの程度や限界を表す表現	212
	Point3	「〜のために」	目的を表す表現②	213
Lesson 28	Point1	ㄷ変則用言		215
	Point2	「〜なので」「〜するので」	原因、理由を表す表現④	217
Lesson 29	Point1	「〜だった〜」	過去連体形の語尾② ―（形容詞、存在詞、指定詞）	219
	Point2	「〜しながら」	動作の同時進行、状態の同時存在を表す表現	220
	Point3	「〜しますよ。」「〜しますから。」	意志、約束を表す表現	221
Lesson 30	Point1	「〜するはずだから」「〜だろうから」	予測を含んだ理由を表す表現	223
	Point2	「〜している」	完了した動作、作用の継続状態を表す表現	224
まとめ		3段活用と語尾一覧		226
		反切表		228

STEP 1　Lesson 1

후유키입니다.
フ　ユ　キ　イ　ム　ニ　ダ
冬木です。

DISC 1　27～30

学習内容
- 丁寧で堅い文体
  （平叙文、疑問文）
  「〜です（か？）」
- 助詞「〜は」

■ 到着ロビーで（出会い）
DISC 1　27

チヒョン：저, 후유키 씨입니까?②
　　　　　チョー　フ　ユ　キ　ッシ　イム　ニッカ

あのう、冬木さんですか？

冬木：네. 후유키입니다.①
　　　ネー　フ　ユ　キ　イム　ニ　ダ

はい。冬木です。

チヒョン：안녕하세요?
　　　　　アンニョン　ハ　セ　ヨ

こんにちは。

저는 박지현입니다.③
チョ　ヌン　パク　チ　ヒョニム　ニ　ダ

私はパク・チヒョンです。

冬木：네, 박지현 씨.
　　　ネー　パク　チ　ヒョン　ッシ

ああ、パク・チヒョンさん。

반갑습니다.
パン　ガプスム　ニ　ダ

お会いできて嬉しいです。

■ 単語

- 【저】あの、あのう　口語で、ためらいを表したりつなぎの語として用いる
- 【후유키】ふゆき　人名。「冬木」
  ⇒ MEMO（69 ページ）
- 【〜씨[氏]】〜さん ⇒ MEMO（64 ページ）
- 【입니까?】〜ですか？　発音は鼻音化して［임니까］（イムニッカ）〈辞書形〉이다（イダ）「〜だ」
  ⇒ Point②
- 【네】はい、ええ、ああ
- 【입니다.】〜です。　発音は鼻音化して［임니다］（イムニダ）〈辞書形〉이다（イダ）「〜だ」
  ⇒ Point①
- 【안녕하세요?】こんにちは。 ⇒ 50 ページ
- 【저】私 ⇒ MEMO（65 ページ）
- 【〜는】〜は　主題を表す助詞 ⇒ Point③
- 【박지현】パク・チヒョン　人名。パク（朴）は名字、チヒョンは名前で、漢字は「智賢」「知賢」などの文字がよく使われる
- 【반갑습니다.】（お会いできて）嬉しいです。　発音は濃音化と鼻音化により［반갑씀니다］（パンガプスムニダ）

62

Point ① 丁寧で堅い文体 ― 平叙文①

「〜です。」 〜입니다.
イムニダ

▶ 입니다.(イムニダ)は名詞のあとについて「〜です。」という意味を表します。
▶ 입니다.(イムニダ)は이다(イダ)「〜である」の丁寧な表現で、かしこまった堅い感じがする文体です。이다(イダ)の品詞は**指定詞**といい、「〜である/でない」というように、ものごとを断定するときに用います。
▶ 発音に注意しましょう。一文字ずつ読むと、「イプ・ニ・タ」となりますが、ㅂ[p]とㄴ[n]が続くと、[p]が鼻音化して[m]となり、最後の「タ」は有声音化して［임니다］「イムニダ」となります。(鼻音化 ⇒ 35〜36ページ)。
▶ なお、丁寧な表現には、もうひとつ柔らかい感じのするうちとけた文体があります(⇒ Lesson 5 Point①)。

しくみの基本

名詞 ＋ 입니다.「〜です。」
　　　　 イムニダ

例文　DISC 1 / 28

▶ 林です。

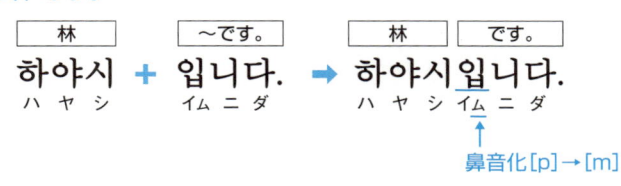

하야시 ＋ 입니다. ➡ 하야시입니다.
ハヤシ　　イムニダ　　　ハヤシイムニダ
　　　　　　　　　　　　　　　↑
　　　　　　　　　　　　鼻音化[p]→[m]

▶ 本です。

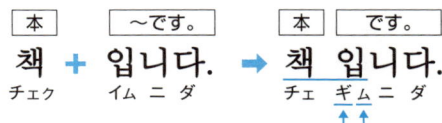

책 ＋ 입니다. ➡ 책 입니다.
チェク　イムニダ　　チェギムニダ
　　　　　　　　　↑↑
　　　　　連音化、有声音化[k]→[g]　鼻音化[p]→[m]

STEP 1

Point ② 丁寧で堅い文体 ― 疑問文①
「～ですか?」 입니까?
イムニッカ

▶ Point①の 입니다. (イムニダ)「～です。」の疑問形「～ですか？」です。最後の 다(ダ)を 까(ッカ)に置き換えて文末に「？」をつけます。

しくみの基本

名詞 ＋ 입니까？（～ですか？）
　　　　　イム ニッカ

例文　DISC1 29

▶ 冬木さんですか？

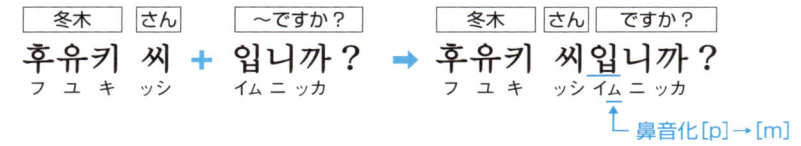

| 冬木 | さん |　| ～ですか？ |　| 冬木 | さん | ですか？ |
후유키 씨 ＋ 입니까？ → 후유키 씨입니까？
フユ　ッシ　　　　イムニッカ　　　　フユ　ッシイムニッカ
　　　　　　　　　　　　　　　　　　　　　└ 鼻音化 [p]→[m]

▶ キムさんですか？

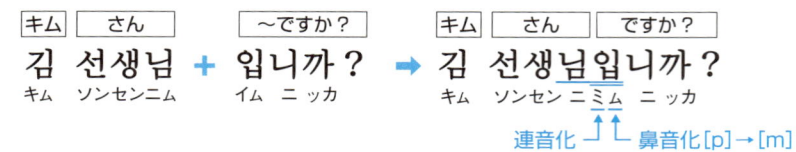

| キム | さん |　| ～ですか？ |　| キム | さん | ですか？ |
김 선생님 ＋ 입니까？ → 김 선생님입니까？
キム ソンセンニム　　イムニッカ　　　キム ソンセンニム ニッカ
　　　　　　　　　　　　　　　　　　　　　　連音化 ┘└ 鼻音化 [p]→[m]

MEMO

● 敬称について

　日本語の「～さん」にあたる～씨 [氏] (ッシ)の使い方には注意が必要です。日本人をはじめ外国人の名字の場合はそうでもありませんが、韓国人の名字にそのまま씨をつけると見下した感じを与えるので避けたほうがいいでしょう。
　一般には、김 부장님 (キム ブジャンニム)「キム部長」というように肩書きをつけて呼びますが、肩書きがわからなかったり、もともと無いようなときには선생님 [先生─] (ソンセンニム)「～先生、～さん」を用いて、김 선생님 (キム ソンセンニム)「キムさん、キム先生」と呼びます。ちなみに님 (ニム)は「～様」にあたる敬称です。

Point ③ 主題を表す助詞

「～は」 ～는/은
　　　　ヌン　ウン

▶助詞の는(ヌン)または은(ウン)は、日本語の「～は」にあたる助詞です。直前の名詞が저(チョ)「私(わたくし)」のように母音で終わる場合は는が、선생님(ソンセンニム)「先生」のように子音(パッチム)で終わる場合には은がつきます。

▶このように、ある単語が母音で終わるか子音で終わるかによって、そのあとに続く助詞や語尾が変化することが、韓国語の大きな特徴のひとつです。

しくみの基本

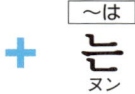

| 母音で終わる名詞 | ＋ | 는 (～は / ヌン) |
| 子音(パッチム)で終わる名詞 | ＋ | 은 (ウン) |

例文　DISC 1 / 30

▶ 私は会社員です。

저 ＋ 는 → 저는 회사원입니다.
チョ　ヌン　　チョヌン フェーサウォニム ニ ダ
母音で終わる名詞　　　　　連音化　　鼻音化[p]→[m]

▶ チェ先生は美人です。

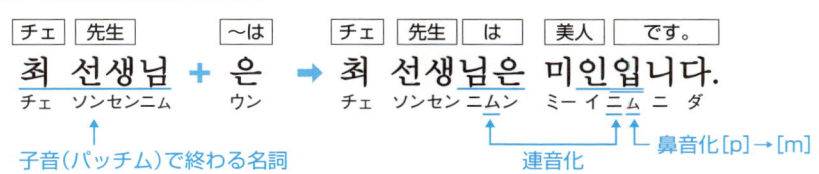

최 선생님 ＋ 은 → 최 선생님은 미인입니다.
チェ ソンセンニム　ウン　　チェ ソンセンニムン ミーイニム ニ ダ
子音(パッチム)で終わる名詞　　　　　連音化　　鼻音化[p]→[m]

MEMO

● 1人称の表現
　話し手自身を指す語には、저(チョ)「私(わたくし)」のほかに나(ナ)「私(わたし)、僕(ぼく)」という言い方があります。どちらも男女ともに使えます。ただし、나は初対面や目上の人には使わず、同年代や目下、あるいは親しくなってから使いましょう。

STEP 1　　65

第2章　文法マスター30　Lesson 1　冬木です。

Lesson 2

저는 학생이 아닙니다.
チョ ヌン ハクセン イ アニムニダ

私は学生ではありません。

DISC 1　31〜33

学習内容
● 丁寧で堅い文体
（否定文、否定疑問文）
「〜ではありません（か？）」

■ **到着ロビーで（自己紹介し合うふたり）**　　**DISC 1　31**

冬木：지현 씨는 학생입니까？
　　　チヒョン ッシ ヌン ハクセンイム ニッカ

　　　チヒョンさんは学生ですか？

チヒョン：아뇨, 저는 학생이 아닙니다.①
　　　　　アーニョ　チョヌン　ハクセンイ　ア ニム ニ ダ

　　　いいえ、私は学生ではありません。

　　　유치원 선생님입니다.
　　　ユ チ ウォン ソンセン ニ ミ ム ニ ダ

　　　幼稚園の先生です。

冬木：그래요？
　　　クレヨ

　　　そうですか。

チヒョン：후유키 씨는 회사원이 아닙니까？②
　　　　　フ ユ キ ッシ ヌン フェーサ ウォニ　ア ニム ニッカ

　　　冬木さんは会社員ではありませんか？

冬木：저는 잡지기자입니다.
　　　チョヌン チャプチ ギジャイム ニ ダ

　　　私は雑誌記者です。

単語

【학생[學生]】学生　発音は濃音化して[학쌩]（ハクセン）
【아뇨】いいえ
【〜이 아닙니다.】〜ではありません。　아닙니다の発音は鼻音化して[아님니다]（アニムニダ）⇒ Point ①
【유치원[幼稚園]】幼稚園
【선생님[先生-]】先生　님は「様」にあたる敬称　⇒ MEMO（64 ページ）
【그래요？】そうですか？
【회사원[會社員]】会社員
【〜이 아닙니까？】〜ではありませんか？　発音は鼻音化して[아님니까]（アニムニッカ）⇒ Point ②
【잡지[雜誌]】雑誌　発音は濃音化して[잡찌]（チャプチ）
【기자[記者]】記者　発音は有声音化して[기자]（ギジャ）

66

Point ① 丁寧で堅い文体 ― 否定文①

「～ではありません。」 ～가 아닙니다. / 이 아닙니다.）
（ガ アニムニダ　イ アニムニダ）

▶ 丁寧で堅い文体 입니다.（イムニダ）「～です。」の否定文は、가 아닙니다.（ガ アニムニダ）/ 이 아닙니다.（イ アニムニダ）となります。아닙니다（アニムニダ）の辞書形は 아니다（アニダ）「～でない」で、品詞は指定詞です。

▶ 前にくる名詞が母音で終わる場合は助詞の 가（ガ）が、子音（パッチム）で終わる場合は 이（イ）がつきます（⇒ Lesson4 Point ③）。가 / 이 は、会話では省略されることもあります。

▶ なお、助詞 가 の前には母音がくるため、가 の発音は常に有声音化して［ガ］となります

しくみの基本

母音で終わる名詞	＋	가 아닙니다.
子音（パッチム）で終わる名詞	＋	이 아닙니다.

〜では／ありません。

例文　DISC 1 / 32

▶ 教師ではありません。

교사 ＋ 가 아닙니다. → 교사가 아닙니다.
（キョーサ）（ガ アニムニダ）（キョーサ ガ アニムニダ）

母音で終わる名詞　　有声音化［k］→［g］　鼻音化［p］→［m］

▶ 学生ではありません。

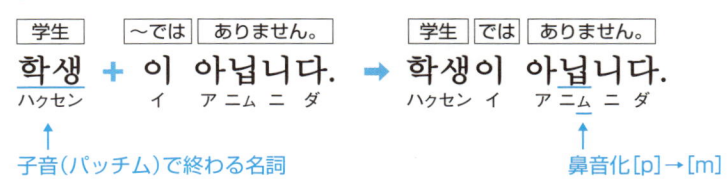

학생 ＋ 이 아닙니다. → 학생이 아닙니다.
（ハクセン）（イ アニムニダ）（ハクセン イ アニムニダ）

子音（パッチム）で終わる名詞　　鼻音化［p］→［m］

Point ② 丁寧で堅い文体 ― 否定疑問文①

「〜ではありませんか?」　〜가 아닙니까?／이 아닙니까?
　　　　　　　　　　　　　　　　ガ　アニムニッカ　　イ　アニムニッカ

▶ Point①の〜가 아닙니다.(ガ アニムニダ)／이 아닙니다.(イ アニムニダ)「〜ではありません。」の疑問形です。最後の다(ダ)を까(ッカ)に置き換えて文末に「?」をつけます。

しくみの基本

母音で終わる名詞	＋	가 아닙니까?（ガ アニムニッカ）
子音(パッチム)で終わる名詞	＋	이 아닙니까?（イ アニムニッカ）

가 = 〜では、아닙니까? = ありませんか?

例文　DISC1 33

▶ 記者ではありませんか？

기자 ＋ 가 아닙니까? → 기자가 아닙니까?
キジャ　　ガ　アニムニッカ　　　キジャガ　アニムニッカ

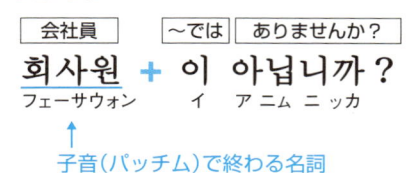

（기자=記者、母音で終わる名詞、기자가 아닙니까?の下線部は鼻音化[p]→[m]）

▶ 会社員ではありませんか？

회사원 ＋ 이 아닙니까? → 회사원이 아닙니까?
フェーサウォン　　イ　アニムニッカ　　　フェーサウォニ　アニムニッカ

（회사원=会社員、子音(パッチム)で終わる名詞、회사원이=連音化、아닙니까?=鼻音化[p]→[m]）

MEMO

● 助詞가(ガ)／이(イ)の訳し方
　助詞の가(ガ)／이(イ)には、主語を表す「〜が」という意味があります(⇒ Lesson 4 Point③)。

MEMO

● 日本語のハングル表記

ハングルに慣れてきたら、次の対応表を利用して自分の名前をはじめ日本の名前や地名を書いてみましょう（228ページの反切表も参照してください）。

ア行		あ 아	い 이	う 우	え 에	お 오
カ行	語頭	か 가	き 기	く 구	け 게	こ 고
	語中	카	키	쿠	케	코
サ行		さ 사	し 시	す 스	せ 세	そ 소
タ行	語頭	た 다	ち 지	つ 쓰	て 데	と 도
	語中	타	치	쓰	테	토
ナ行		な 나	に 니	ぬ 누	ね 네	の 노
ハ行		は 하	ひ 히	ふ 후	へ 헤	ほ 호
マ行		ま 마	み 미	む 무	め 메	も 모
ヤ行		や 야		ゆ 유		よ 요
ラ行		ら 라	り 리	る 루	れ 레	ろ 로
ワ行		わ 와		を 오		ん ㄴ
ガ行		が 가	ぎ 기	ぐ 구	げ 게	ご 고
ザ行		ざ 자	じ 지	ず 즈	ぜ 제	ぞ 조
ダ行		だ 다	ぢ 지	づ 즈	で 데	ど 도
バ行		ば 바	び 비	ぶ 부	べ 베	ぼ 보
パ行		ぱ 파	ぴ 피	ぷ 푸	ぺ 페	ぽ 포

キャ行	語頭	きゃ 갸	きゅ 규	きょ 교
	語中	캬	큐	쿄
シャ行		しゃ 샤	しゅ 슈	しょ 쇼
チャ行	語頭	ちゃ 자	ちゅ 주	ちょ 조
	語中	차	추	초
ニャ行		にゃ 냐	にゅ 뉴	にょ 뇨
ヒャ行		ひゃ 햐	ひゅ 휴	ひょ 효
ミャ行		みゃ 먀	みゅ 뮤	みょ 묘
リャ行		りゃ 랴	りゅ 류	りょ 료
ギャ行		ぎゃ 갸	ぎゅ 규	ぎょ 교
ジャ行		じゃ 자	じゅ 주	じょ 조
ビャ行		びゃ 뱌	びゅ 뷰	びょ 뵤
ピャ行		ぴゃ 퍄	ぴゅ 퓨	ぴょ 표

（出典：韓国国立国語院）

- 現在の韓国語では長く伸ばす音は表記しません。
- 「ん」は ㄴ をパッチムとして表記します。
- 促音（小さい「っ」）は、ㅅ をパッチムとして表記します。
- カ行とタ行、キャ行とチャ行に限り、語頭と語中の表記が違います。

【例】東京　도쿄
【例】神田　간다
【例】北海道　홋카이도
【例】鳥取　돗토리

STEP 1　69

Lesson 3

네, 여기 있습니다.
ネー　ヨギ　イッスムニダ

はい、ここにあります。

DISC 1　34〜39

学習内容
- 丁寧で堅い文体
  - (平叙文、疑問文)「あります(か?)/います(か?)」
  - (否定文、否定疑問文)「ありません(か?)/いません(か?)」
- 指示代名詞

■ 到着ロビーで（荷物の確認） **DISC 1　34**

チヒョン : 짐은 어디⑤ 있습니까?②
　　　　　チムン　オディ　イッスムニッカ

荷物はどこにありますか？

冬木 : 네, 여기⑤ 있습니다.①
　　　ネー　ヨギ　イッスムニダ

はい、ここにあります。

チヒョン : 그 밖에는 없습니까?④
　　　　　ク　バッケヌン　オープスムニッカ

その他にはありませんか？

冬木 : 네, 없습니다.③ 이것뿐입니다.⑤
　　　ネー　オープスムニダ　イゴップニムニダ

はい、ありません。これだけです。

■ 単語

【짐】荷物
【어디】どこ ⇒ Point⑤
【있습니까?】ありますか？　発音は濃音化と鼻音化により [이씀니까] (イッスムニッカ)　〈辞書形〉있다 (イッタ)「ある/いる」⇒ Point②
【여기】ここ ⇒ Point⑤
【있습니다.】あります。　発音は있습니까と同じように変化し [이씀니다] (イッスムニダ)　〈辞書形〉있다 (イッタ)「ある/いる」⇒ Point①
【그 밖에는】その他には　밖에는の発音は連音化して [바께는] (パッケヌン)。그 (ク)「その」は指示代名詞 ⇒ Point⑤
【없습니까?】ありませんか？　発音は濃音化と鼻音化により [업씀니까] (オープスムニッカ)　〈辞書形〉없다 (オープタ)「ない/いない」⇒ Point④
【없습니다.】ありません。　発音は없습니까と同じように変化し [업씀니다] (オープスムニダ)　〈辞書形〉없다 (オープタ)「ない/いない」⇒ Point③
【이것】これ ⇒ Point⑤
【뿐】〜だけ

Point ❶ 丁寧で堅い文体 — 平叙文②

「あります。/います。」 있습니다.
イッスムニダ

▶ 있습니다.(イッスムニダ)は「あります。/います。」という意味です。「ある/いる」という意味の**存在詞** 있다(イッタ)の語幹 있-(イッ)に、丁寧で堅い文体の平叙文をつくる語尾、-습니다.(スムニダ)をつけてつくります。

▶ 存在詞とは、있다(イッタ)「ある/いる」、없다(オプタ)「ない/いない」のように、ものや人物の存在を表すはたらきをする品詞のことです。

▶ なお、-습니다.(スムニダ)は、語幹が子音(パッチム)で終わる**子音語幹**の用言につきます。母音で終わる用言(**母音語幹**の用言)については、Lesson 4 Point①を参照してください。

しくみの基本

ある/いる		～ます。		あります。/います。
있 イッ	＋	-습니다. スムニダ	➡	있습니다. イッスムニダ

↑存在詞 있다の語幹　　↑丁寧で堅い平叙文をつくる語尾

例文　DISC 1 / 35

▶ 時間があります。

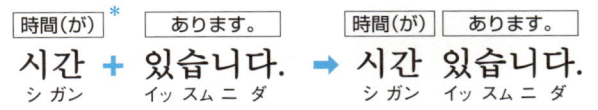

시간(時間(が)*) ＋ 있습니다.(あります。) ➡ 시간 있습니다.
シガン　　　　　　イッスムニダ　　　　　　シガン イッスムニダ

▶ 恋人がいます。

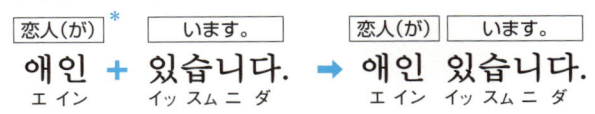

애인(恋人(が)*) ＋ 있습니다.(います。) ➡ 애인 있습니다.
エイン　　　　　　イッスムニダ　　　　　　エイン イッスムニダ

＊話し言葉では、助詞の「が」や「は」はよく省略されます。

第2章 文法マスター30 Lesson 3 はい、ここにあります。

STEP 1　71

Point ② 丁寧で堅い文体 — 疑問文②

「ありますか？／いますか？」 있습니까？
イッスムニッカ

▶ Point①の 있습니다.(イッスムニダ)「あります。／います。」の疑問形です。最後の 다(ダ)を 까(ッカ)に置き換えて文末に「？」をつけます。

しくみの基本

[ある/いる] 있 (イッ) + [〜ですか？] -습니까？(スムニッカ) → [ありますか？／いますか？] 있습니까？(イッスムニッカ)

↑存在詞 있다の語幹　　↑丁寧で堅い疑問文をつくる語尾

例文　DISC 1 / 36

▶ ボールペンがありますか？

[ボールペン(が)] 볼펜 (ポルペン) + [ありますか？] 있습니까？(イッスムニッカ) → [ボールペン(が)] 볼펜 (ポルペン) [ありますか？] 있습니까？(イッスムニッカ)

▶ 藤田さんはいますか？

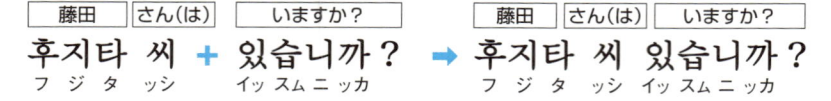

[藤田][さん(は)] 후지타 씨 (フジタッシ) + [いますか？] 있습니까？(イッスムニッカ) → [藤田][さん(は)] 후지타 씨 (フジタッシ) [いますか？] 있습니까？(イッスムニッカ)

Point ③ 丁寧で堅い文体 ― 否定文②

「ありません。/いません。」 없습니다.
オープスムニダ

▶ Point①の 있습니다.（イッスムニダ）「あります。/います。」の否定表現は、없습니다.（オープスムニダ）です。これは、「ない/いない」という意味の存在詞 없다（オープタ）の語幹 없（オープ）に、丁寧で堅い文体の平叙文をつくる語尾 -습니다.（スムニダ）がついたものです。

しくみの基本

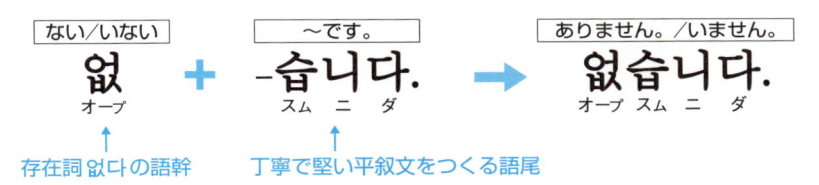

ない/いない		～です。		ありません。/いません。
없	+	-습니다.	→	없습니다.
オープ		スム ニ ダ		オープ スム ニ ダ

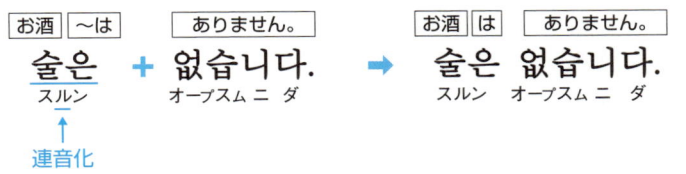

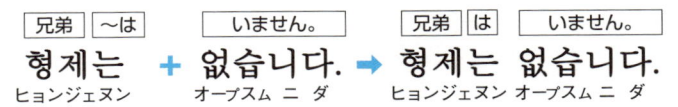

存在詞 없다の語幹　　　丁寧で堅い平叙文をつくる語尾

例文　DISC 1 / 37

▶ お酒はありません。

お酒	～は		ありません。		お酒	は	ありません。
술은		+	없습니다.	→	술은		없습니다.
スルン			オープスム ニ ダ		スルン		オープスム ニ ダ

↑ 連音化

▶ 兄弟はいません。

兄弟	～は		いません。		兄弟	は	いません。
형제는		+	없습니다.	→	형제는		없습니다.
ヒョンジェヌン			オープスム ニ ダ		ヒョンジェヌン		オープスム ニ ダ

第2章　文法マスター30　Lesson 3　はい、ここにあります。

STEP 1

Point ④ 丁寧で堅い文体 ― 否定疑問文 ②

「ありませんか？/いませんか？」 없습니까？
オープスムニッカ

▶ Point③の없습니다.（オープスムニダ）「ありません。/いません。」の疑問形です。最後の다（ダ）を까（ッカ）に置き換えて文末に「？」をつけます。

しくみの基本

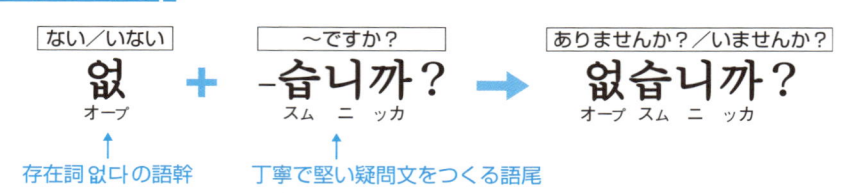

ない/いない		～ですか？		ありませんか？/いませんか？
없 オープ	＋	-습니까？ スム ニッカ	→	없습니까？ オープ スム ニ ッカ

存在詞 없다の語幹　　丁寧で堅い疑問文をつくる語尾

例文　DISC1 / 38

▶ 紅茶はありませんか？

紅茶	～は		ありませんか？		紅茶	は	ありませんか？
홍차는 ホンチャヌン		＋	없습니까？ オープスム ニ ッカ	→	홍차는 ホンチャヌン		없습니까？ オープスム ニ ッカ

▶ 弟（妹）はいませんか？

弟（妹）	～は		いませんか？		弟（妹）	は	いませんか？
동생은 トンセンウン		＋	없습니까？ オープスム ニ ッカ	→	동생은 トンセンウン		없습니까？ オープスム ニ ッカ

있다と없다はペアでおぼえましょう！

ある/いる		ない/いない
있다 イッ タ	VS	없다 オープ タ

74

Point ⑤ 指示代名詞のいろいろ

「これ」「それ」「あれ」 이것, 그것, 저것
イゴッ　クゴッ　チョゴッ

▶「これ」「それ」「あれ」など、ものや場所を指し示す言葉(**指示代名詞**)には次のようなものがあります。

● ものや場所を指し示す言葉

この	이 イ	これ	이것 イゴッ	ここ	여기 ヨギ
その	그 ク	それ	그것 クゴッ	そこ	거기 コギ
あの	저 チョ	あれ	저것 チョゴッ	あそこ	저기 チョギ
どの	어느 オヌ	どれ	어느 것 オヌ ゴッ	どこ	어디 オディ

※「この」「その」「あの」「どの」は指示代名詞ではありませんが、一緒におぼえましょう。

例文　DISC 1　39

▶ **この人は会社員です。**

[この] [ひと] [は] [会社員] [です。]
이 사람은 회사원입니다.
イ　サーラムン　フェーサウォ ニムニダ
　　　↑連音化　　　↑連音化

▶ **それはどこにありますか?**

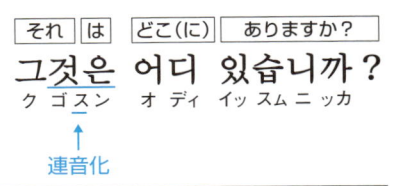

[それ] [は] [どこ(に)] [ありますか?]
그것은 어디 있습니까?
ク ゴスン　オディ　イッスムニッカ
　↑連音化

▶ **あそこにあります。**

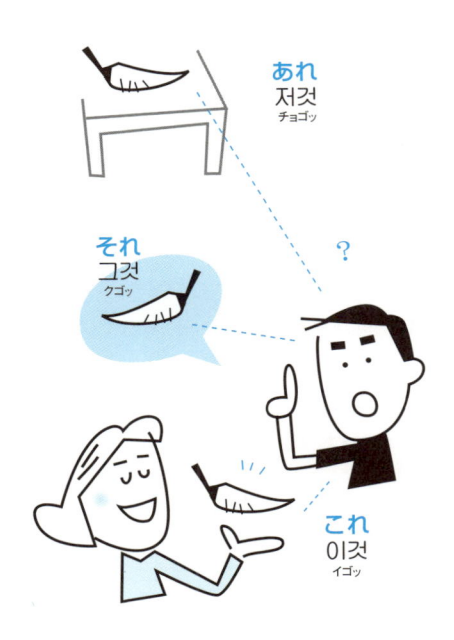

[あそこ(に)] [あります。]
저기 있습니다.
チョギ　イッスムニダ

第2章　文法マスター30　Lesson 3　はい、ここにあります。

STEP 1　Lesson 4

버스로 갑니다.
ポスロ　カムニダ

バスで行きます。

DISC 1　40〜44

学習内容
- 丁寧で堅い文体（平叙文、疑問文）「〜です(か？)／〜ます(か？)」
- 助詞「〜が」「〜で」

■ 空港の出口で（ホテルへ向かう）　DISC 1 / 40

チヒョン：숙소는 어느 호텔입니까?②
　　　　スクソヌン　オヌ　ホテリムニッカ
　　　　宿はどのホテルですか？

冬木：프라자 호텔입니다.①
　　　プラジャ　ホテリムニダ
　　　プラザホテルです。

チヒョン：버스로④ 갑니까?②
　　　　ポスロ　カムニッカ
　　　　バスで行きますか？

　　　　택시로④ 갑니까?②
　　　　テクシロ　カムニッカ
　　　　タクシーで行きますか？

冬木：좀 피곤합니다.①
　　　チョム　ピゴナムニダ
　　　少し疲れています。

　　　택시가 좋습니다.①③
　　　テクシガ　チョーッスムニダ
　　　タクシーがいいです。

単語

- 【숙소[宿所]】**宿所、宿**　発音は濃音化して［숙쏘］（スクソ）
- 【어느】どの
- 【호텔】ホテル
- 【프라자 호텔】プラザホテル
- 【버스】バス
- 【〜로】〜で　手段を表す助詞 ⇒ Point④
- 【갑니까?】**行きますか？**　発音は鼻音化して［감니까?］（カムニッカ）〈辞書形〉가다（カダ）「行く」⇒ Point②
- 【택시】タクシー　発音は濃音化して［택씨］（テクシ）
- 【좀】少し、ちょっと
- 【피곤합니다.】**疲れています。**　発音はㅎの弱音化と鼻音化により［피고남니다］（ピゴナムニダ）〈辞書形〉피곤하다（ピゴナダ）「疲れている」⇒ Point①
- 【〜가】〜が　主語を表す助詞 ⇒ Point③
- 【좋습니다.】**いいです。**　発音は濃音化により［조씀니다］（チョーッスムニダ）〈辞書形〉좋다（チョータ）「良い」⇒ Point①

76

Point ❶ 丁寧で堅い文体 ― 平叙文③

「〜です。」「〜ます。」 -ㅂ니다./습니다.
（ムニダ　スムニダ）

▶ここでは**丁寧で堅い文体**の整理をしてみましょう。

▶用言につく語尾には2つの丁寧な形があります。-ㅂ니다（ムニダ）/습니다（スムニダ）はかしこまった感じがする堅い文体をつくる語尾で、この文体を**합니다体**（ハムニダたい）ともいいます。もう1つの文体は柔らかい感じのする**うちとけた文体**で、**해요体**（ヘヨたい）ともいいます（⇒ Lesson 9 Point①）。

▶丁寧で堅い文体をつくる -ㅂ니다（ムニダ）/습니다（スムニダ）は「〜です。」「〜ます。」という意味の語尾で、用言の語幹につきます。

▶**母音語幹**（ほいんごかん）（語幹が母音で終わる用言）には -ㅂ니다（ムニダ）がつき、**子音語幹**（しいんごかん）（語幹が子音〈パッチム〉で終わる用言）には、-습니다（スムニダ）がつきます。ただし、**ㄹ語幹**（リウルごかん）（語幹がㄹパッチムで終わる用言）の場合は、ㄹが脱落して -ㅂ니다.がつきます（⇒ Lesson 22 Point①）。

▶動詞、形容詞、存在詞、指定詞といった品詞に関係なく、この活用の原則が適用されます。

しくみの基本

		〜です。 〜ます。
母音語幹	＋	-ㅂ니다.（ムニダ）
ㄹ語幹（ㄹパッチム脱落）		
子音語幹（ㄹ語幹を除く）	＋	-습니다.（スムニダ）

第2章　文法マスター30　Lesson 4　バスで行きます。

STEP 1

活用の例

動詞

日本語	原形	語幹	語尾	結合形
「行きます。」	行く 가다 カ ダ	行き 가 カ	～ます。 -ㅂ니다. ム ニ ダ	行きます。 갑니다. カム ニ ダ
		↑母音語幹		
「住みます。」	住む 살다 サール ダ	住み 사 サー	～ます。 -ㅂ니다. ム ニ ダ	住みます。 삽니다. サーム ニ ダ
		↑ㄹ語幹(語幹 살 からㄹ脱落)		
「食べます。」	食べる 먹다 モク タ	食べ 먹 モク	～ます。 -습니다. スム ニ ダ	食べます。 먹습니다. モクスムニ ダ
		↑子音語幹		↑濃音化

形容詞

日本語	原形	語幹	語尾	結合形
「安いです。」	安い 싸다 ッサ ダ	安い 싸 ッサ	～です。 -ㅂ니다. ム ニ ダ	安いです。 쌉니다. ッサム ニ ダ
		↑母音語幹		
「遠いです。」	遠い 멀다 モール ダ	遠い 머 モー	～です。 -ㅂ니다. ム ニ ダ	遠いです。 멉니다. モーム ニ ダ
		↑ㄹ語幹(語幹 멀 からㄹ脱落)		
「良いです。」	良い 좋다 チョータ	良い 좋 チョー	～です。 -습니다. スム ニ ダ	良いです。 좋습니다. チョーッスムニ ダ
		↑子音語幹		↑濃音化

存在詞

日本語	原形	語幹	語尾	結合形
「あります。/ います。」	ある/いる 있다 イッ タ	あり/い 있 イッ	～ます。 -습니다. スム ニ ダ	あります。/います。 있습니다. イッスムニ ダ
		↑子音語幹		↑濃音化

指定詞

日本語	原形	語幹	語尾	結合形
「～です。」	～だ、～である 이다 イ ダ	～であり 이 イ	～ます。 -ㅂ니다. ム ニ ダ	～です。 입니다. イム ニ ダ
		↑母音語幹		

Point ❷ 「～ですか？」「～ますか？」 -ㅂ니까？/습니까？

丁寧で堅い文体 ― 疑問文③

▶ Point ①の -ㅂ니다(ムニダ)/습니다(スムニダ)「～です。」「～ます。」の疑問形です。最後の 다(ダ)を 까(ッカ)に置き換えて文末に「？」をつけます。

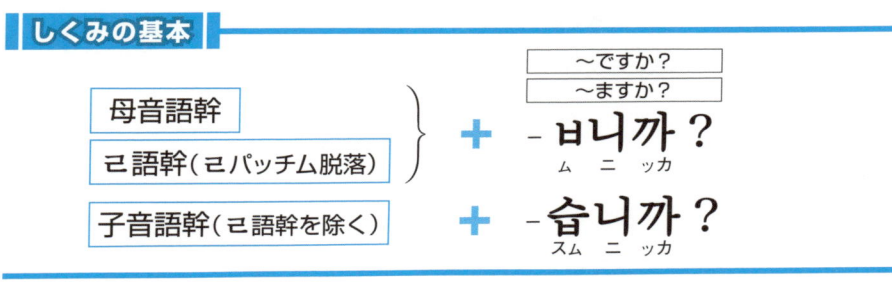

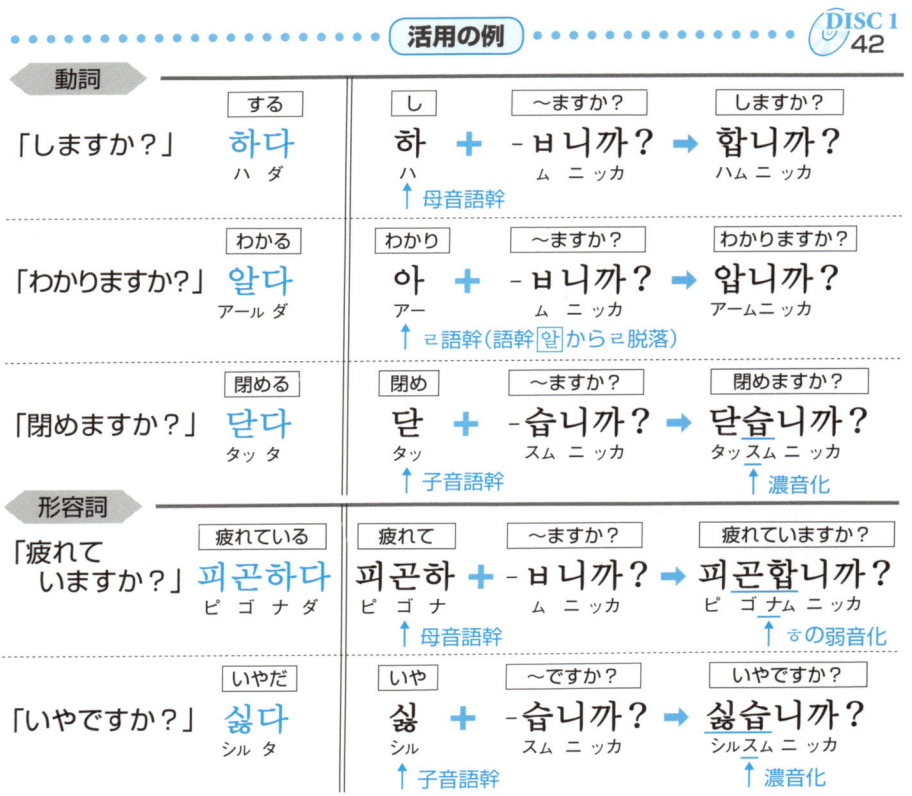

しくみの基本

		～ですか？／～ますか？
母音語幹 / ㄹ語幹(ㄹパッチム脱落)	＋	-ㅂ니까？ (ム ニッカ)
子音語幹(ㄹ語幹を除く)	＋	-습니까？ (スム ニッカ)

活用の例　DISC 1 / 42

動詞

「しますか？」　하다 (ハダ)「する」　하 (ハ)「し」 ＋ -ㅂ니까？(ムニッカ)「～ますか？」 → 합니까？(ハムニッカ)「しますか？」
↑母音語幹

「わかりますか？」　알다 (アールダ)「わかる」　아 (アー)「わかり」 ＋ -ㅂ니까？(ムニッカ)「～ますか？」 → 압니까？(アームニッカ)「わかりますか？」
↑ㄹ語幹(語幹 알 から ㄹ脱落)

「閉めますか？」　닫다 (タッタ)「閉める」　닫 (タッ)「閉め」 ＋ -습니까？(スムニッカ)「～ますか？」 → 닫습니까？(タッスムニッカ)「閉めますか？」
↑子音語幹　　↑濃音化

形容詞

「疲れていますか？」　피곤하다 (ピゴナダ)「疲れている」　피곤하 (ピゴナ)「疲れて」 ＋ -ㅂ니까？(ムニッカ)「～ますか？」 → 피곤합니까？(ピゴナムニッカ)「疲れていますか？」
↑母音語幹　　↑ㅎの弱音化

「いやですか？」　싫다 (シルタ)「いやだ」　싫 (シル)「いや」 ＋ -습니까？(スムニッカ)「～ですか？」 → 싫습니까？(シルスムニッカ)「いやですか？」
↑子音語幹　　↑濃音化

Point ③ 主語を表す助詞

「〜が」 〜가/이
　　　　　　ガ　イ

▶ 主語を表す助詞です。初めて話題にのぼった情報を示すときによく用いられます。日本語の「〜が」と訳せることの多い助詞です。
▶ 母音で終わる単語のあとには가(ガ)が、子音(パッチム)で終わる単語のあとには이(イ)がつきます。
▶ なお、助詞가の前には母音がくるため、가の発音は常に有声音化して[ガ]となります。

しくみの基本

母音で終わる名詞	+	가 (〜が / ガ)
子音(パッチム)で終わる名詞	+	이 (イ)

例文　DISC 1 / 43

▶ **冬木さんが待っています。**

후유키 씨 + 가 → 후유키 씨가 기다립니다.
フユキッシ　ガ　　フユキッシガ　キダリムニダ
　↑
母音で終わる名詞

▶ **本屋がありません。**

책방 + 이 → 책방이 없습니다.
チェクパン　イ　　チェクパンイ　オープスムニダ
　↑
子音(パッチム)で終わる名詞

80

Point ④ 手段を表す助詞

「〜で」 〜로／으로
　　　　　　ロ　　ウロ

▶助詞の 로（ロ）または 으로（ウロ）は、動作の手段を表す「〜で」を意味する助詞です。直前の名詞が母音または ㄹパッチムで終わる場合は 로が、ㄹ以外の子音（パッチム）で終わる場合には 으로がつきます。

しくみの基本

母音で終わる名詞		〜で
ㄹパッチムで終わる名詞	＋	로 ロ
子音（パッチム）で終わる名詞 （ㄹパッチムを除く）	＋	으로 ウロ

例文　DISC 1 / 44

▶ バスで行きます。

バス		〜で		バス	で	行きます。
버스 ポ　ス	＋	로 ロ	➡	버스로 ポ　ス　ロ		갑니다. カム ニ ダ

↑
母音で終わる名詞

▶ 地下鉄で行きます。

地下鉄		〜で		地下鉄	で	行きます。
지하철 チ ハ チョル	＋	로 ロ	➡	지하철로 チ ハ チョルロ		갑니다. カム ニ ダ

↑
ㄹパッチムで終わる名詞

▶ ＪＲで行きます。

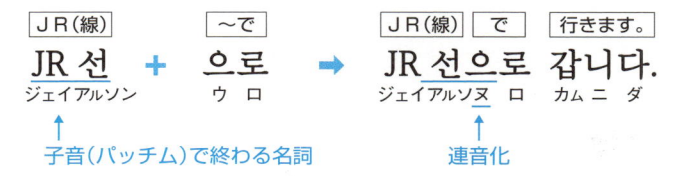

ＪＲ（線）		〜で		ＪＲ（線）	で	行きます。
JR 선 ジェイアルソン	＋	으로 ウロ	➡	JR 선으로 ジェイアルソヌ ロ		갑니다. カム ニ ダ

↑　　　　　　　　　　　↑
子音（パッチム）で終わる名詞　　連音化

STEP 1

STEP 1 Lesson 5

이건 핸드폰 줄이에요.
イゴン ヘンドゥポン チュリ エヨ

これは携帯電話のストラップです。

DISC 1 45〜48

学習内容
- 丁寧でうちとけた文体（平叙文、疑問文）「〜です(か？)」
- 助詞「〜で」

■ タクシーの中で（金運をよぶ金の豚） **DISC 1 45**

冬木：박지현 씨, 이게 뭐예요?②
　　　パク ヒョン ッシ　イゲ　ムォ エ ヨ

　　　パク・チヒョンさん、これは何ですか？

チヒョン：아, 이 금돼지요?
　　　　　アー　イ　クム ドェ ジ ヨ

　　　　　ああ、この金の豚ですか？

이건 핸드폰 줄이에요.①
イゴン ヘンドゥポン チュリ エヨ

これは携帯電話のストラップです。

금돼지는 한국에서③ 인기예요.①
クム ドェ ジ ヌン ハング ゲ ソ インッキ エ ヨ

金の豚は韓国で人気があります（←人気です）。

돈이 생깁니다.
トー ニ センギム ニ ダ

金運が良くなるんですよ（←お金が生じます）。

単語

【이게】これが　이것이（イゴシ）の縮約形（⇒ 113 ページ）、会話でよく使われる
【뭐】何　무엇（ムォッ）の縮約形
【예요?】（母音で終わる名詞について）〜ですか？
　⇒ Point②
【아】ああ
【이】この ⇒ Lesson 3 Point⑤
【금[金]】金(の)
【돼지】ブタ
【요?】（名詞について）〜ですか？
　⇒ Point② 参考
【이건】これは　이것은（イゴスン）の縮約形
【핸드폰】携帯電話

【줄】ひも　핸드폰 줄（ヘンドゥポン チュル）で携帯電話のストラップ
【이에요.】（子音で終わる名詞について）〜です。
　⇒ Point①
【한국[韓國]】韓国
【에서】〜で　場所を示す助詞 ⇒ Point③
【인기[人氣]】人気　発音は濃音化して[인끼]（インッキ）
【돈】お金
【생깁니다.】できます。生じます。
　発音は鼻音化して[생김니다]（センギムニダ）〈辞書形〉생기다（センギダ）「生じる」

Point ❶ 丁寧でうちとけた文体 ― 平叙文①

「～です。」 ～예요. / 이에요.
           エヨ   イエヨ

▶ ～예요.(エヨ)／이에요.(イエヨ)は、名詞のあとについて「～です。」という意味を表します。「～だ、～である」という意味の**指定詞 이다**(イダ)の丁寧な表現です。Lesson1 Point①で紹介した**입니다.**(イムニダ)と意味は同じになりますが、柔らかい感じのするうちとけた文体です。

▶ なお、指定詞**아니다**(アニダ)「～でない」は、**아니에요.**(アニエヨ)「～ではありません。」となります。

▶ 直前の名詞が母音で終わるか子音(パッチム)で終わるかによって、つく形が決まります。

しくみの基本

| 母音で終わる名詞 | ＋ | 예요. （～です。）
エ ヨ |

| 子音(パッチム)で終わる名詞 | ＋ | 이에요.
イ エ ヨ |

例文　DISC 1 / 46

▶ **それはコートです。**

それは	コート	～です。
그건	코트	＋ 예요.
クゴン	コートゥ	エ ヨ

→

それは	コート	です。
그건	코트예요.
クゴン	コートゥ エ ヨ

↑母音で終わる名詞

▶ **学校の建物です。**

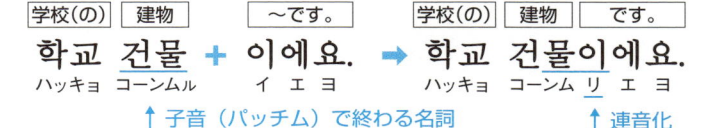

学校(の)	建物	～です。
학교	건물	＋ 이에요.
ハッキョ	コーンムル	イ エ ヨ

→

学校(の)	建物	です。
학교	건물이에요.
ハッキョ	コーンム リ エ ヨ

↑子音（パッチム）で終わる名詞　　↑連音化

MEMO

● **예요の発音**
예요の発音は本来[イェヨ]ですが、実際には[エヨ]と発音されることが多いので本書では[エヨ]とよみがなルビをふっています。

STEP 1

Point ② 丁寧でうちとけた文体 ― 疑問文①

「～ですか?」 ～예요?/이에요?
　　　　　　　　エヨ　　イエヨ

▶ Point①の～예요.(エヨ)/～이에요.(イエヨ)「～です。」の疑問文は同じ形で、文末に「?」をつけるだけです。発音するときの文末イントネーションは、肯定文は下がり調子で、疑問文は上がり調子で発音してください。

▶ 直前の名詞が母音で終わるか子音(パッチム)で終わるかによって、つく形が異なります。

しくみの基本

母音で終わる名詞	+	예요?（～ですか?）エヨ
子音(パッチム)で終わる名詞	+	이에요? イエヨ

例文　DISC 1 / 47

▶ **これは何ですか?**

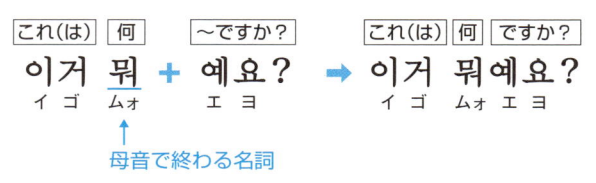

이거[これ(は)] 뭐[何] + 예요?[～ですか?] → 이거 뭐예요?[これ(は) 何 ですか?]
イゴ　ムォ　　　　エヨ　　　　　　　イゴ ムォエヨ

↑ 母音で終わる名詞

▶ **韓国人ですか?**

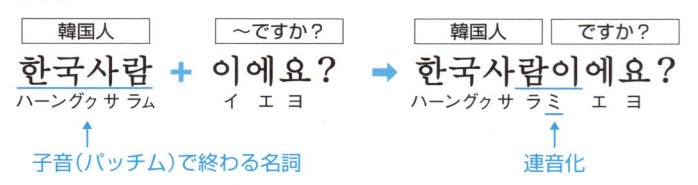

한국사람[韓国人] + 이에요?[～ですか?] → 한국사람이에요?[韓国人 ですか?]
ハーングクサラム　　　イエヨ　　　　　　　　　ハーングクサ ラミ　エヨ

↑ 子音(パッチム)で終わる名詞　　　　　　　↑ 連音化

参考　～요?/～이요?の使い方に注意!

■ ～요?(ヨ)/이요?(イヨ)は、～예요?(エヨ)/이에요?(イエヨ)より口語的な表現です。会話のなかで、聞き返しのときなどに便利な表現です。

■ ～예요/이에요よりぞんざいな感じを与えるので、年配の人や目上の人に対して使うと失礼になることがあります。

【例】

A：それは何ですか？
　　|それ(は)| |何ですか？|
　　그거 뭐예요?
　　 クゴ　　ムォエヨ

B：これですか？　ポッサムキムチです。
　　|これですか？| |ポッサムキムチです。|
　　이거요? 보쌈김치요.
　　 イゴヨ　　ポッサム ギムチ ヨ

A：ピンク色がきれいです。
　　|ピンク色| |が| |きれいです。|
　　핑크색이 예쁩니다.
　　 ピンク セギ　イェーップムニダ

B：え、ピンク色ですって？
　　|え？| |ピンク色ですって？|
　　네? 핑크색이요?
　　 ネー　　ピンク セギ ヨ

Point ③ 場所を示す助詞
「〜で」 〜에서
　　　　　　　　エソ

▶ 動作が行なわれる場所を示すときに使う助詞です。
▶ 母音で終わる名詞のあとでも、子音(パッチム)で終わる名詞のあとでも形は変わりません。

しくみの基本

　　　　　　　　　　〜で
　　名詞　＋　에서
　　　　　　　　　エ　ソ

例文　DISC 1 / 48

▶ 渋谷で会います。

|渋谷|　|〜で|　　　|渋谷| |で| |会います。|
시부야 ＋ 에서 ➡ 시부야에서 만납니다.
 シブヤ　　エソ　　シブヤエソ　マンナムニダ

▶ 日本で勉強します。

|日本|　|〜で|　　　|日本| |で| |勉強します。|
일본 ＋ 에서 ➡ 일본에서 공부합니다.
イルボン　エソ　　イル ボネ ソ　コンブハムニダ
　　　　　　　　　　　↑
　　　　　　　　　　連音化

STEP 1 Lesson 6

DISC 1 49〜52

저쪽에 있어요.
チョッチョゲ　イッ　ソ　ヨ

あちらにあります。

学習内容
- 丁寧でうちとけた文体（平叙文、疑問文）「あります（か？）／います（か？）」
- （否定文、疑問否定文）「ありません（か？）／いません（か？）」
- 助詞「〜に」

■ ホテルの入り口で（場所をたずねる）

DISC 1 / 49

冬木： 저, 프론트 어디 있어요?①
チョー　プロントゥ　オディ　イッ　ソ　ヨ

あのう、フロント（は）どこにありますか？

ドアマン： 저쪽에 있어요.①
チョッチョゲ　イッ　ソ　ヨ

あちらにあります。

冬木： 그런데 이 근처에③ 책방은 있어요?①
クロンデ　イ　グンチョエ　チェクパンウン イッ ソ ヨ

ところで、この近くに本屋はありますか？

ドアマン： 이 근처에는③ 없어요.②
イ　グンチョエヌン　オプソヨ

この近くにはありません。

冬木： 감사합니다.
カームサ　ハム　ニ　ダ

ありがとうございました。
（←ありがとうございます。）

■ 単語

【프론트】フロント
【있어요?】ありますか？　発音は連音化して［이써요］（イッソヨ）〈辞形〉있다（イッタ）「ある/いる」⇒ Point ①
【저쪽】あちら
【〜에】〜に　場所を示す助詞 ⇒ Point ③
【있어요.】あります。〈辞形〉있다（イッタ）「ある/いる」⇒ Point ①
【그런데】ところで
【근처［近處］】近く、近所

【책방［冊房］】本屋　発音は濃音化して［책빵］（チェクパン）
【없어요.】ありません。　発音は連音化と濃音化により［업써요］（オプソヨ）〈辞形〉없다（オープタ）「ない/いない」⇒ Point ②
【감사합니다.】ありがとうございます。　発音は鼻音化して［감사함니다］（カームサハムニダ）〈辞形〉감사하다（カームサハダ）「ありがたい、感謝する」

86

Point ① 丁寧でうちとけた文体 ― 平叙文②、疑問文②

「あります(か？)/います(か？)」 있어요.(?)
イッソヨ

▶ 있어요.(イッソヨ)は「あります。/います。」という意味です。「ある/いる」を意味する存在詞있다(イッタ)の語幹있(イッ)に、丁寧でうちとけた感じのする語尾 -어요.(オヨ)をつけてつくります。

▶ 日本語の訳は、堅い文体있습니다.(イッスムニダ)と同じになります（⇒ Lesson 3 Point①）。

▶ 平叙文と疑問文は同じ形です。疑問文は文末に「？」をつけ、語尾を上げて発音します。

しくみの基本

＜平叙文の場合＞

あり/い	〜ます。	あります。/います。
있	+ -어요.	➡ 있어요.
イッ	オヨ	イッソヨ
語幹	丁寧でうちとけた文体の語尾	実際の発音は連音化して「イッソヨ」となる

＜疑問文の場合＞

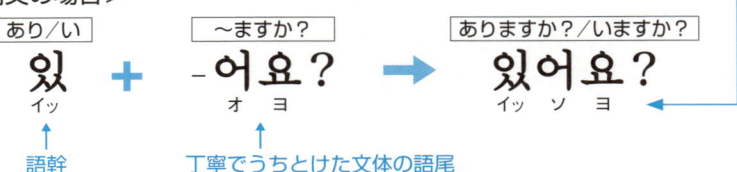

あり/い	〜ますか？	ありますか？/いますか？
있	+ -어요？	➡ 있어요？
イッ	オヨ	イッソヨ
語幹	丁寧でうちとけた文体の語尾	

例文 存「ある/いる」= 있다 (イッタ)   DISC 1 / 50

▶ カメラはここにあります。

カメラ	は	ここ(に)	あります。
카메라는		여기	있어요.
カメラヌン		ヨギ	イッソヨ

▶ カメラはここにありますか？

カメラ	は	ここ(に)	ありますか？
카메라는		여기	있어요？
カメラヌン		ヨギ	イッソヨ

▶ 人がそこにいます。

人	が	そこ(に)	います。
사람이		거기	있어요.
サーラミ		コギ	イッソヨ

▶ 人がそこにいますか？

人	が	そこ(に)	いますか？
사람이		거기	있어요？
サーラミ		コギ	イッソヨ

第2章 文法マスター30 Lesson 6 あちらにあります。

STEP 1

Point ❷ 丁寧でうちとけた文体 ── 否定文、否定疑問文
「ありません(か?)/いません(か?)」 없어요.(?) オプソヨ

▶ Point①の 있어요.(イッソヨ)「あります。/います。」の否定形です。
▶ 存在詞 없다(オープタ)「ない/いない」の語幹 없(オープ)に丁寧でうちとけた感じの語尾 -어요(オヨ)をつけてつくります。日本語の訳は、堅い文体 없습니다.(オープスムニダ)と同じになります(⇒ Lesson 3 Point③)。
▶ 疑問文は文末に「?」をつけ、語尾を上げて発音します。

■ しくみの基本

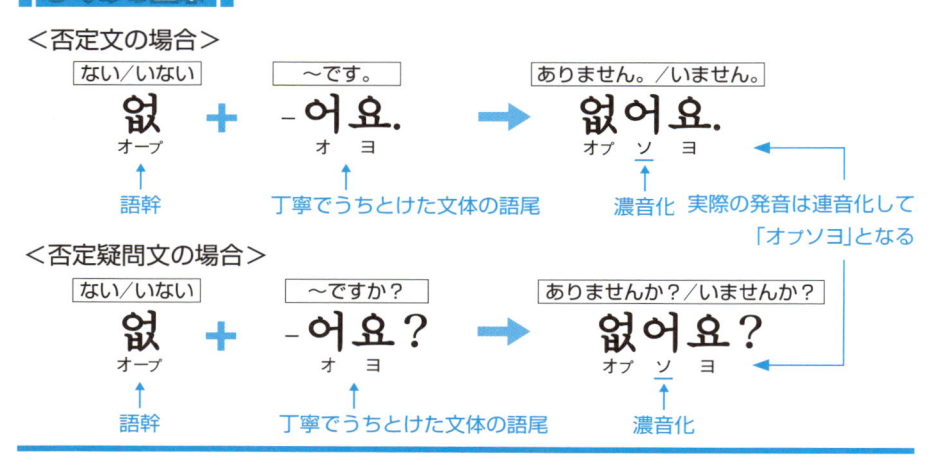

＜否定文の場合＞

ない/いない		〜です。		ありません。/いません。
없	＋	-어요.	➡	없어요.
オープ		オ ヨ		オプ ソ ヨ
↑		↑		↑
語幹		丁寧でうちとけた文体の語尾		濃音化 実際の発音は連音化して「オプソヨ」となる

＜否定疑問文の場合＞

ない/いない		〜ですか?		ありませんか?/いませんか?
없	＋	-어요?	➡	없어요?
オープ		オ ヨ		オプ ソ ヨ
↑		↑		↑
語幹		丁寧でうちとけた文体の語尾		濃音化

例文 存「ない/いない」= 없다(オープタ) DISC 1 / 51

▶お金はまったくありません。

お金	は	まったく	ありません。
돈은		전혀	없어요.
トーヌン		チョニョ	オプ ソ ヨ

連音化 / ㅎの弱音化

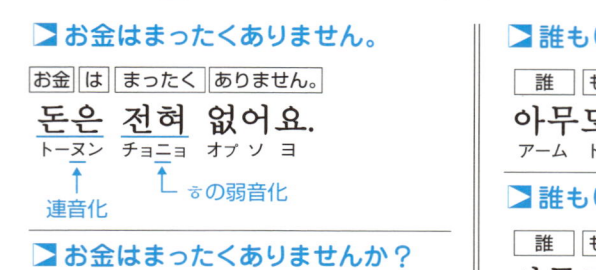

▶お金はまったくありませんか?

お金	は	まったく	ありませんか?
돈은		전혀	없어요?
トーヌン		チョニョ	オプ ソ ヨ

▶誰もいません。

誰	も	いません。
아무도		없어요.
アーム ド		オプ ソ ヨ

▶誰もいませんか?

誰	も	いませんか?
아무도		없어요?
アーム ド		オプ ソ ヨ

Point ③ 場所を示す助詞

「〜に」 〜에
エ

▶助詞の 에(エ) は、名詞のあとについて空間的・時間的な位置を表します。母音のあとでも子音(パッチム)のあとでも形は変わりません。

しくみの基本

場所を示す名詞 ＋ 에[〜に]
　　　　　　　　　　エ

例文　DISC 1　52

▶フロントに人がいません。

[フロント] 프론트 ＋ [〜に] 에 → [フロント] 프론트에 [に] 사람이 [人] [が] [いません。] 없어요.
プロントゥ　　　エ　　　　プロントゥ エ　　サーラ ミ　　オプソ ヨ

↑母音で終わる名詞　　　　　　　　　↑連音化

▶まもなく空港に到着します。

[空港] 공항 ＋ [〜に] 에 → [まもなく] 곧 [空港] 공항에 [到着します。] 도착합니다.
コンハン　　　エ　　　　コッ　　コンハン エ　　トーチャカム ニ ダ

↑子音(パッチム)で終わる名詞　　　　　↑激音化

第2章 文法マスター30 Lesson 6 あちらにあります。

STEP 1

STEP 1　Lesson 7

두 시 반이에요.
トゥー シ バ ニ エ ヨ

2時半です。

学習内容
- 時刻を表す（固有数詞）
- 意志を表す「～する(つもり)」
- 助詞「～へ」「～に」

DISC 1　53～56

ホテルのロビーで（待ちあわせ）　DISC 1 / 53

冬木：지금 몇 시예요?①
　　　チグム ミョッ シ エ ヨ
今、何時ですか?

チヒョン：두 시 반이에요.①
　　　　　トゥー シ バーニ エ ヨ
2時半です。

冬木：그럼 세 시에 여기로 오겠습니다.① ③ ②
　　　クロム セー シ エ ヨ ギ ロ オ ゲッスムニダ
それじゃ、3時にここへ来ます（←来るつもりです）。

チヒョン：네, 저는 여기서 기다리겠습니다.②
　　　　　ネー チョヌン ヨ ギ ソ キ ダ リ ゲッスムニ ダ
はい、私はここで待っています（←待っているつもりです）。

単語

- 【지금】今
- 【몇 시[-時]】何時　몇(ミョッ)は数を問う疑問詞「何～」、시(シ)は漢字の[時] ⇒ Point①
- 【두 시】2時　두(トゥー)は固有数詞 둘(トゥール)「ふたつ」の連体形。⇒ Point①
- 【반[半]】半
- 【그럼】では、それでは、それじゃ
- 【세 시】3時　세(セー)は固有数詞 셋(セーッ)「みっつ」の連体形 ⇒ Point①
- 【～에】～に　時間を表す助詞
- 【～로】～へ、～に　方向を表す助詞 ⇒ Point③
- 【오겠습니다.】来ます。　発音は濃音化と鼻音化により［오게씀니다］(オゲッスムニダ)〈辞書形〉오다(オダ)「来る」　-겠-(ケッ)は「～する(つもり)」と意志を表す ⇒ Point②
- 【～서】～で　에서(エソ)の縮約形
- 【기다리겠습니다.】待ちます。〈辞書形〉기다리다(キダリダ)「待つ」　-겠-は意志を表す ⇒ Point②

Point ① 時刻を表す表現（固有数詞）

「～時」 ～시
シ

▶ 韓国語には「いち、に、さん…」と数える漢字語からきた**漢数詞**と、日本語のように「ひとつ、ふたつ…」と数える韓国固有の**固有数詞**の2種類の数え方があります。

▶ 時刻を表す場合、「～時」の部分には固有数詞を用い、「～分」「～秒」の部分には漢数詞（⇒ Lesson 8 Point①）を用います。

▶ ここではまず、「～時」の言い方を練習しましょう。固有数詞に、時間の単位시（シ）「時」をつけます。なお、「～時」をはじめ「～枚」「～杯」など単位を表す言葉（助数詞）があとにつくとき、固有数詞の1～4と20は形が変わります（次ページ参照）。

しくみの基本

固有数詞 ↓　　～時
□　시
　　　シ

● 時間の言い方（1時から12時まで）　　DISC 1 / 54

- 열두 시 ヨルトゥ シ (12時)
- 열한 시 ヨラン シ (11時)
- 한 시 ハン シ (1時)
- 열 시 ヨル シ (10時)
- 두 시 トゥー シ (2時)
- 아홉 시 アホプ シ (9時)
- 세 시 セー シ (3時)
- 여덟 시 ヨドル シ (8時)
- 네 시 ネー シ (4時)
- 일곱 시 イルゴプ シ (7時)
- 다섯 시 タソッ シ (5時)
- 여섯 시 ヨソッ シ (6時)

第2章 文法マスター30　Lesson 7　2時半です。

STEP 1　91

● 固有数詞

DISC 1 54

1	하나 (한) ハナ（ハン）	11	열하나*(열한)* ヨラナ（ヨラン）	21	스물하나 (스물한)* スムラナ（スムラン）
2	둘　（두） トゥール（トゥー）	12	열둘 （열두） ヨルトゥル（ヨルトゥ）	22	스물둘（스물두） スムルトゥル（スムルトゥ）
3	셋　（세） セーッ（セー）	13	열셋　（열세） ヨルセッ（ヨルセ）	30	서른 ソルン
4	넷　（네） ネーッ（ネー）	14	열넷　（열네） ヨルレッ（ヨルレ）	40	마흔 マフン
5	다섯 タソッ	15	열다섯 ヨルタソッ	50	쉰 シュイーン
6	여섯 ヨソッ	16	열여섯 ヨルリョソッ	60	예순 イェスン
7	일곱 イルゴプ	17	열일곱 ヨルリルゴプ	70	일흔* イルン
8	여덟 ヨドル	18	열여덟 ヨルリョドル	80	여든 ヨドゥン
9	아홉 アホプ	19	열아홉 ヨラホプ	90	아흔 アフン
10	열 ヨル	20	스물（스무） スムル（スム）	99	아흔아홉 アフナホプ

- （　）内は、助数詞の前で形が変わるものです。
- ＊マークのついた単語は、ㅎが弱音化するので発音に気をつけてください。
- 14 は流音化により넷（ネッ）「4」の初声の[n]が[l]に変化します。
- 16,17,18 は、열（ヨル）「10」のあとに[n]が挿入され、それが流音化して[l]となります。

参考　　時刻を尋ねる場合

なお、時刻を尋ねるときには、数を問う疑問詞の몇（ミョッ）を用います。

【例】

- 今、何時ですか？　➡　지금 몇 시예요?
  チグム ミョッ シ エヨ

- 今、4時です。　➡　지금 네 시입니다.
  チグム ネー シイムニダ

MEMO

● 固有数詞を用いる助数詞の例

「〜時」のほかにも、次のようなときに固有数詞を用います。

- コーヒー1杯　　커피 한 잔
  コーピ　ハン　ジャン

- 服2着　　옷 두 벌
  オッ　トゥー　ボル

- 本3冊　　책 세 권
  チェク　セー　グォン

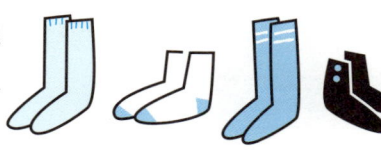

- 靴下4足　　양말 네 켤레
  ヤンマル　ネー　キョルレ

- りんご5個　　사과 다섯 개
  サグァ　タソッ　ケ

〜時間	〜시간 シガン	〜杯	〜잔 チャン	〜着	〜벌 ポル
〜冊	〜권 クォン	〜足	〜켤레 キョルレ	〜個	〜개 ケ
〜名	〜명 ミョン	〜人	〜사람 サラム	〜台	〜대 テ
〜歳	〜살 サル	〜本	〜병 ピョン	〜枚	〜장 チャン

STEP 1

Point ❷ 「～する（つもり）」 －겠－ (ケッ)

意志を表す表現

▶ 主体が話し手の場合、話し手の「意志」を表します。意志のほかにも、未来、推量、判断、婉曲などの意味を込めます。疑問文で使われる場合には、相手の意向を丁寧にたずねる表現になります。

▶ 用言の語幹にそのままつきます。その際、母音語幹・子音語幹の区別はありません。-겠-（ケッ）のあとには、語尾が続きます。発音は語中では、有声音化して「ゲッ」となることがあります。

しくみの基本

語幹（母音語幹・子音語幹） ＋ －겠－(ケッ) ＋ 語尾

▶ 語幹、-겠-、語尾の並び方をまとめると次の表のようになります。

基本の形	語幹 ＋ －겠－(ケッ) ＋ 다(タ)	～する（つもりだ）
丁寧で堅い文体 (-ㅂ니다/습니다) ムニダ スムニダ	語幹 ＋ －겠－(ケッ) ＋ －습니다.(スムニダ)	～します。
丁寧でうちとけた文体 (-아요/어요) アヨ オヨ	語幹 ＋ －겠－(ケッ) ＋ －어요.*(オヨ)	

＊発音は連音化して［게써요］（ケッソヨ）

例文　DISC 1 / 55

▶ そこに行きます。　動「行く」＝ 가다 (カダ)

가(カ) ＋ －겠－(ケッ) ＋ 습니다.(スムニダ) ➡ 거기에 가겠습니다.(コギエ カゲッスムニダ)

↑ 有声音化 [k]→[g]

▶ 講義を一生懸命聴きます。　動「聞く」＝ 듣다 (トゥッタ)

듣(トゥッ) ＋ －겠－(ケッ) ＋ 어요.(オヨ) ➡ 강의 열심히 듣겠어요.(カンイ ヨルシミ トゥッケッソヨ)

ㅎの弱音化 ↑　↑ 連音化

Point ③ 方向を表す助詞

「〜へ」「〜に」 ～로/으로
　　　　　　　　　　ロ　ウロ

▶「〜へ(来る)」「〜に(行く)」という場合に使う、方向を表す助詞です。
▶母音で終わる名詞、あるいはㄹ(リウル)パッチムで終わる名詞のあとには로(ロ)が、ㄹ以外の子音で終わる名詞のあとには으로(ウロ)がつきます。
▶動作の手段を表す「〜で」の意味もあります(⇒ Lesson4 Point ④)。

しくみの基本

母音で終わる名詞	
ㄹパッチムで終わる名詞	+ 로 (ロ) 〜へ / 〜に

| 子音(パッチム)で終わる名詞 (ㄹパッチムを除く) | + 으로 (ウロ) |

例文　DISC 1 / 56

▶ どこへ行きますか？

어디 [どこ] + 로 [〜へ] ➡ 어디로 갑니까?
オディ　　　　ロ　　　　　オディロ　カムニッカ

母音で終わる名詞

▶ ソウルに行きます。

서울 [ソウル] + 로 [〜に] ➡ 서울로 갑니다.
ソウル　　　　ロ　　　　　ソウルロ　カムニダ

ㄹパッチムで終わる名詞

▶ 家に帰ります。

집 [家] + 으로 [〜に] ➡ 집으로 갑니다.
チプ　　　ウロ　　　　　チブロ　　カムニダ

子音(パッチム)で終わる名詞　　　連音化

STEP 1 | 95

STEP 1 Lesson 8

DISC 1 57~60

오월 칠일까지 있어요.
オーウォル　チリル ッカジ　イッ ソ ヨ
5月7日までいます。

学習内容
- 日にちを表す(漢数詞)
- 勧誘を表す①「しましょう。」
- 家族・親せきの呼び方

■ ホテルのロビーで(予定をたずねる)　　**DISC 1 57**

チヒョン : 언제까지 한국에 있어요?
オーンジェッカジ　ハーング ゲ　イッ ソ ヨ
いつまで韓国にいますか？

冬木 : 오월 칠일까지 있어요.①
オーウォル　チリル ッカジ　イッ ソ ヨ
5月7日までいます。

삼일① 후에 강릉 단오제 취재 갑니다.
サミル　フーエ　カンヌン　タノジェ　チュィージェ ガムニダ
3日後にカンヌン(江陵)の端午祭りの取材に行きます。

チヒョン : 상우 오빠도③ 같이 갑니까?
サンウ　オッパド　カチ　ガム ニッカ
サンウ兄さんも一緒に行きますか？

冬木 : 네. 지현 씨도 같이 갑시다.②
ネー　チヒョンッシド　カチ　ガプシダ
はい。チヒョンさんも一緒に行きましょう。

チヒョン : 그럼, 저도 같이 가겠습니다.
クロム　チョド　カチ　ガ ゲッスム ニ ダ
それじゃ、私も一緒に行きます。

単 語

- 【언제】 いつ
- 【까지】 ～まで
- 【한국[韓國]】 韓国
- 【오월[五月]】 5月　오は「5」の漢数詞 ⇒ Point①
- 【칠일[七日]】 7日　칠は「7」の漢数詞 ⇒ Point①
- 【삼[三]】 3 (漢数詞) ⇒ Point①
- 【후[後]】 後
- 【강릉[江陵]】 カンヌン(江陵)　韓国東海岸に位置する地方都市。端午の祭りで有名。発音は鼻音化して[강눙](カンヌン)
- 【단오제[端午祭]】 端午祭り　発音は連音化して[다노제](タノジェ)
- 【취재[取材]】 取材
- 【상우】 サンウ　人名。男性の名前で、漢字は相佑など
- 【오빠】 (妹から見て) 兄、(親しい間柄で)先輩 ⇒ Point③
- 【～도】 ～も (助詞)
- 【같이】 一緒に　発音は口蓋音化して[가치](カチ)
- 【갑시다.】 行きましょう。
  発音は濃音化して[갑씨다](カプシダ)
  -ㅂ시다(プシダ)は「～しましょう」(勧誘) ⇒ Point②

96

Point ① 日にちを表す表現（漢数詞）

「〜月〜日」

▶ 〜月〜日というように、日にちを表す数字には、漢字語からきた**漢数詞**を用います。

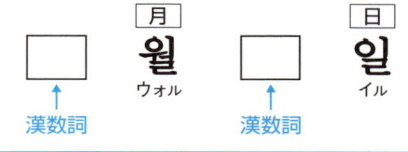

しくみの基本

□ 월　□ 일
　ウォル　　　イル
↑　　　　↑
漢数詞　　漢数詞

▶ 漢数詞は日本語と同じように、左から読むのが基本です。3桁以上の場合も、読み方の原則は同じです。

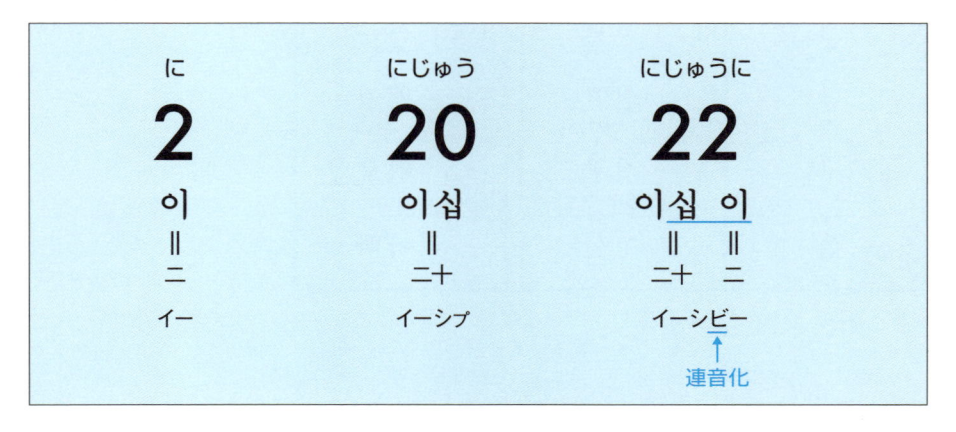

に	にじゅう	にじゅうに
2	**20**	**22**
이	이십	이십 이
‖	‖	‖　‖
二	二十	二十　二
イー	イーシプ	イーシビー

↑
連音化

第2章 文法マスター30　Lesson 8　5月7日までいます。

STEP 1

● 漢数詞　DISC 1 58

＜０から20＞

0	영・공 ヨン・コン			
1	일 イル	11	십일 シビル
2	이 イー	12	십이 シビー
3	삼 サム	13	십삼 シプサム
4	사 サー	14	십사 シプサー
5	오 オー	15	십오 シボー
6	육／륙 ユク／リュク	16	십육 シムニュク
7	칠 チル	17	십칠 シプチル
8	팔 パル	18	십팔 シプパル
9	구 ク	19	십구 シプク
10	십 シプ	20	이십 イーシプ

＜30～200＞

30	삼십 サムシプ
40	사십 サーシプ
50	오십 オーシプ
60	육십 ユクシプ
70	칠십 チルシプ
80	팔십 パルシプ
90	구십 クシプ
100	백 ペク
101	백일 ペギル
150	백오십 ペゴーシプ
200	이백 イーベク

＜1000以上＞

1,000	천 チョン
1万	만 マーン
10万	십만 シムマン
100万	백만 ペンマン
1000万	천만 チョンマン
1億	일억 イロク

- 電話番号などを読み上げるときには、0は공（コン）ということがあります。
- 6は本来は륙（リュク）ですが、ごく一部を除くとㄹが脱落して육（ユク）と書きます。また、16＝십육の発音は、[n]の挿入により십눅（シムニュク）となります。
- 십만「10万」の発音は[p]が鼻音化して[m]になり심만（シムマン）となります。また、백만「100万」の発音は[k]が鼻音化して[ŋ]になり뱅만（ペンマン）となります。

参考　曜日について

日にちの言い方と一緒に曜日の名前も覚えましょう。

● 曜日

月曜日	월요일 ウォリョイル	火曜日	화요일 ファヨイル	水曜日	수요일 スヨイル	木曜日	목요일 モギョイル
金曜日	금요일 クミョイル	土曜日	토요일 トヨイル	日曜日	일요일 イリョイル	何曜日	무슨 요일 ムスン ニョイル

MEMO

● 時刻の表現

　時間を表すときには、固有数詞(⇒ Lesson 7 Point①)と漢数詞の両方を使います。「～時」という時間の部分には固有数詞を使い、分や秒は漢数詞で表現します。「午前」、「午後」も日本語と同じように用います。

- 午前5時 ➡ 오전 다섯 시 (午前/5/時)
  オージョン タソッ シ

- 午前10時15分 ➡ 오전 열 시 십오 분 (午前/10/時/15/分)
  オージョン ヨル シ シボー ブン

- 午後3時 ➡ 오후 세 시 (午後/3/時)
  オーフ セー シ

- 午後5時30分 ➡ 오후 다섯 시 삼십 분 (午後/5/時/30/分)
  オーフ タソッ シ サムシップン

- 5分32秒 ➡ 오 분 삼십이 초 (5/分/32/秒)
  オー ブン サム シビー チョ

● 漢数詞を用いる助数詞

　日にちのほかに、次のようなときにも漢数詞を用います。

～階	～층 チュン	～回	～회 フェ	～泊	～박 パク	～週間	～주일 チュイル
～ウォン	～원 ウォン	～人前	～인분 インブン	～年	～년 ニョン	～歳	～세 セ

STEP 1

Point ❷   勧誘を表す表現①

「～しましょう。」 -ㅂ시다. / 읍시다.
                     プシダ   ウプシダ

▶ 動詞の語幹につき「～しましょう。／～しよう。」と相手を誘う勧誘表現です。
▶ 同年輩や目下の人を誘うときの表現で、目上の人に対しては使えません。
▶ 語幹末が母音、ㄹパッチム、その他の子音（パッチム）のどれで終わるかによって、つく形が決まります。

しくみの基本

```
  母音語幹                          ～しましょう。
  ㄹ語幹（ㄹパッチム脱落）    ＋  -ㅂ시다.
                                       プシダ

  子音語幹（ㄹ語幹を除く）    ＋  -읍시다.
                                       ウプシダ
```

例文 DISC1 / 59

▶ **行きましょう。**   動「行く」＝ 가다 (カダ)

| 行き | ～ましょう。 | 行きましょう。 |
| 가 ＋ -ㅂ시다. → 갑시다. |
| カ   プシダ   カプシダ |
↑母音語幹

▶ **遊びましょう。**   動「遊ぶ」＝ 놀다 (ノールダ)

| 遊び | ～ましょう。 | 遊びましょう。 |
| 노 ＋ -ㅂ시다. → 놉시다. |
| ノー   プシダ   ノプシダ |

　　ㄹ語幹
　（語幹 놀 からㄹ脱落）

▶ **食べましょう。**   動「食べる」＝ 먹다 (モクタ)

| 食べ | ～ましょう。 | 食べましょう。 |
| 먹 ＋ -읍시다. → 먹읍시다. |
| モク   ウプシダ   モグプシダ |
↑子音語幹　　　　　　↑連音化、有声音化[k]→[g]

Point ③ 家族や親せきの呼び方

▶韓国では、家族や親せきの呼び方が日本よりこまかく分かれています。

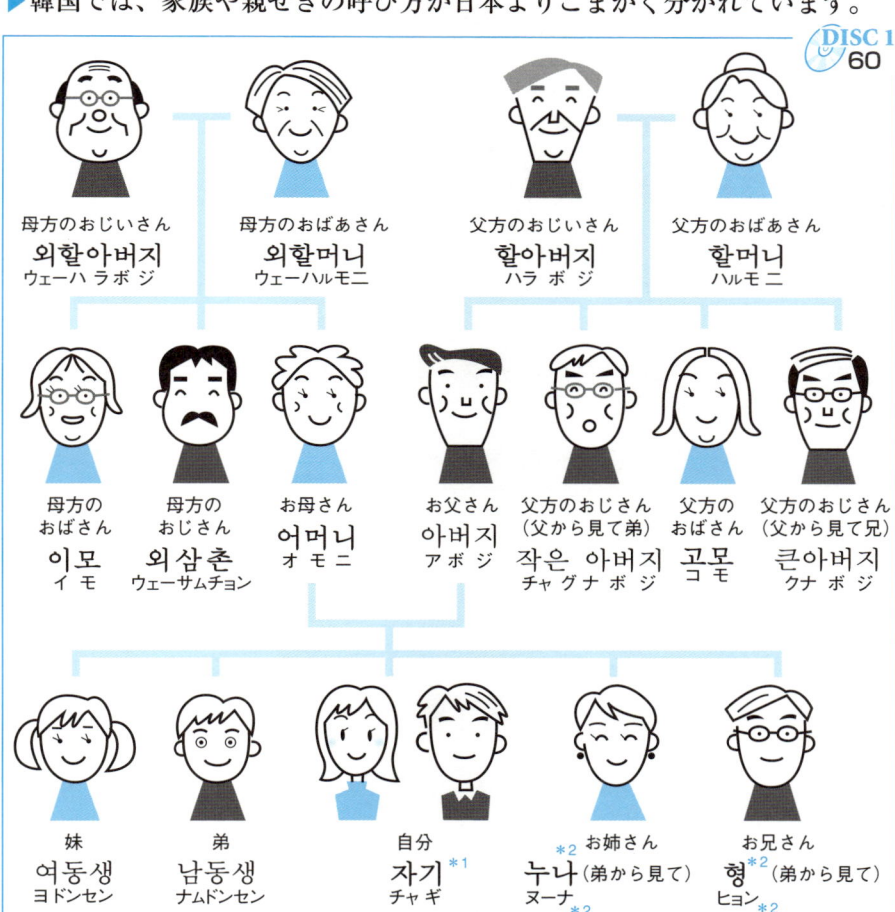

母方のおじいさん	외할아버지	ウェーハラボジ
母方のおばあさん	외할머니	ウェーハルモニ
父方のおじいさん	할아버지	ハラボジ
父方のおばあさん	할머니	ハルモニ
母方のおばさん	이모	イモ
母方のおじさん	외삼촌	ウェーサムチョン
お母さん	어머니	オモニ
お父さん	아버지	アボジ
父方のおじさん（父から見て弟）	작은 아버지	チャグナボジ
父方のおばさん	고모	コモ
父方のおじさん（父から見て兄）	큰아버지	クナボジ
妹	여동생	ヨドンセン
弟	남동생	ナムドンセン
自分	자기 *1	チャギ
お姉さん（弟から見て）*2	누나	ヌーナ
お姉さん（妹から見て）*2	언니	オンニ
お兄さん（弟から見て）*2	형	ヒョン
お兄さん（妹から見て）*2	오빠	オッパ

*1 「私、僕」と自分のことをさして言うときは、나(ナ)あるいは저(チョ)を使います。나は親しい間がらで저はかしこまった間がらで使います。
*2 実際の兄弟姉妹でなくても、親しい間がらで「先輩、～さん」という意味でよく使われます。

夫	남편	ナムピョン
息子	아들	アドゥル
パパ	아빠	アッパ
妻	아내	アネ
娘	딸	ッタル
ママ	엄마	オンマ

STEP 1

STEP 1　Lesson 9

옷도 종류가 많아요.
オット　チョーンニュガ　マナヨ

服も種類がたくさんあります。

DISC 1　61〜63

学習内容
- 丁寧でうちとけた文体（平叙文、疑問文）「〜です（か?）／〜ます（か?）」
- 助詞「〜を」

■ 買い物に行く（服を買いたい冬木さん）

DISC 1　61

冬木：남대문시장은 멀어요?①
　　　ナムデムンシージャンウン　モロヨ

南大門市場は遠いですか?

チヒョン：아뇨, 가깝습니다.
　　　　アーニョ　カッカプスムニダ

いいえ、近いです。

冬木：남대문시장에서는 옷을② 팔아요?①
　　　ナムデムンシージャンエソヌン　オスル　パラヨ

南大門市場では服を売っていますか?

チヒョン：그럼요. 옷도 종류가 많아요.①
　　　　クロムニョ　オット　チョーンニュガ　マナヨ

もちろんです。服も種類がたくさんあります（←多いです）。

■ 単語

【남대문시장［南大門市場］】南大門市場
【멀어요?】遠いですか?　発音は連音化して［머러요］（モロヨ）〈辞書形〉멀다（モールダ）「遠い」⇒ Point①
【가깝습니다.】近いです。　発音は濃音化と鼻音化により［가깝씀니다］（カッカプスムニダ）〈辞書形〉가깝다（カッカプタ）「近い」
【〜에서는】〜では
【옷】服
【〜을】〜を　動作の目的を表す助詞、子音で終わる名詞のあとにつく ⇒ Point②

【팔아요?】売っていますか?　発音は連音化して［파라요］（パラヨ）〈辞書形〉팔다（パルダ）「売る」⇒ Point①
【그럼요】もちろんです。　発音は[n]が挿入されて［그럼뇨］（クロムニョ）となることが多い
【종류［種類］】種類　発音は鼻音化して［종뉴］（チョーンニュ）
【많아요.】多いです。　発音は連音化と無音化によって［마나요］（マナヨ）〈辞書形〉많다「多い」発音は激音化して［만타］（マーンタ）⇒ Point①

102

Point ① 丁寧でうちとけた文体 ― 平叙文③、疑問文③

「〜です(か？)」「〜ます(か？)」 －아요.(?)／어요.(?)
　　　　　　　　　　　　　　　　　　　　アヨ　　　　オヨ

▶ －아요.(アヨ)／어요.(オヨ)は、動詞・形容詞、存在詞を「〜です。」「〜ます。」という丁寧でうちとけた文体にする語尾です。この文体を、해요体ともいいます(指定詞の해요体⇒Lesson5 Point ①②)。

▶ 用言の語幹末の母音に注目してください。語幹末の母音が陽母音(ㅏ, ㅗ)のときは －아(ア)を、陰母音(ㅏ, ㅗ以外)のときは －어(オ)をつけます。このような活用のしかたを**母音調和**といいます。丁寧でうちとけた文体は、これに 요(ヨ)をつけてつくります。

▶ 疑問文にするときは、文末に「？」をつけて語尾を上げて発音します。

しくみの基本

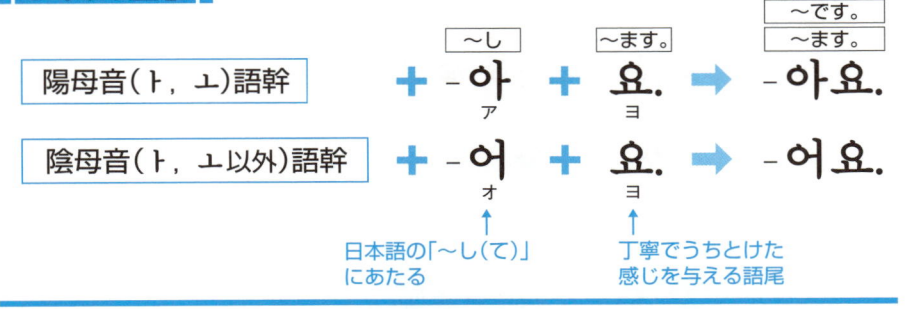

				〜です。〜ます。
陽母音(ㅏ, ㅗ)語幹	＋ －아(ア) 〜し	＋ 요.(ヨ) 〜ます。	➡	－아요.
陰母音(ㅏ, ㅗ以外)語幹	＋ －어(オ)	＋ 요.(ヨ)	➡	－어요.

日本語の「〜し(て)」にあたる　　　丁寧でうちとけた感じを与える語尾

MEMO

● **縮約形について**

　丁寧でうちとけた語尾 －아요(アヨ)．／어요(オヨ)．をつけるとき、用言の語幹末が母音で終わっているものは、注意が必要です。たとえば、母音ㅏのときに語尾 －아요(アヨ)が、母音ㅓのときに語尾 －어요(オヨ)が続くと、同じ音の母音が重なることになります。このような場合、아や어の音は取り込まれ縮約形になります(⇒113ページ)。

가다 (行く) カダ	가 カ	＋ －아요. アヨ	➡	가요. カヨ	(×가아요.)
서다 (立つ) ソダ	서 ソ	＋ －어요. オヨ	➡	서요. ソヨ	(×서어요.)

STEP 1

作り方の例

팔다（売る）── 語幹末の母音が「ㅏ」なので陽母音
パルダ

[売り] 팔 （パル） ＋ [〜ます。] -아요. （アヨ） ➡ [売ります。] 팔아요. （パラヨ）
↑
連音化

멀다（遠い）── 語幹末の母音が「ㅓ」なので陰母音
モールダ

[遠い] 멀 （モル） ＋ [〜です。] -어요. （オヨ） ➡ [遠いです。] 멀어요. （モロヨ）
↑
連音化

例 文 DISC 1 / 62

▶ 顔色が良いです。 [形]「良い」＝ 좋다（チョータ）

[良い] 좋 （チョー） ＋ [〜です。] -아요. （アヨ） ➡ [顔] 얼굴 （オルグル） [色][が] 색이 （セギ） [良いです。] 좋아요. （チョアヨ）
↑　　　　　　　　　　　　　　　　　　　　↑　　　　↑
語幹末の母音が陽母音　　　　　　　　　連音化　ㅎの無音化

▶ 雑誌を読みます。 [動]「読む」＝ 읽다（イクタ）

[読み] 읽 （イク） ＋ [〜ます。] -어요. （オヨ） ➡ [雑誌][を] 잡지를 （チャプチルル） [読みます。] 읽어요. （イルゴヨ）
↑　　　　　　　　　　　　　　　　　　　　　↑　　　　↑
語幹末の母音が陰母音　　　　　　　　　　濃音化　連音化

参 考

他に、-아요.（アヨ）./어요（オヨ）.には「〜しましょう。」という**勧誘**や「〜しなさい。」という**命令**の意味もあります。

【例】・一緒に食べましょう。　[一緒に] 같이 （カチ） [食べましょう。] 먹어요. （モゴヨ）

Point ❷ 動作の目的を表す助詞
「〜を」 ~를/을
ルル　ウル

▶「サッカーをする」「ご飯を食べる」というように、動作の目的を表す助詞です。母音で終わる名詞のあとには를(ルル)、子音(パッチム)で終わる名詞のあとには을(ウル)がつきます。

▶日本語の「〜を」と訳せることの多い助詞ですが、一部例外もあります(⇒MEMO)。

しくみの基本

| 母音で終わる名詞 | ＋ | 를 (ルル) 〜を |
| 子音(パッチム)で終わる名詞 | ＋ | 을 (ウル) |

例文 〔DISC 1 / 63〕

▶ ノートを買います。

노트 ＋ 를 ➡ 노트를 삽니다.
ノートゥ　ルル　　ノートゥルル サム ニ ダ
↑母音で終わる名詞

▶ 本を読みます。

책 ＋ 을 ➡ 책을 읽습니다.
チェク　ウル　　チェグル イク スム ニ ダ
↑子音で終わる名詞　連音化↑　↑濃音化

MEMO
●注意すべき用法
次の動詞とともに用いられる場合には、「〜に」と訳すことになるので注意が必要です。

「乗る」타다 : 버스 ＋ 를 ➡ 버스를 탑니다.
　　　　タ ダ　　ポ ス　　ルル　　ポスルル　タム ニ ダ
　　　　　　　　　　　　　　　　　　　バスに　乗ります。

「(人に)会う」만나다 : 사장님 ＋ 을 ➡ 사장님을 만나요.
　　　　　　　マンナ ダ　サージャンニム　ウル　サージャン ニ ムル　マン ナ ヨ
　　　　　　　　　　　　　　　　　　　　　　社長さんに　会います。
　　　　　　　　　　　　　　　　　　　　↑連音化

第2章 文法マスター30 Lesson 9 服も種類がたくさんあります。

STEP 1

STEP 1 Lesson 10

하나 사세요.
ハナ サセヨ
ひとつお買いなさい。

DISC 1　64〜68

学習内容
- 少し丁寧な命令「〜なさい(ませ)。」「してください。」
- 丁寧で柔らかい依頼「〜してください。」
- 用言の否定「〜ない」

■ 市場の衣料品店で（服を見る）　DISC 1/64

冬木：아줌마, 저 재킷 보여 주세요.②
ア ジュンマ　チョ ジェキッ　ポヨ ジュセヨ
おばさん、あのジャケット見せてください。

おばさん：저거요?
チョゴ ヨ
あれですか?

손님한테 잘 어울리겠어요.
ソンニム ハンテ チャル オウルリ ゲッソ ヨ
お客さんによく似合いますよ。

冬木：너무 작지 않아요?③
ノム チャークチ アナ ヨ
小さすぎませんか?

おばさん：안 작아요.④ 딱 맞아요. 하나 사세요.①
アン ジャガ ヨ　ッタン マジャ ヨ　ハナ サセヨ
小さくありません。ぴったりですよ。ひとつお買いなさい。

単語

【아줌마】おばさん
【재킷】ジャケット
【보여 주세요.】見せてください。　보여は「見せて」〈辞書形〉보이다(ボイダ)「見せる」 –어 주세요. は「〜してください。」⇒ Point ②
【손님】客、お客さん
【〜한테】〜に　人に対する助詞。話し言葉。書き言葉は〜에게(エゲ)
【잘】よく
【어울리겠어요.】似合いますよ。　–겠어요の発音は連音化して [게써요] (ケッソヨ)〈辞書形〉어울리다(オウルリダ)「似合う」 –겠–(ケッ)は話し手の判断を表す ⇒ Lesson 7 Point ②
【너무】あまりに(も)
【작지 않아요?】小さくないですか?　작지の発音は濃音化して [작찌] (チャークチ)、않아요の発音は連音化とㅎの無音化によって [아나요] (アナヨ)〈辞書形〉작다(チャークタ)「小さい」。–지 않아요.(チ アナヨ)「〜くありません。」⇒ Point ③
【안】〜しない、〜でない　用言の前にきて否定文をつくる、話し言葉 ⇒ Point ④
【작아요.】小さいです。　発音は連音化と有声音化で [자가요] (チャガヨ)〈辞書形〉작다(チャークタ)「小さい」
【딱】ぴったり、ちょうど　次にㅁ[m]がくると、発音は鼻音化して [땅] (ッタン)に変わる
【맞아요.】合っています。　発音は連音化と有声音化で [마자요] (マジャヨ)〈辞書形〉맞다(マッタ)「合う」
【하나】ひとつ　（固有数詞）
【사세요.】お買いなさい。　少し丁寧な命令文〈辞書形〉사다(サダ)「買う」⇒ Point ①

Point ❶ 少し丁寧な命令

「〜なさい(ませ)。」「〜してください。」 −세요./으세요.
セヨ　ウセヨ

▶ −세요.(セヨ)/으세요.(ウセヨ)は**少し丁寧な命令**をつくる語尾です。ただし、丁寧でも命令文なので、目上の人に対して使うときは注意が必要です。

▶ 用言の語幹のあとにつきます。母音語幹には −세요.(セヨ)、子音語幹には −으세요.(ウセヨ)がつきます。ただし、ㄹ語幹(⇒ Lesson 22 Point ①)の場合はㄹが脱落して −세요. がつきます。

しくみの基本

母音語幹
ㄹ語幹(ㄹパッチム脱落)
　　　　＋ −세요. 　〜なさい(ませ)。／〜してください。
　　　　　　セヨ

子音語幹(ㄹ語幹を除く) ＋ −으세요.
　　　　　　　　　　　　ウセヨ

例文　DISC 1 / 65

▶ **私に手紙をください。** 動「くれる」= 주다 (チュダ)

주 ＋ −세요. ➡ 저한테 편지 주세요.
チュ　　セヨ　　　チョ ハンテ　ピョンジ　ジュ セヨ
[くれ] [〜なさいませ。]　[私][に][手紙(を)][ください。]
↑母音語幹　　　　　　　　　　↑有声音化[tʃ]→[dʒ]

▶ **長生きしてください。(←長く長く生きてください。)** 動「生きる」= 살다 (サールダ)

사 ＋ −세요. ➡ 오래 오래 사세요.
サー　　セヨ　　　オレ　オレ　サーセヨ
[生き] [〜てください。]　[長く][長く][生きてください。]
　　　ㄹ語幹
　　　(語幹 살 からㄹ脱落)

▶ **電話をお取りください。** 動「受け取る」= 받다 (パッタ)

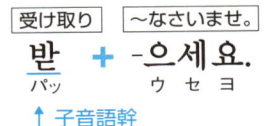

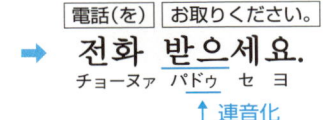

받 ＋ −으세요. ➡ 전화 받으세요.
パッ　　ウセヨ　　　チョーヌァ　パドゥ セヨ
[受け取り] [〜なさいませ。]　[電話(を)][お取りください。]
↑子音語幹　　　　　　　　　　↑連音化

Point ❷ 丁寧で柔らかい依頼

「〜してください。」 －아 주세요. ／어 주세요.
（ア ジュセヨ　オ ジュセヨ）

▶ 丁寧で柔らかな依頼の表現です。これは、-아 주다（ア ジュダ）／어 주다（オ ジュダ）「〜してやる」「〜してくれる」の語尾を、丁寧な命令形 -세요.（セヨ）にした形です。

▶ 用言の語幹末の母音が陽母音のときには -아（ア）を、陰母音のときには -어（オ）をつけて「〜して」という形にし、そのあとに「ください」という意味の 주세요（チュセヨ）をつけてつくります。

しくみの基本

陽母音（ㅏ, ㅗ）語幹　＋　-아 주세요.
　　　　　　　　　　　　　（ア ジュセヨ）
　　　　　　　　　　　〜して／ください。

陰母音（ㅏ, ㅗ以外）語幹　＋　-어 주세요.
　　　　　　　　　　　　　　（オ ジュセヨ）

例文　DISC 1　66

▶ これを買ってください。　動「買う」 ＝ 사다（サダ）

사　＋　-아 주세요.　➡　이거 사 주세요.
サ　　　ア ジュセヨ　　　イゴ　サ　ジュセヨ
買っ　〜て　ください。　　これ（を）　買って　ください。

↑
語幹末の母音が陽母音

ㅏの音が重なるため
아が取り込まれる

▶ ここに住所を書いてください。　動「書く」 ＝ 적다（チョクタ）

적　＋　-어 주세요.　➡　여기에 주소 적어 주세요.
チョク　　オ ジュセヨ　　ヨギエ　ジューソ　チョゴ　ジュセヨ
書い　〜て　ください。　　ここ　に　住所（を）　書いて　ください。

↑　　　　　　　　　　　　　　　↑
語幹末の母音が陰母音　　　　　連音化、有声音化 [k] → [g]

Point ③ 用言の否定（書き言葉、話し言葉）

「〜しない」「〜くない」「〜でない」 −지 않다
チ　アンタ

▶「行かない」「小さくない」のように、動詞・形容詞・存在詞の否定形で、母音語幹、子音語幹に関係なく語幹にそのままつきます。
▶書き言葉（文章体）、話し言葉（会話体）の両方に用いられます。
▶なお、이다（イダ）「〜だ」の否定形は、〜가 아니다（ガ アニダ）/이 아니다（イ アニダ）となります（⇒ Lesson2 Point ①②）。

しくみの基本

語幹（母音語幹・子音語幹） ＋ −지 않다
　　　　　　　　　　　　　　　チ　アンタ

〜しない／〜くない／〜でない

▶ −지 않다の語尾表現をまとめると次の表のようになります。

基本の形	−지 않다*1 チ　アンタ	〜しない 〜くない 〜でない
丁寧で堅い文体 （-ㅂ니다/습니다） ムニダ/スムニダ	−지 않습니다.*2 チ　アンスムニダ	〜しません。 〜くありません。 〜でありません。
丁寧でうちとけた文体 （-아요/어요） アヨ/オヨ	−지 않아요.*3 チ　アナヨ	

＊1 発音は激音化して［안타］（アンタ）
＊2 発音は濃音化と鼻音化により［안씀니다］（アンスムニダ）
＊3 発音は連音化とㅎの無音化により［아나요］（アナヨ）

第2章　文法マスター30　Lesson 10　ひとつお買いなさい。

例 文　DISC 1　67

▶ 今日は学校に行きません。　動「行く」= 가다 (カダ)

〈丁寧で堅い文体〉

[行き] [〜しません。]
가 + -지 않습니다.
カ　　チ　アンスムニダ

→ [今日][は] [学校][に] [行き] [ません。]
오늘은 학교에 가지 않습니다.
オ ヌルン　ハッキョエ　カ ジ　アンスム ニ ダ
　　↑　　　　　　↑　　　　↑
　　連音化　　有声音化　　濃音化
　　　　　　　[tʃ]→[dʒ]

〈丁寧でうちとけた文体〉

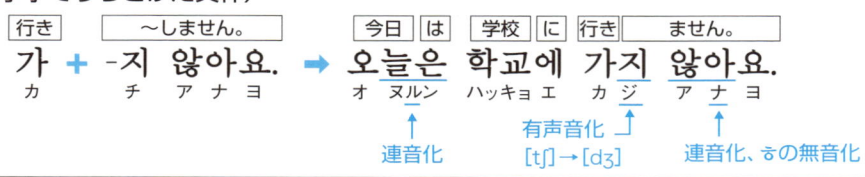

[行き] [〜しません。]
가 + -지 않아요.
カ　　チ　アナヨ

→ [今日][は] [学校][に] [行き] [ません。]
오늘은 학교에 가지 않아요.
オ ヌルン　ハッキョエ　カ ジ　ア ナ ヨ
　　↑　　　　　　↑　　　　↑
　　連音化　　有声音化　　連音化、ㅎの無音化
　　　　　　　[tʃ]→[dʒ]

▶ この服は小さくありません。　形「小さい」= 작다 (チャークタ)

〈丁寧で堅い文体〉

[小さ] [〜くありません。]
작 + -지 않습니다.
チャーク　チ　アンスムニダ

→ [この] [服][は] [小さ] [くありません。]
이 옷은 작지 않습니다.
イ　オスン　チャークチ　アンスム ニ ダ
　　　↑　　　　　　↑
　　　連音化　　　濃音化

〈丁寧でうちとけた文体〉

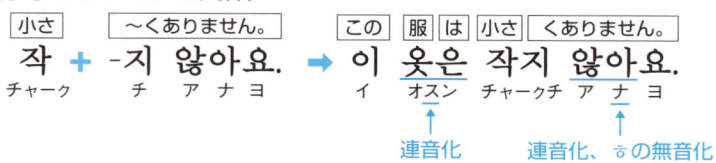

[小さ] [〜くありません。]
작 + -지 않아요.
チャーク　チ　アナヨ

→ [この] [服][は] [小さ] [くありません。]
이 옷은 작지 않아요.
イ　オスン　チャークチ　ア ナ ヨ
　　　↑　　　　　　↑
　　　連音化　　　連音化、ㅎの無音化

▶ 時間がなくはありません。　存「ない」= 없다 (オープタ)

〈丁寧で堅い文体〉

[なく] [〜くありません。]
없 + -지 않습니다.
オープ　チ　アンスムニダ

→ [時間][が] [なく][は] [ありません。]
시간이 없지는 않습니다.
シ ガ ニ　オープチヌン　アンスム ニ ダ
　　↑　　　　　　　↑
　　連音化　　　　濃音化

〈丁寧でうちとけた文体〉

[なく] [〜くありません。]
없 + -지 않아요.
オープ　チ　アナヨ

→ [時間][が] [なく][は] [ありません。]
시간이 없지는 않아요.
シ ガ ニ　オープチヌン　ア ナ ヨ
　　↑　　　　　　　↑
　　連音化　　　　連音化、ㅎの無音化

Point ❹ 用言の否定（話し言葉）
「〜しない」「〜くない」「〜でない」 안 (アン)

▶ 안（アン）は、動詞・形容詞の前について否定の意味を表します。あとにくる動詞・形容詞と一緒に、間をおかず一気に読みます。
▶ 안は主に話し言葉で使われます。
▶ 공부하다（コンブハダ）「勉強する」などのように「名詞＋하다（〜する）」からなる動詞の場合、안は名詞と하다の間に入ります。

しくみの基本

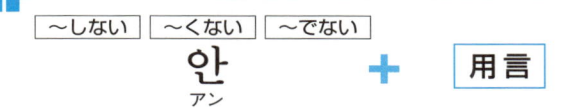

「〜しない」「〜くない」「〜でない」
안 (アン) ＋ 用言

● 안を使った否定の形

	가다「行く」		공부하다「勉強する」	
丁寧で堅い文体 (-ㅂ니다/습니다) ムニダ/スムニダ	갑니다. カムニダ	行きます。	공부합니다. コンブハムニダ	勉強します。
	안 갑니다. アン ガムニダ	行きません。	공부 안 합니다. コンブ ア ナムニダ	勉強しません。
丁寧で うちとけた文体 (-아요/어요) アヨ/オヨ	가요. カヨ	行きます。	공부해요. コンブヘヨ	勉強します。
	안 가요. アン ガヨ	行きません。	공부 안 해요. コンブ ア ネヨ	勉強しません。

例文　DISC 1　68

▶ 今回の成績は良くないです。　形「良い」＝ 좋다（チョータ）

良いです。		今回の	成績は	良くないです。
좋아요. チョアヨ	➡	이번 イボン	성적은 ソンジョグン	안 좋아요. アン ジョアヨ

連音化、有声音化 [k] → [g]　　　有声音化 [tʃ] → [dʒ]

▶ 今日は勉強しません。　動「勉強する」＝ 공부하다（コンブハダ）
「名詞＋하다」からなる動詞

勉強します。		今日は	勉強	しません。
공부합니다. コンブハムニダ	➡	오늘은 オヌルン	공부 コンブ	안 합니다. ア ナムニダ

↑連音化　　　↑連音化、ㅎの弱音化

STEP 1

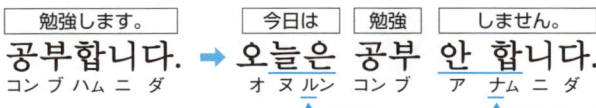

STEP 1 まとめ

Lesson 1 から 10 までに学習した内容のうち、ポイントになる項目をまとめました。

▶ 助詞のまとめ

今まで出てきた助詞を中心に、よく使われる助詞をまとめました。

意味	母音で終わる名詞につく	子音(パッチム)で終わる名詞につく	
		ㄹパッチムで終わる名詞	
～は	는 ヌン	은 ウン	
～が	가 ガ	이 イ	
～を	를 ルル	을 ウル	
～も	도 ト		
～に(物事・場所)	에 エ		
～に(人・動物)	에게(書き言葉) エゲ	한테(話し言葉) ハンテ	
～へ、～に(方向)	로 ロ		으로 ウロ
～で(道具・手段・原因・資格)	로 ロ		으로 ウロ
～で(場所) ～から(事物・場所)	에서 エソ		
～から(時間・順序)	부터 プト		
～から(人・動物)	에게서(書き言葉) エゲソ	한테서(話し言葉) ハンテソ	
～まで(場所・時間)	까지 ッカジ		
～と	와(書き言葉) ワ	과(書き言葉) クァ	
	하고(話し言葉) ハゴ		
～の	의 エ、ウィ(一般的に[에](エ)と発音されます。)		

▶ 疑問詞のまとめ

今まで出てきた疑問詞の他に、よく使われる疑問詞をまとめました。

何	何(の)	いつ	誰	どこ
무엇(뭐) ムオッ(ムォ)	무슨+名詞 ムスン	언제 オーンジェ	누구 ヌグ	어디 オディ
どの	なぜ	どのように	いくら(値段、数量などを問う)	何～(何人、何本というように数をたずねる)
어느+名詞 オヌ	왜 ウェー	어떻게 オットケ	얼마 オルマ	몇～ ミョッ

▶ 指示代名詞とその縮約形

話し言葉では、パッチムが省略されたり、縮約形を用いたりする場合も多くあります。次の表は指示代名詞と、それに助詞がついたときの縮約形です。

指示代名詞	縮約形	＋〜は	縮約形	＋〜が	縮約形
これ 이것 イゴッ	이거 イゴ	これは 이것은 イゴスン	이건 イゴン	これが 이것이 イゴシ	이게 イゲ
それ 그것 クゴッ	그거 クゴ	それは 그것은 クゴスン	그건 クゴン	それが 그것이 クゴシ	그게 クゲ
あれ 저것 チョゴッ	저거 チョゴ	あれは 저것은 チョゴスン	저건 チョゴン	あれが 저것이 チョゴシ	저게 チョゲ
どれ 어느 것 オヌ ゴッ	어느 거 オヌ ゴ	どれは 어느 것은 オヌ ゴスン	어느 건 オヌ ゴン	どれが 어느 것이 オヌ ゴシ	어느 게 オヌ ゲ

▶ -아요./어요.「〜です。」「〜ます。」— 母音の縮約について

用言を活用させて、-아요./어요.「〜です。」「〜ます。」の形をつくるとき、語幹末が母音で終わっているものは、多くの場合その母音が縮約されます。どのように変化するのか、次の例でみてみましょう。

・母音が重なる(取り込み型)

辞書形	意味	母音の変化
가다 カダ	行く	가 ＋ -아요 → 가요 カ　　アヨ　　カヨ
서다 ソダ	立つ、止まる	서 ＋ -어요 → 서요 ソ　　オヨ　　ソヨ
내다 ネーダ	出す	내 ＋ -어요 → 내요 ネ　　オヨ　　ネヨ
세다 セーダ	数える	세 ＋ -어요 → 세요 セ　　オヨ　　セヨ
켜다 キョダ	つける、灯す	켜 ＋ -어요 → 켜요 キョ　オヨ　　キョヨ

・母音が一緒になる(合体型)

辞書形	意味	母音の変化
오다 オダ	来る	오 ＋ -아요 → 와요 オ　　アヨ　　ワヨ
주다 チュダ	与える	주 ＋ -어요 → 주어요/줘요 チュ　　オヨ　　チュオヨ/チョヨ
가르치다 カルチダ	教える	가르치 ＋ -어요 → 가르쳐요 カルチ　　オヨ　　カルチョヨ
되다 トェダ	なる	되 ＋ -어요 → 되어요/돼요 トェ　　オヨ　　トェオヨ/トェヨ

STEP 2　Lesson 11

DISC 1　69～72

입어 봐도 돼요?
イボ　ボァド　ドェヨ

着てみてもいいですか？

学習内容
- 試みる行為を表す「〜してみる」
- 許可を表す「〜してもいい」
- 感嘆、詠嘆をあらわす①「〜ですね。」「〜しますね。」

■ **市場の衣料品店で（値段の交渉をする）**　　DISC 1 69

冬木：입어① 봐도② 돼요?
　　　イボ　ボァド　ドェヨ
　　　着てみてもいいですか？

おばさん：그럼요. 입어 보세요.①
　　　　　クロムニョ　イボ　ボセヨ
　　　　　もちろんです。着てみてください。

チヒョン：괜찮네요.③ 얼마예요?
　　　　　クェンチャンネヨ　オルマエヨ
　　　　　いいですね。いくらですか？

おばさん：20만 원이에요.
　　　　　イーシムマヌォ　ニ　エヨ
　　　　　20万ウォンです。

チヒョン：너무 비싸요, 깎아 주세요.
　　　　　ノム　ピッサヨ　ッカッカ　ジュセヨ
　　　　　高すぎますよ、まけてください。

おばさん：그럼, 18만 원만 주세요.
　　　　　クロム　シッパル　マヌォンマン　ジュセヨ
　　　　　それじゃ、18万ウォンでいいです。
　　　　　（←18万ウォンだけください。）

単語

【입어 봐도 돼요?】着てみてもいいですか？
　　発音は連音化して［이버 봐도 돼요］（イボ ボァド ドェヨ）となる 〈辞書形〉입다（イプタ）「着る」 -어 보다（オ ボダ）は「〜してみる」（試み）⇒ Point① -아도 되다（アド ドェダ）は「〜してもいい」（許可）⇒ Point②

【괜찮네요.】いいですね。　発音はㅎの無音化により［괜찬네요］（クェンチャンネヨ）〈辞書形〉괜찮다（クェンチャンタ）「いい、大丈夫だ」 -네요.（ネヨ）は「〜ですね。」（詠嘆）⇒ Point③

【얼마】いくら、どのくらい　金額や数字を問う疑問詞

【원】ウォン　韓国の貨幣の単位

【비싸요.】高いです。　〈辞書形〉비싸다（ピッサダ）「（値段が）高い」

【깎아 주세요.】まけてください。　発音は連音化して［까까］（ッカッカ）〈辞書形〉깎다（ッカクタ）「値切る、まける」

【〜만】〜だけ

114

Point ❶ 試みる行為を表す表現

「～してみる」 －아 보다／어 보다
（ア ボダ　オ ボダ）

▶「～してみる」という試みの行為を表します。
▶動詞の語幹につきます。語幹の母音が陽母音のときは－아（ア）を、陰母音のときは－어（オ）をつけて「～して」という形にし、そのあとに「みる」という意味の보다（ボダ）をつけます。実際に使うときは文末の보다を活用させます。

しくみの基本

陽母音（ㅏ, ㅗ）語幹　＋　－아 보다
（ア　ボダ）

陰母音（ㅏ, ㅗ以外）語幹　＋　－어 보다
（オ　ボダ）

● 丁寧な文末表現

基本の形	－아／어 보다（ア　オ　ボダ）	～してみる
丁寧でうちとけた文体（丁寧な命令）	－아／어 보세요.（ア　オ　ボセヨ）	～してみてください。
丁寧でうちとけた文体（意志）	－아／어 보겠어요.（ア　オ　ボゲッソヨ）	～してみます。

例文　DISC 1　70

▶ソウルに一度行ってみてください。　動「行く」＝ 가다（カダ）

行って　　みてください。
가 ＋ －아 보세요.
↑語幹末の母音が陽母音

　　　　　ソウルに　一度　行って　みてください。
　→　서울에 한 번 가 보세요.
　　　　ソウレ　ハン　ボン　カ　ボセヨ

（ㅏの音が重なるため 아が取り込まれる）

▶この本を読んでみます。　動「読む」＝ 읽다（イクタ）

読んで　　みます。
읽 ＋ －어 보겠어요.
↑語幹末の母音が陰母音

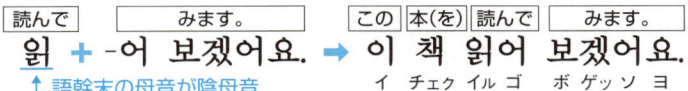

　　　　　この　本（を）　読んで　みます。
　→　이 책 읽어 보겠어요.
　　　　イ　チェク　イルゴ　ボゲッソヨ

Point ❷ 許可を表す表現

「～してもいい」 -아도 되다/어도 되다
アド ドェダ　オド ドェダ

▶「～してもいい」という許可を与えたり、「～してもいいか」という許可を求める表現です。

▶ 用言の語幹末の母音が陽母音のときは-아(ア)を、陰母音のときは-어(オ)をつけて「～して」とし、そこに助詞の도(ト)「～も」をつけて「～しても」という形をつくります。そのあとに되다(トェダ)「いい」「かまわない」をもってきます。

しくみの基本

		～しても	いい
陽母音(ㅏ, ㅗ)語幹	＋	-아도 되다	
		ア ド ドェ ダ	
陰母音(ㅏ, ㅗ以外)語幹	＋	-어도 되다	
		オ ド ドェ ダ	

● 丁寧な文末表現

基本の形	-아/어도 되다 ア オド ドェダ	～してもいい
丁寧で堅い文体 (-ㅂ니다/습니다) ムニダ/スムニダ	-아/어도 됩니다. ア オド ドェムニダ	～してもいいです。
丁寧でうちとけた文体 (-아요/어요) アヨ/オヨ	-아/어도 돼요. ア オド ドェヨ	

例文　DISC 1 / 71

▶ これを持っていってもいいです。　動「持っていく」=가져가다 (カジョガダ)

持っていっ　～しても　いいです。
가져가 ＋ -아도 됩니다. → 이거 가져가도 됩니다.
↑ 語幹末の母音が陽母音　　　　イゴ　カジョガ ド　ドェムニダ
　　　　　　　　　　　　　　これ(を) 持っていっても いいです。

▶ このお菓子を食べてもいいですか？　動「食べる」 = 먹다 (モクタ)

食べ　～しても　いいですか？
먹 ＋ -어도 돼요? → 이 과자 먹어도 돼요?
↑ 語幹末の母音が陰母音　　　イ グァジャ モゴ ド ドェヨ
　　　　　　　　　　　　この お菓子(を) 食べても いいですか？

Point ③ 感嘆、詠嘆を表す表現①（うちとけた文体）

「～ですね。」「～しますね。」 －네요. (ネヨ)

▶ 発見したことに対する軽い感嘆や詠嘆を表します。
▶ 用言の語幹にそのままつきます。ただし、ㄹ語幹の場合、ㄹパッチムの脱落した語幹につきます。
▶ 文末の －요 をとると、ひとり言や目下の人に使うぞんざいな言い方になります（⇒ Lesson 24 Point ③）。

しくみの基本

| 母音語幹 |
| ㄹ語幹（ㄹパッチム脱落） | ＋ －네요. （ネヨ） ～ですね。／～しますね。
| 子音語幹（ㄹ語幹を除く） |

例文　DISC 1 72

▶ 樫村さんは韓国語が上手ですね。　動「上手だ」＝ 잘하다（チャラダ）

잘하 ＋ －네요. ➡ 가시무라 씨는 한국말 잘하네요.
↑母音語幹　　　　カシムラ　ッシヌン　ハーングンマル　チャラネヨ
　　　　　　　　　　　　　　　　　　　　　　　　　　　　　　　↑ ㅎの弱音化

▶ 今日はとても寒いですね。　形「寒い」＝ 춥다（チュプタ）

춥 ＋ －네요. ➡ 오늘은 아주 춥네요.
↑子音語幹　　　オヌルン　アジュ　チュムネヨ
　　　　　　　　　　　　　　　↑鼻音化[p]→[m]

▶ 髪がかなり長いですね。　形「長い」＝ 길다（キールダ）

기 ＋ －네요. ➡ 머리가 꽤 기네요.
　　　　　　　　　モリガ　ックェ　キーネヨ
↑ ㄹ語幹
（語幹 길 から ㄹ 脱落）

Lesson 12

안경 맞추고 싶어요.
アンギョン マッチュゴ シポヨ

眼鏡作りたいです。

DISC 1　73～76

学習内容
- 希望、願望を表す「〜したい」
- 勧誘を表す②「〜しましょう。」
- 許容、助言を表す「〜ならいい」「〜すればいい」

■ 市場の眼鏡屋で（眼鏡をあつらえる）　DISC 1　73

冬木： 안경 맞추고 싶어요.①
　　　アンギョン マッチュゴ シポヨ
　　　眼鏡作りたいです。

主人： 그럼, 시력검사하죠.②
　　　クロム シリョクコムサ ハジョ
　　　それじゃ、視力検査しましょう。

冬木： 이 안경 프레임 어디 거예요?
　　　イ アンギョン プレイム オディ ッコエヨ
　　　この眼鏡のフレームはどこのものですか？

主人： 독일제예요.
　　　トギルチェエヨ
　　　ドイツ製です。

冬木： 시간은 얼마나 걸려요?
　　　シガヌン オルマナ コルリョヨ
　　　時間はどのくらいかかりますか？

主人： 한 시간이면 돼요.③
　　　ハン シガニミョン ドェヨ
　　　1時間でできます。（←1時間ならいいです。）

単語

- 【안경［眼鏡］】眼鏡
- 【맞추고 싶어요.】作りたいです。 싶어요. の発音は連音化して［시퍼요］（シポヨ）〈辞書形〉맞추다（マッチュダ）「あつらえる」 –고 싶다（コシプタ）は「〜したいです」（願望）⇒ Point①
- 【시력검사［視力検査］】視力検査
- 【하죠.】しましょう。〈辞書形〉하다（ハダ）「する」 –죠.（チョ）は「〜しましょう。」（勧誘）⇒ Point②
- 【프레임】フレーム（frame）　固有語の테（テ）「枠、縁」もよく使われる
- 【어디 거】どこのもの、どこ製　「〜のもの」の意味で使うとき、거の発音は濃音化して［꺼］（ッコ）となる
- 【독일제［獨逸製］】ドイツ製　제〈製〉の発音が濃音化して［도갈쩨］（トギル チェ）
- 【시간［時間］】時間
- 【얼마나】どのくらい、どれほど
- 【걸려요?】かかりますか？〈辞書形〉걸리다（コルリダ）「かかる」
- 【한 시간［時間］】1時間 ⇒ Lesson 7 Point①
- 【〜이면 돼요.】〜ならいいです。
　　–면 되다（ミョン ドェダ）は「〜ならいい」⇒ Point③

Point ① 希望や願望を表す表現

「～したい」 -고 싶다
(コ シプタ)

▶「～したい」という希望や願望を表す表現です。
▶動詞と存在詞の있다(イッタ)「いる」の語幹につきます。文末の싶다(シプタ)は形容詞と同じ活用をします。

第2章 文法マスター30 Lesson 12 眼鏡作りたいです。

しくみの基本

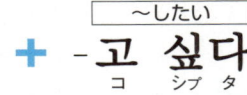

語幹(母音語幹・子音語幹) ＋ ~したい -고 싶다(コ シプタ)

● 丁寧な文末表現

基本の形	-고 싶다 コ シプタ	～したい
丁寧で堅い文体 (-ㅂ니다/습니다) ムニダ/スムニダ	-고 싶습니다. コ シプスムニダ	～したいです。
丁寧でうちとけた文体 (-아요/어요) アヨ/オヨ	-고 싶어요. コ シポヨ	

例文　DISC 1 / 74

▶ 韓国のヒット曲を聴きたいです。　[動]「聴く」= 듣다 (トゥッタ)

듣 [聴き] ＋ -고 싶습니다. [～たいです。] → 한국의 힛트곡을 듣고 싶습니다.
ハーングゲ ヒトゥゴ グル トゥッコ シプスムニダ

▶ 韓国製(←韓国産)キムチを買いたいです。　[動]「買う」= 사다 (サダ)

사 [買い] ＋ -고 싶어요. [～たいです。] → 한국산 김치를 사고 싶어요.
ハーングクサン キムチルル サゴ シポヨ

STEP 2

Point ❷ 勧誘を表す表現②

「〜しましょう。」 －죠.
チョ

▶ 相手の動作を促したり勧誘の意味を表す「〜しましょう。」という表現です。－죠.(チョ)は－지요.(チヨ)の縮約形で、丁寧でうちとけた文体です。
▶ 用言の語幹にそのままつきます。ただし、指定詞이다(イダ)「〜だ」は母音で終わる名詞のあとでは、語幹이(イ)が省略されることがあります。
▶ 基本的に目上の人に動作を促すのは失礼に当たるので、目上の人に対しては使い方に注意が必要です。

しくみの基本

語幹（母音語幹・子音語幹） ＋ －죠.（〜しましょう。）
チョ

例文　DISC 1 / 75

▶ 一緒に行きましょう。　動「行く」＝ 가다（カダ）

가（行き） ＋ －죠.（〜ましょう。） ➡ 같이 가죠.（一緒に 行きましょう。）
カチ　ガジョ

▶ タクシーに乗りましょう。　動「乗る」＝ 타다（タダ）

타（乗り） ＋ －죠.（〜ましょう。） ➡ 택시 타죠.（タクシー(に) 乗りましょう。）
テクシ　タジョ

参考　－죠のいろいろな使い方

■ その他の使い方として、「どこ」「いつ」といった疑問詞とともに用いると**柔らかい疑問文**になります。また、疑問詞をともなわない－죠？は、「〜しますよね」「〜ですよね」という**同意を求める**意味になります。さらに、主語が話し手の場合、自分の**判断**や**意志**を表します（次ページ表参照）。

● -죠の使い方一覧

勧誘	動詞の語幹 ＋ -죠.	～しましょう。
柔らかい疑問	疑問詞 ＋ -죠？	～ですか？ ～でしょうか？
確認・同意	用言の語幹 ＋ -죠？	～しますよね？ ～ですよね？
判断・意志	用言の語幹 ＋ -죠.	～でしょう。 ～しますよ。

例 文 DISC 1 / 75

【柔らかい疑問】

▶誕生日はいつですか？　疑「いつ」＝ 언제 (オンジェ)

언제 ＋ -죠？ ➡ 생일은 언제죠？
（いつ）（～ですか？）　（誕生日は）（いつですか？）
　　　　　　　　　　　センイルン　オンジェジョ

　　　　　　指定詞 이다(イダ)「～だ」の語幹
　　　　　　이(イ)が省略されている

▶イ先生はどの方でしょうか？　疑「どなた」＝ 어느 분 (オヌブン)

어느 분 ＋ 이- ＋ -죠？ ➡ 이 선생님은 어느 분이죠？
（どの）（方）（～で）（～しょうか？）（イ）（先生は）（どの）（方でしょうか？）
　　　　　　　　　　　　　　　　　イ　ソンセニムン　オヌ　ブニジョ

【確認・同意】

▶チェ・ヨンチョルさんのお宅ですよね？　指「お宅だ」＝ 댁이다 (テギダ)

댁이 ＋ -죠？ ➡ 최 용철 선생님 댁이죠？
（お宅）（～で）（～ですよね？）（チェ・ヨンチョル）（さん(の)）（お宅ですよね？）
　　　　　　　　　　　　　チェ ヨンチョル ソンセンニム　テギジョ

▶この住所で合っていますよね？　動「合う」＝ 맞다 (マッタ)

맞 ＋ -죠？ ➡ 이 주소 맞죠？
（合ってい）（～ますよね？）（この）（住所(で)）（合っていますよね？）
　　　　　　　　　　　　　イ　ジューソ　マッチョ
　　　　　　　　　　　　　　　　　　↑濃音化

第2章 文法マスター30 Lesson 12 眼鏡作りたいです。

| 判断・意志 |

▶もう少し待ちますよ。　[動]「待つ」= 기다리다 (キダリダ)

| 待ち | | ～しますよ。| | もう少し | | 待ちますよ。|

기다리 ＋ -죠. ➡ 좀 더 기다리죠.
　　　　　　　　　チョム ド キ ダリ ジョ

▶12 時までにはソウルに到着するでしょう。

[動]「到着する」= 도착하다 (トーチャカダ)

| 到着する | | ～でしょう。| | 12 | | 時までには | | ソウルに | | 到着するでしょう。|

도착하 ＋ -죠. ➡ 열두 시까지는 서울에 도착하죠.
　　　　　　　　　ヨルトゥ　シッカジヌン　ソウレ　トーチャ**カ**ジョ
　　　　　　　　　　　　　　　　　　　　　　　　　　　　　　↑
　　　　　　　　　　　　　　　　　　　　　　　　　　　　　激音化

Point ③　　　　　　　　　許容、助言を表す表現
「～ならいい」「～すればいい」　-면 되다／으면 되다
　　　　　　　　　　　　　　　　　ミョン ドェダ　ウミョン ドェダ

▶ -면(ミョン)／으면(ウミョン)は条件や仮定を表す表現で、「～なら」「～すれば」という意味です。これに「なる、いい」という意味の되다(トェダ)をつけ、-면 되다(ミョン ドェダ)／으면 되다(ウミョン ドェダ)という形で許容や助言を表す場合に慣用的によく使われます。

▶ 語幹末が、母音、ㄹパッチム、その他の子音(パッチム)のどれで終わるかによって、つく形が決まります。

| しくみの基本 |

| | | ～ならいい |
| | | ～すればいい |

| 母音語幹 |
| ㄹ語幹 |　　＋　-면 되다
　　　　　　　　　　ミョン ドェダ

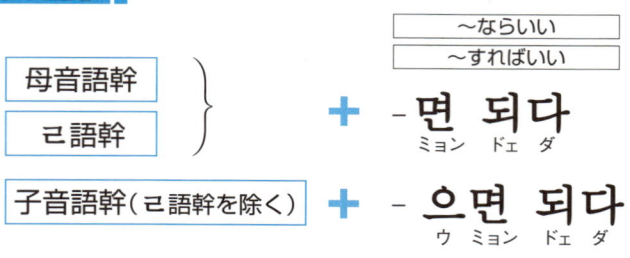

| 子音語幹(ㄹ語幹を除く) |　＋　-으면 되다
　　　　　　　　　　　　　　　　ウミョン ドェダ

● 丁寧な文末表現

基本の形	-(으)면 되다 (ウ)ミョンドェダ	〜ならいい 〜すればいい
丁寧で堅い文体 (-ㅂ니다/습니다) ムニダ/スムニダ	-(으)면 됩니다. (ウ)ミョンドェムニダ	〜ならいいです。 〜すればいいです。
丁寧でうちとけた文体 (-아요/어요) アヨ/オヨ	-(으)면 돼요. (ウ)ミョンドェヨ	

例文 DISC 1 / 76

▶書類はいつまでに出せばいいですか？　動「出す」= 내다 (ネーダ)

[出せ] [〜ばいいですか？]
내 + -면 됩니까？ → [書類は][いつまでに][出せば][いいですか？]
　↑　　　　　　　　서류는 언제까지 내면 됩니까？
母音語幹　　　　　　　ソ リュヌン オーンジェッカジ ネーミョンドェムニッカ

▶何を作ればいいですか？　動「作る」= 만들다 (マンドゥルタ)

[作れ] [〜ばいいですか？]
만들 + -면 돼요？ → [何を][作れば][いいですか？]
　↑　　　　　　　　뭘 만들면 돼요？
ㄹ語幹　　　　　　　ムォル マンドゥルミョン ドェヨ
(ㄹパッチム脱落せず)

▶署名があればいいです。　存「ある」= 있다 (イッタ)

[あれ] [〜ばいいです。]
있 + -으면 돼요. → [署名が][あれば][いいです。]
　↑　　　　　　　　서명이 있으면 돼요.
子音語幹　　　　　　ソーミョンイ イッスミョンドェヨ

Lesson 13

어디서 공부해요?
オディソ　コンブヘヨ

どこで勉強していますか？

学習内容
- 하変則用言
- 用言の否定（不可能）「～できない」

DISC 1　77～79

■ カフェで（冬木さんの韓国語）

DISC 1　77

チヒョン：그런데, 후유키 씨는 정말 한국말
クロンデ　フユキ　ッシヌン　チョーンマル　ハーングンマル

잘하네요.
チャラネヨ

ところで、冬木さんは本当に韓国語が

上手ですね。

冬木：아뇨, 잘 못해요.
アーニョ　チャル　モテヨ

いいえ、下手ですよ。
（←うまくできません）

チヒョン：발음도 정확해요. 어디서 공부해요?
パルム ド　チョンファケ ヨ　オディソ　コンブ ヘ ヨ

発音も正確です。どこで勉強していますか？

冬木：개인 지도를 받아요.
ケイン　ジ ドル　パダヨ

個人レッスンを受けています。

単語

【그런데】ところで
【정말】本当に
【한국말[韓國-]】韓国語　発音は鼻音化して[한궁말]（ハーングンマル）
【잘하네요.】上手ですね。　発音はㅎが弱音化して[자라네요]（チャラネヨ）〈辞書形〉잘하다（チャラダ）「上手だ、うまい」〈하変則用言〉⇒ Point①
【잘 못해요.】下手です。　発音は激音化して[잘 모태요]（チャル モテヨ）〈辞書形〉못하다（モタダ）「できない」〈하変則用言〉⇒ Point ②
【발음[發音]】発音　発音は連音化して[바름]
（パルム）
【정확해요.】正確です。　発音は激音化して[정화캐요]（チョンファケヨ）〈辞書形〉정확하다（チョンファカダ）「正確だ」〈하変則用言〉⇒ Point①
【어디서】どこで　어디에서の縮約形
【공부해요?】勉強していますか？
〈辞書形〉공부하다（コンブハダ）〈하変則用言〉「勉強する」⇒ Point①
【개인 지도[個人指導]】個人レッスン
【받아요.】受けます。　発音は連音化して[바다요]（パダヨ）〈辞書形〉받다（パッタ）「受ける」

Point ❶ 하変則用言(하다用言)

「～する」「～だ」 ～하다
ハダ

▶ 공부하다(コンブハダ)「勉強する」や 유명하다(ユーミョンハダ)「有名だ」のように、辞書形が 하다(ハダ)で終わるすべての用言は不規則な活用をします。この用言を 하変則用言、あるいは 하다用言、여変則用言といいます。
▶ 하変則用言には動詞と形容詞があり、「名詞＋하다」の形が一般的です。
▶ 하変則用言の場合、-아(ア)/어(オ)で始まる語尾が続いて母音調和するとき、不規則活用をして-하여(ハヨ)/해(ヘ)という形になります。丁寧でうちとけた文体「～します。」は 해요(ヘヨ)となります。
▶ なお、書き言葉では 해(ヘ)の代わりに 하여(ハヨ)を用いることもあります。

しくみの基本

-아(ア)/어(オ)で始まる語尾が続くとき

～します。
～です。

하 ＋ -아／어 ＋ -요 ➡ 하여요.／해요.
ハ　　　ア　オ　　　ヨ　　　ハヨヨ　　ヘヨ

하다の語幹　日本語の「～にして」にあたる　丁寧でうちとけた文体をつくる語尾

● 丁寧な文末表現

基本の形	～하다	～する ～だ
丁寧で堅い文体 (-ㅂ니다/습니다) ムニダ/スムニダ	～합니다. ハムニダ	～ます。 ～です。
丁寧でうちとけた文体 (-아요/어요) アヨ/オヨ	～해요. ヘヨ この部分が不規則に活用します。	

例文 DISC1 78

▶イム課長に電話します。　動「電話する」＝ 전화하다 (チョーヌァハダ)

|電話し| |～ます。| | | |イム課長に| |電話します。|

전화하 ＋ -아/어요 ➡ 전화해(하여) ＋ 요. ➡ 임과장님한테 전화해요.
　　　　　　　　　　　　　　　　　　　　　　　　　イムグァジャンニムハンテ　チョーヌァ ヘ ヨ
　　　　　不規則活用

▶慶州は古都として有名です。　形「有名だ」＝ 유명하다 (ユーミョンハダ)

|有名| |～です。| | | |慶州は|古都として|有名です。|

유명하 ＋ -아/어요 ➡ 유명해(하여) ＋ 요. ➡ 경주는 고도로 유명해요.
　　　　　　　　　　　　　　　　　　　　　　　　キョーンジュヌン ゴードロ　ユーミョンヘヨ
　　　　　不規則活用

Point ❷　　　　　　　　　　　　　　　　　用言の否定（不可能）
「～できない」 못
モッ

▶못 (モッ) は動詞や存在詞 있다 (イッタ) の前に置いて「～できない」という不可能な意味を表します。ただし、「名詞＋하다 (～する)」からなる動詞の場合、못は名詞と 하다 の間に置きます。

▶書き言葉では、用言の語幹にそのままつく –지 못하다 (チ モタダ) が使われます。

しくみの基本

　　　　　　できない
　　　　　　　못　　＋　　用言
　　　　　　　モッ

▶「못」と「–지 못하다」を丁寧でうちとけた文体で比較してみましょう。

動詞	「行く」 가다 カダ	「読む」 읽다 イクタ	「勉強する」 공부하다 コンブハダ
	行けません。	読めません。	勉強できません。
못 ＋ 用言 モッ	못 가요. モッ カ ヨ	못 읽어요.* モン ニルゴ ヨ	공부 못해요. コンブ モテヨ
–지 못하다 チ モタダ	가지 못해요. カジ モテヨ	읽지 못해요. イクチ モテヨ	공부하지 못해요. コンブハジ モテヨ

＊못 읽어요. は、連音化して [모 딜거요] (モディルゴヨ) とも発音されます。

例文　DISC 1 / 79

▶ **日曜日は行けません。**　動「行く」＝ 가다（カダ）

～できない	行きます。		日曜日は	行けません。
못	＋ 가요.	➡	일요일은	못 가요.
			イリョ イルン	モッ カ ヨ

↑ 濃音化

▶ **外国語の本は読めません。**　動「読む」＝ 읽다（イクタ）

～できない	読みます。		外国語(の)	本は	読めません。
못	＋ 읽어요.	➡	외국어	책은	못 읽어요.
			ウェーグ ゴ	チェグン	モン ニルゴ ヨ

鼻音化[t]→[n] ↑　↑ [n]の挿入

▶ **勉強(すること)ができません。**　動「勉強する」＝ 공부하다（コンブハダ）

勉強し	～できません。		勉強(することが)	できません。
공부하	＋ -지 못해요.	➡	공부하지	못해요.
			コンブ ハジ	モ テ ヨ

↑ 激音化

MEMO

● ㄴ [n]音の挿入

パッチムで終わる単語のあとに、이（イ）、야（ヤ）、여（ヨ）、요（ヨ）、유（ユ）で始まる単語がくると、[n]の音が挿入されて発音されることがあります。この場合、直前のパッチムは[k]→[ŋ]、[t]→[n]、[p]→[m]と鼻音化します。

　　　　　　　　　　　【表記通りの発音】　　　【実際の発音】
못 읽어요.（読めません。）　モッ イルゴヨ　➡　モン ニルゴヨ
　　　　　　　　　　　[mot][ilgɔjo]　　　　[mon][nilgɔjo]

　　　直前のパッチム[t]が鼻音化して[n]に変化 ↑　↑ [n]の挿入

STEP 2

STEP 2 Lesson 14

발음지도도 해 주시겠네요.
パルム チ ド ド ヘ ジュ シ ゲン ネ ヨ

発音指導もしてくださるでしょうね。

DISC 1 80〜83

学習内容
- 用言の尊敬表現「お〜になる」
- 原因、理由を表す①「〜なので」
- 利便性を表す「〜しやすい」

■ カフェで（韓国語の先生は元声優）　DISC 1 80

冬木：한국어 선생님이 성우 출신이라서②
ハーングゴ ソンセンニミ ソンウ チュルシニラソ

韓国の先生が声優出身なので、

듣기 좋아요.③
トゥッキ チョアヨ

聞きやすいです。

チヒョン：그러면 발음지도도 잘 해
ク ロミョン パルム チ ド ド チャレ

それでは、発音指導もしっかり

주시겠네요.①
ジュ シ ゲン ネ ヨ

してくださるでしょうね。

冬木：네. 하지만 매번 야단 맞아요.
ネー ハジマン メーボン ヤーダン マジャヨ

はい。でも、毎回しかられます。

チヒョン：충분히 잘하세요. 한국사람 같아요.
チュンブニ チャラセヨ ハーングクサラム ガタヨ

十分お上手ですよ。韓国人みたいです。

単語

- 【한국어[韓國語]】韓国語　発音は連音化して [한구거] (ハーングゴ)
- 【성우[聲優]】声優
- 【출신[出身]】出身
- 【〜이라서】〜なので　子音で終わる名詞のあとにつく ⇒ Point②
- 【듣기 좋아요】聞きやすいです。　発音は濃音化とㅎの無音化により [듣끼 조아요] (トゥッキ チョアヨ)〈辞書形〉듣다 (トゥッタ)「聞く」 −기 좋다 (キ チョータ)で「〜しやすい」 ⇒ Point③
- 【그러면】では、それでは
- 【지도[指導]】指導
- 【해 주시겠네요.】してくださるでしょうね。　発音は鼻音化して [해 주시겐네요] (ヘ ジュシゲンネヨ)〈辞書形〉하다 (ハダ)「する」 −아/어 주다 (ア/オ ジュダ)で「〜してくれる」 −겠−は「〜でしょう」(推量) −시−は尊敬の表現 ⇒ Point① −네요.は「〜ですね。」(発見、感嘆) ⇒ Lesson 11 Point③
- 【하지만】しかし、けれども　逆接の接続詞
- 【매번[毎番]】毎回
- 【야단 맞아요.】叱られます。　発音は連音化して [야단 마자요] (ヤーダン マジャヨ)〈辞書形〉야단 맞다 (ヤーダン マッタ)「叱られる」
- 【충분히[充分−]】十分に
- 【한국사람[韓國−]】韓国人
- 【같아요.】〜のようです。　名詞のあとにつく　発音は連音化して [가타요] (カタヨ)〈辞書形〉같다 (カッタ)「同じだ、〜のようだ」

Point ① 用言の尊敬表現

「お～になる」 －시／으시－
シ　ウシ

▶ 用言の語幹について、「お～になる」という尊敬の意味を表します。ただし、먹다(モクタ)「食べる」のような一部の動詞には、別の単語を使います（⇒ 167 ページ）。

▶ 語幹末が、母音、ㄹパッチム、その他の子音（パッチム）のどれで終わるかによって、つく形が決まります。

▶ －시(シ)／으시(ウシ)－自体も活用します。たとえば、－아(ア)／어(オ)の語尾があとに続くときには、－셔(ショ)／으셔(ウショ)－となります。

▶ 日本語に訳すときは、用言の種類によって、「お～になる」「～なさる」「～でいらっしゃる。」「お～だ。」などと訳し分けます。

しくみの基本

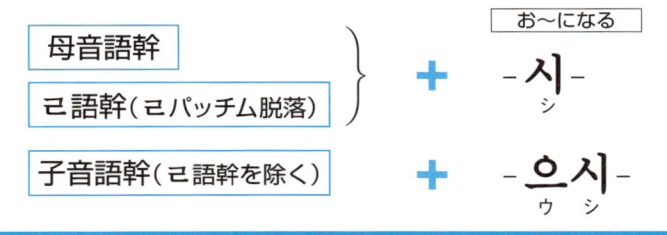

| 母音語幹 | | |
| ㄹ語幹（ㄹパッチム脱落） | ＋ | －시－ (シ) 【お～になる】 |

| 子音語幹（ㄹ語幹を除く） | ＋ | －으시－ (ウシ) |

●　－(으)시－ の活用例

基本の形	－(으)시다 (ウ)シダ	お～になる
丁寧で堅い文体 (-ㅂ니다/습니다) ムニダ／スムニダ	－(으)십니다. (ウ)シムニダ	お～になります。
丁寧でうちとけた文体 (-아요/어요) アヨ／オヨ	－(으)세요. (ウ)セヨ	
아/어の語尾が続くとき＊	－(으)셔－ (ウ)ショ	お～になり

＊例文は 158 ページ③参照。

第2章　文法マスター30　Lesson 14　発音指導もしてくださるでしょうね。

STEP 2

例文 DISC 1 / 81

▶ **社長は今日お忙しいです。** 形「忙しい」= 바쁘다 (パップダ)

忙し	お〜です。		社長は	今日	お忙しいです。
바쁘 +	-십니다.	➡	사장님은	오늘	바쁘십니다.
			サージャンニ ムン	オ ヌル	パップ シム ニ ダ

↑ 母音語幹

▶ **電話をおかけですか？** 動「かける」= 걸다 (コールダ)

かけ	お〜ですか？		電話を	おかけですか？
거 +	-십니까？	➡	전화를	거십니까？
			チョーヌァルル	コー シム ニッカ

ㄹ語幹
（語幹 걸 から ㄹ 脱落）

▶ **この本をお読みになりますか？** 動「読む」= 읽다 (イクタ)

読み	お〜になりますか？		この	本を	お読みになりますか？
읽 +	-으세요？	➡	이	책을	읽으세요？
			イ	チェグル	イルグ セ ヨ

↑ 子音語幹

▶ **お時間はおありですか？** 存「ある」= 있다 (イッタ)

あり	お〜ですか？		お時間は	おありですか？
있 +	-으세요？	➡	시간이	있으세요？
			シ ガ ニ	イッス セ ヨ

↑ 子音語幹

▶ **学校の先生でいらっしゃいます。** 指「先生だ」= 선생님이다 (ソンセンニミダ)

先生で	〜でいらっしゃいます。		学校の	先生でいらっしゃいます。
선생님이 +	-십니다.	➡	학교	선생님이십니다.
			ハッキョ	ソンセン ニ ミ シム ニ ダ

↑ 母音語幹

Point ❷ 原因、理由を表す表現①
「〜なので」 ~라서/이라서
　　　　　　　　　ラソ　イラソ

▶名詞のあとについて、「〜なので」という原因、理由や根拠を表します。
▶母音で終わる名詞には라서(ラソ)が、子音で終わる名詞には이라서(イラソ)がつきます。

しくみの基本

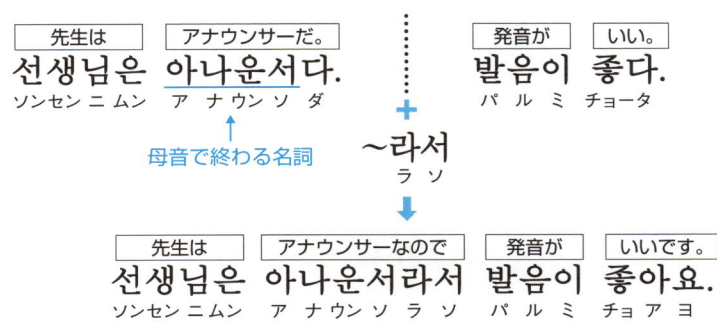

母音で終わる名詞	＋	〜라서 (〜なので)
子音(パッチム)で終わる名詞	＋	〜이라서

例文　DISC 1　82

▶先生はアナウンサーなので、発音がいいです。

선생님은 [先生は] 아나운서다. [アナウンサーだ。] ＋ 〜라서 → 발음이 좋다. [発音が いい。]
(ソンセンニムン　アナウンソダ)　母音で終わる名詞　(ラソ)　(パルミ チョタ)

↓

선생님은 아나운서라서 발음이 좋아요.
[先生は] [アナウンサーなので] [発音が] [いいです。]
(ソンセンニムン　アナウンソラソ　パルミ　チョアヨ)

▶受験生なので、毎日忙しいです。

수험생이다. [受験生だ。] ＋ 〜이라서 → 매일 바쁘다. [毎日 忙しい。]
(スホムセンイダ)　子音で終わる名詞　(イラソ)　(メイル パップダ)

↓

수험생이라서 매일 바쁩니다.
[受験生なので] [毎日] [忙しいです。]
(スホムセンイラソ　メイル　パップムニダ)

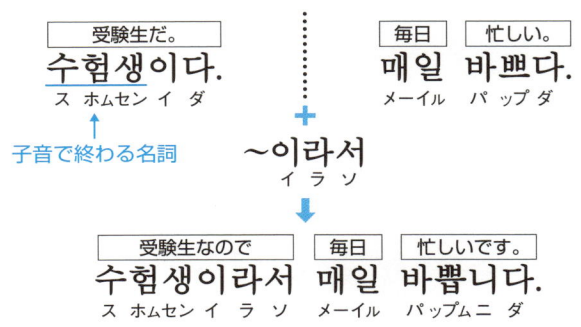

STEP 2　131

| 参考 | **~라서/이라서の否定形** |

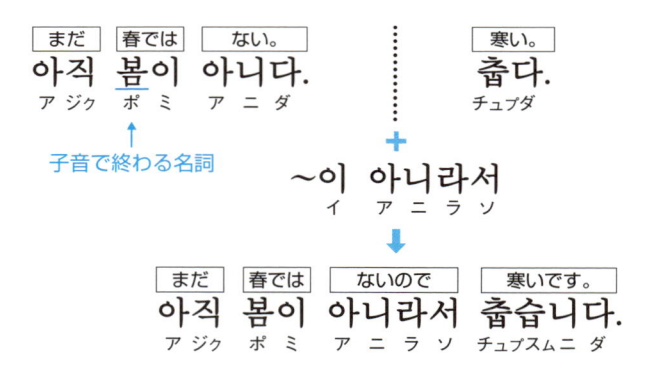

　~라서（ラソ）/이라서（イラソ）の否定形は**~가 아니라서**（ガ アニラソ）/**이 아니라서**（イ アニラソ）で、「~でないので」という意味になります。母音で終わる名詞には~가 아니라서（ガ アニラソ）が、子音で終わる名詞には~이 아니라서（イ アニラソ）がつきます。

母音で終わる名詞	＋	~でないので **~가 아니라서** ガ　アニラソ
子音(パッチム)で終わる名詞	＋	**~이 아니라서** イ　アニラソ

【例】
- まだ春ではないので、寒いです。

　　まだ　春では　ない。　　　　　寒い。
　　아직 봄이 아니다.　　　　**춥다.**
　　アジク　ポミ　アニダ　　　　チュプダ

　　↑
　子音で終わる名詞

　　　　　＋
　　　　~이 아니라서
　　　　　イ　アニラソ
　　　　　↓

　　　　まだ　春では　ないので　　寒いです。
　　　아직 봄이 아니라서 춥습니다.
　　　アジク　ポミ　アニラソ　チュプスムニダ

Point ③ 利便性を表す表現

「〜しやすい」 －기 좋다
キ チョータ

▶「〜しやすい」という利便性を表わす表現です。
▶用言の語幹に－기（キ）をつけると「〜すること」という意味の名詞ができます。そこに 좋다（チョータ）「よい」を続けると「〜するのがよい」となり、「〜しやすい」という意味でよく使われます。
▶語幹にそのままつきます。

しくみの基本

語幹（母音語幹・子音語幹） ＋ －기 좋다（〜しやすい）
キ チョータ

● 丁寧な文末表現

基本の形	－기 좋다 キ チョータ	〜しやすい （〜するのがよい）
丁寧で堅い文体 （-ㅂ니다/습니다） ムニダ/スムニダ	－기 좋습니다. キ チョーッスムニダ	〜しやすいです。
丁寧でうちとけた文体 （-아요/어요） アヨ/オヨ	－기 좋아요. キ チョアヨ	（〜するのがよいです。）

例文 DISC 1 83

▶ この辞書は使いやすいです。 動「使う」＝ 쓰다（ッスダ）

쓰 ＋ －기 좋습니다. ➡ 이 사전은 쓰기 좋습니다.
使い ～しやすいです。　　この 辞書は 使い やすいです。
　　　　　　　　　　　　　イ サジョヌン ッスギ チョーッスムニダ

▶ この町は住みやすいです。 動「住む」＝ 살다（サールダ）

살 ＋ －기 좋아요. ➡ 이 동네는 살기 좋아요.
住み ～しやすいです。　　この 町は 住み やすいです。
　　　　　　　　　　　　　イ ドンネヌン サールギ チョアヨ

STEP 2　133

Lesson 15

언제부터 배우고 있어요?
オーンジェブト ペウゴ イッソヨ

いつから習っていますか？

DISC 1　84〜87

学習内容
- 動作の進行、反復、習慣を表す「〜している」
- 状態の変化を表す「〜になる」
- 用言の過去形の語尾

■ **カフェで（韓国語をはじめたきっかけ）**　DISC 1　84

チヒョン： 언제부터 한국말을 배우고 있어요?
　　　　　オーンジェブト ハーングンマルル ペウゴ イッソヨ

いつから韓国語を習っていますか？

冬木： 1년이 됐어요.
　　　イル リョ ニ ドェッソ ヨ

1年になりました。

チヒョン： 계기가 뭐였어요?
　　　　　ケ ギ ガ モォーヨッソ ヨ

きっかけは何だったんですか？

冬木： 상우 형이요.
　　　サン ウ ヒョンイ ヨ

サンウさんです。

형하고 축구경기장에서 만났어요.
ヒョンハ ゴ チュックキョンギジャンエ ソ マンナッソ ヨ

サンウさんとサッカー場で会ったんですよ。

単語

【〜부터】〜から　起点を表す助詞

【배우고 있어요?】習っていますか？　発音は連音化して［배우고 이써요?］（ペウゴ イッソヨ?）〈辞書形〉배우다（ペウダ）「学ぶ」　–고 있다（コイッタ）は「〜している」⇒ Point①

【1년이 됐어요.】1年になりました。　発音は流音化と連音化により［일려니 돼써요］（イルリョニ ドェッソヨ）〈辞書形〉되다（トェダ）　–이 되다（イ ドェダ）「〜になる」⇒ Point②　過去形 ⇒ Point③

【계기［契機］】契機、きっかけ

【뭐였어요?】何だったんですか？〈辞書形〉이다（イダ）「〜だ」過去形 ⇒ Point③

【형】（弟から見て）兄、（親しい間柄で）兄貴、先輩

【〜하고】〜と　助詞。母音で終わる名詞、子音で終わる名詞のどちらにもつく。話し言葉で使われる。

【축구［蹴球］】サッカー

【경기장［競技場］】競技場、スタジアム

【만났어요.】会いました。　発音は連音化して［만나써요］（マンナッソヨ）〈辞書形〉만나다（マンナダ）「会う」　過去形 ⇒ Point③

Point ① 動作の進行、反復、習慣を表す表現

「〜している」 -고 있다
（コ イッタ）

▶動作が進行中であることを表したり、反復される習慣などを表したりするときに使う表現です。
▶用言の語幹にそのままつきます。

しくみの基本

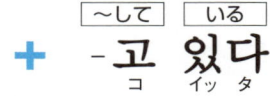

語幹（母音語幹・子音語幹） ＋ -고 있다
　　　　　　　　　　　　　　〜して いる
　　　　　　　　　　　　　（コ　イッタ）

● 丁寧な文末表現

基本の形	-고 있다 (コ イッタ)	〜している
丁寧で堅い文体 (-ㅂ니다/습니다) ムニダ/スムニダ	-고 있습니다. (コ イッスムニダ)	〜しています。
丁寧でうちとけた文体 (-아요/어요) アヨ/オヨ	-고 있어요. (コ イッソヨ)	

例文 DISC 1 / 85

▶今、映画を見ています。 動「見る」＝ 보다（ポダ）

보 ＋ -고 있습니다. ➡ 지금 영화를 보고 있습니다.
［見］［〜して］［います。］　　［今］［映画を］［見て］［います。］
　　　　　　　　　　　　　チグム ヨンファルル ポゴ イッスムニダ

▶ソウルに住んでいます。 動「住む」＝ 살다（サールダ）

살 ＋ -고 있어요. ➡ 서울에 살고 있어요.
［住ん］［〜して］［います。］　［ソウルに］［住んで］［います。］
　　　　　　　　　　　　　　ソウレ　サールゴ　イッソヨ

第2章 文法マスター30 Lesson 15 いつから習っていますか？

STEP 2

Point ② 状態の変化を表す表現

「～になる」 ～가 되다/이 되다
（ガ ドェダ／イ ドェダ）

▶ ある状態から別の状態に変わることを表します。
▶ 母音で終わる名詞には가 되다（ガ ドェダ）が、子音で終わる名詞には이 되다（イ ドェダ）がつきます。
▶ 日本語で「～になる」の「～に」にあたる助詞は、韓国語では가（ガ）／이（イ）になります。가/이は、日本語では「～が」と訳すことが多いのですが、この例のように、意味が一致しない場合があります。

しくみの基本

母音で終わる名詞 ＋ ～가 되다（ガ ドェダ）〔～になる〕

子音（パッチム）で終わる名詞 ＋ ～이 되다（イ ドェダ）

● 丁寧な文末表現

基本の形	～가/이 되다（ガ／イ ドェダ）	～になる
丁寧で堅い文体 (-ㅂ니다/습니다) ムニダ／スムニダ	～가/이 됩니다.（ガ／イ ドェムニダ）	～になります。
丁寧でうちとけた文体 (-아요/어요) アヨ／オヨ	～가/이 돼요.（ガ／イ ドェヨ）	

例文　DISC 1　86

▶ 卒業したら医者になります。　名「医者」＝ 의사（ウィサ）

의사 ＋ ～가 됩니다.　→　졸업하면 의사가 됩니다.
（医者）（～になります。）　　　（卒業したら）（医者）（になります。）
　↑　　　　　　　　　　　　　　チョロ パミョンウィサガ ドェムニ ダ
母音で終わる名詞　　　　　　　　　　↑ 激音化

▶ 来年、社会人になります。　名「社会人」＝ 사회인（サフェイン）

사회인 ＋ ～이 돼요.　→　내년에 사회인이 돼요.
（社会人）（～になります。）　　（来年）（社会人）（になります。）
　↑ 子音（パッチム）で終わる名詞　ネ ニョネ　サフェ イ ニ　ドェヨ

Point ❸ 用言の過去形の語尾

「〜だった」 -았/었-(アッ オッ)(動詞、形容詞、存在詞), 〜였/이었-(ヨッ イオッ)(指定詞)

▶ -았(アッ)/었(オッ)- は、用言の語幹について過去形をつくる語尾です。
▶ ただし指定詞 이다(イダ)「〜だ」の場合には、母音で終わる名詞には〜였(ヨッ)-が、子音で終わる名詞には〜이었(イオッ)-がつきます。
▶ 指定詞 아니다(アニダ)「〜でない」の場合、아니었-(アニオッ)になります。
▶ 指定詞以外の用言の場合、語幹末の母音が陽母音であれば-았(アッ)-が、陰母音であれば-었(オッ)-がつきます。

① 動詞・形容詞・存在詞の場合

しくみの基本

陽母音(ㅏ, ㅗ)語幹 ＋ -았-(アッ)

陰母音(ㅏ, ㅗ以外)語幹 ＋ -었-(オッ)

● 動詞・形容詞・存在詞の過去形の文末表現

接　続	陽母音語幹	陰母音語幹	
基本の形	-았다 (アッタ)	-었다 (オッタ)	〜だった
丁寧で堅い文体 (-ㅂ니다/습니다) ムニダ/スムニダ	-았습니다. (アッスムニダ)	-었습니다. (オッスムニダ)	〜でした。
丁寧でうちとけた文体 (-아요/어요) アヨ/オヨ	-았어요. (アッソヨ)	-었어요. (オッソヨ)	

第2章 文法マスター30 Lesson 15 いつから習っていますか？

STEP 2

例文 DISC 1 / 87

▶恋人の手を握りました。　動「握る」= 잡다（チャプタ）

| 握り | ～ました。 | | 恋人(の) | 手を | 握りました。 |

잡 + -았습니다. → 애인의 손을 잡았습니다.
↑語幹末の母音が陽母音　　エーイネ　ソヌル　チャバッスムニダ

▶韓国の小説を読みました。　動「読む」= 읽다（イクタ）

| 読み | ～ました。 | | 韓国(の) | 小説を | 読みました。 |

읽 + -었어요. → 한국 소설을 읽었어요.
↑語幹末の母音が陰母音　　ハーングク　ソソルル　イルゴッソヨ

▶思ったより体が小さかったです。　形「小さい」= 작다（チャークタ）

| 小さい | ～でした。 | | 思ったより | 体が | 小さかったです。 |

작 + -았습니다. → 생각보다 몸이 작았습니다.
↑語幹末の母音が陽母音　　センガクポダ　モミ　チャガッスムニダ

▶キムチの量が少なかったです。　形「少ない」= 적다（チョークタ）

| 少ない | ～でした。 | | キムチ(の) | 量が | 少なかったです。 |

적 + -었어요. → 김치 양이 적었어요.
↑語幹末の母音が陰母音　　キムチ　ヤンイ　チョゴッソヨ

▶約束がありました。　存「ある」= 있다（イッタ）

| あり | ～ました。 | | 約束が | ありました。 |

있 + -었습니다. → 약속이 있었습니다.
↑語幹末の母音が陰母音　　ヤクソギ　イッソッスムニダ

▶時間がありませんでした。　存「ない」= 없다（オープタ）

| ない | ～でした。 | | 時間が | ありませんでした。 |

없 + -었어요. → 시간이 없었어요.
↑語幹末の母音が陰母音　　シガニ　オプソッソヨ

② 指定詞（이다「～だ」）の場合

しくみの基本

| 母音で終わる名詞 | + | ～였- （～だった / ヨッ） |
| 子音(パッチム)で終わる名詞 | + | ～이었- （イオッ） |

● 指定詞이다(イダ)「～だ」の過去形の文末表現

接　続	母音で終わる 名詞に続く	子音で終わる 名詞に続く	
基本の形	～였다 ヨッタ	～이었다 イオッタ	～だった
丁寧で堅い文体 (-ㅂ니다/습니다) ムニダ/スムニダ	～였습니다. ヨッスムニダ	～이었습니다. イオッスムニダ	～でした。
丁寧でうちとけた文体 (-아요/어요) アヨ/オヨ	～였어요. ヨッソヨ	～이었어요. イオッソヨ	

例文 🎧DISC 1 / 87

▶ 昔は映画俳優でした。　[指]「映画俳優だ」=영화배우다(ヨンファベウダ)

映画俳優	～でした。		昔は	映画俳優でした。
영화배우	＋ ～였습니다.	➡	옛날에는	영화배우였습니다.
↑母音で終わる名詞			イェーンナレヌン	ヨンファベ ウ ヨッスムニダ

▶ 中学生のときは、優等生でした。　[指]「優等生だ」=우등생이다(ウドゥンセンイダ)

優等生	～でした。		中学校の	ときは	優等生でした。
우등생	＋ ～이었어요.	➡	중학교	때는	우등생이었어요.
↑子音で終わる名詞			チュンハッキョ	ッテヌン	ウドゥンセンイ オッソ ヨ

▶ 夢ではありませんでした。　[指]「夢ではない」=꿈이 아니다(ックミ アニダ)

夢	～ではありませんでした。		夢では	ありませんでした。
꿈	＋ ～이 아니었습니다.	➡	꿈이	아니었습니다.
↑子音で終わる名詞			ックミ	ア ニ オッスムニダ

> **MEMO**
>
> ● 縮約形(母音が重なるもの)
> 　用言の語幹末が子音(パッチム)でなく母音で終わっている場合、後ろに-았-、-었-の語尾が続くとき、音が重なるため縮約形になることがあります(⇒ 113ページ)。
>
> 　　서다 (止まる)　　서 ＋ -었다 ➡ 섰다　(×서었다)
> 　　　ソダ　　　　　　　ソ　　オッタ　　　ソッタ
>
> 【例】
> 　　● 停留所でバスが止まりました。　정류장에서 버스가 섰어요.
> 　　　　　　　　　　　　　　　　　　チョンニュジャンエソ ポスガ ソッソ ヨ

STEP 2 Lesson 16

목소리도 크고 멋있었어요.
モクソリド クゴ モシッソッソヨ

声も大きくてかっこよかったです。

DISC 1 88～91

学習内容
- ことがらの並列を表す「〜して」
- 逆接表現「〜だが」「〜するが」
- 程度、状態の変化を表す「〜くなる」「〜になる」

■ カフェで（サンウさんとの出会いを回想）

DISC 1 88

冬木：우리 팀에 상우 형이 있었어요.
ウリ ティメ サンウ ヒョンイ イッソッソヨ

私たちのチームにサンウさんがいたんです。

목소리도 크고① 멋있었어요.
モクソリド クゴ モシッソッソヨ

声も大きくてかっこよかったです。

チヒョン：오빠는 나이가 있지만② 운동을 잘해요.
オッパヌン ナイガ イッチマン ウンドンウル チャレヨ

兄は年はいっていますが、スポーツが得意です。

冬木：저도 축구를 아주 좋아해요.
チョド チュックルル アジュ チョーアヘヨ

私もサッカーが大好きです。

그래서 술집에서 금방 친해졌어요③.
クレソ スルチベソ クムバン チネジョッソヨ

それで飲み屋ですぐ親しくなりました。

単語

- 【우리】われわれ(の)、私たち(の)
- 【팀】チーム
- 【목소리】声
- 【크고】大きくて　〈辞書形〉크다(クダ)「大きい」
  −고(コ)は「〜して」(並列) ⇒ Point①
- 【멋있었어요.】かっこよかったです。　発音は連音化して [머시 써 써요] (モシッソッソヨ)
  〈辞書形〉멋있다(モシッタ)「格好いい、素敵だ」
- 【나이】年齢　나이가 있다(ナイガ イッタ)で「年がいっている、年を取っている」
- 【있지만】あるが　〈辞書形〉있다(イッタ)「ある」
  −지만(チマン)は「〜だが」(逆接) ⇒ Point②
- 【운동[運動]】運動、スポーツ
- 【아주】とても
- 【좋아해요.】好きです。〈辞書形〉좋아하다(チョーアハダ)「好きだ、好む」
- 【그래서】それで
- 【술집】飲み屋　発音は濃音化して [술찝] (スルッチプ)
- 【금방】すぐに
- 【친해졌어요.】親しくなりました。　発音はㅎの弱音化と連音化により [치내져써요] (チネジョッソヨ)　〈辞書形〉친해지다(チネジダ)「親しくなる」 ⇒ Point③

Point ❶ ことがらの並列を表す表現

「～して」 －고
(コ)

▶「広くて、明るい」のように、2つ以上のことがらを並列するときに使います。
▶用言の語幹にそのままつきます。尊敬の −시(シ)／으시(ウシ)− や過去の −았(アッ)／었(オッ)−、意志・未来の −겠(ケッ)− などと共に用いるときにはそれらのあとにつきます。

しくみの基本

語幹（母音語幹・子音語幹） ＋ －고 「～して」
(コ)

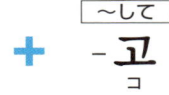

例文　DISC 1　89

▶部屋が大きくて、眺めもいいです。　[形]「大きい」＝ 크다 (クダ)

크 ＋ －고 ➡ 방이 크고 전망도 좋습니다.
　　　　　　パンイ　クゴ　チョーンマンド　チョーッスムニダ
大きく ～て　部屋が　大きくて　眺めも　いいです。

▶プンシクチョム（粉食店）＊では冷麺も売り、海苔巻きも売ります。
[動]「売る」＝ 팔다 (パルダ)

팔 ＋ －고 ➡ 분식점에서는 냉면도 팔고 김밥도 팔아요.
　　　　　　プンシクチョメ ソ ヌン　ネンミョンド　パルゴ　キームパプト　パラ ヨ
売り ～して 「粉食店」では　冷麺も　売り　海苔巻きも　売ります。

＊韓国式ファーストフードの店

参考　動作の先行を表す －고 (コ)

−고は、「～して(から)」という**動作の先行を表す**場合もあります。

【例】
・宿題をしてから、テレビを見ました。

숙제를 하고 TV를 보았어요.
スクチェルル　ハゴ　ティーブイルル　ボアッ ソ ヨ
宿題を　して(から)　テレビを　見ました。

STEP 2　141

Point ❷ 逆接の表現
「〜だが」「〜するが」 －지만
チマン

▶「〜だが」「〜するが」という逆説を表す表現です。
▶用言の語幹にそのままつきます。尊敬の －시(シ)／으시(ウシ)－ や過去の －았(アッ)／었(オッ)－、意志・未来の －겠(ケッ)－ などと共に用いるときにはそれらのあとにつきます。

しくみの基本

語幹（母音語幹・子音語幹） ＋ －지만〔〜だが、〜するが〕
チマン

例文 DISC 1 90

▶学生ですが、うちにばかりいます。　[指]「学生だ」＝ 학생이다 (ハクセンイダ)

〔学生だ〕학생이 ＋ 〔〜だが〕－지만 ➡ 〔学生だけれども〕학생이지만 〔うちにばかり〕집에만 〔います。〕있어요.
ハクセン イ ジ マン　チ ベ マン　イッソ ヨ

▶このキムチは色は赤いですが、辛くありません。
[形]「赤い」＝ 빨갛다 (ッパルガタ)

〔赤い〕빨갛 ＋ 〔〜だが〕－지만 ➡ 〔この〕이 〔キムチは〕김치는 〔色は〕색깔은 〔赤いけれども〕빨갛지만 〔辛くありません。〕안 맵습니다.
イ ギム チ ヌン　セッカルン　ッパルガ チ マン　アン メプスムニ ダ

▶音楽は好きですが、歌はダメです。　[動]「好む」＝ 좋아하다 (チョーアハダ)

〔好き〕좋아하 ＋ 〔〜だが〕－지만 ➡ 〔音楽は〕음악은 〔好きですが〕좋아하지만 〔歌は〕노래는 〔ダメです。〕못해요.
ウ マグン　チョア ハ ジ マン　ノ レ ヌン　モテ ヨ

Point ❸ 程度や状態の変化を表す表現
「〜くなる」「〜になる」 －아지다／어지다
アジダ　オジダ

▶形容詞や存在詞 없다 (オプタ)「ない」の語幹について、「大きくなる」「なくなる」のように「〜くなる」「〜になる」といった、程度や状態の変化を表します。このとき品詞は動詞に変化します。
▶語幹末の母音が陽母音か陰母音かによってつく形が決まります。

142

しくみの基本

陽母音（ㅏ, ㅗ）語幹 ＋ －아지다（アジタ）　〜くなる／〜になる

陰母音（ㅏ, ㅗ以外）語幹 ＋ －어지다（オジタ）

● 丁寧な文末表現

基本の形	－아/어지다 （ア　オジダ）	〜くなる／〜になる
丁寧で堅い文体 (-ㅂ니다/습니다) ムニダ/スムニダ	－아/어집니다. （ア　オジムニダ）	〜くなります。 〜になります。
丁寧でうちとけた文体 (-아요/어요) アヨ／オヨ	－아/어져요. （ア　オジョヨ）	

例文　DISC 1　91

▶ 毎年物価が高くなります。　形「高い」＝ 비싸다（ピッサダ）

비싸 ＋ －아집니다. → 해마다 물가가 비싸집니다.
（高）（〜くなります。）　（ヘマダ　ムルカガ　ピッサジムニダ）
↑
語幹末の母音が陽母音

ㅏの音が重なるため
아が取り込まれる

▶ だんだん日が長くなります。　形「長い」＝ 길다（キールダ）

길 ＋ －어져요. → 해가 점점 길어져요.
（長）（〜くなります。）　（ヘガ　ジョムジョム　キロジョヨ）
↑
語幹末の母音が陰母音

参考　その他の用法

－아지다（アジダ）／어지다（オジダ）には、その他、動詞について**受け身**や**自発**の意味を表す場合もあります。

【例】・ この建物はいつ作られましたか？
　　이 건물 언제 만들어졌어요？
　　（イ　ゴーンムル　オーンジェ　マンドゥロ　ジョッソ　ヨ）

第2章　文法マスター30　Lesson 16　声も大きくてかっこよかったです。

Lesson 17

식사하러 가요.
シクサハロ ガヨ

食事しに行きましょう。

学習内容
- 目的を表す①「～しに」
- 現在連体形の語尾①－動詞

DISC 1 92～94

■ 歩きながら（食事に行くふたり）

DISC 1 92

チヒョン：시장하시죠.
シジャンハ シ ジョ

お腹おすきでしょう。

冬木：네, 아주 배가 고프네요.
ネー アジュ ペガ コプネヨ

ええ、とてもお腹がすきましたね。

식사하러① 가요.
シクサハロ ガヨ

食事しに行きましょう。

チヒョン：명동에 가면 삼계탕
ミョンドン エ ガミョン サム ゲ タン

ミョンドンに行けばサムゲタンの

잘하는② 집이 있어요.
チャラヌン チビ イッソヨ

おいしい（←サムゲタンが上手な）店があります。

冬木：그럼 거기로 가요.
クロム コギロ ガヨ

それじゃ、そこに行きましょう。

単語

【시장하시죠.】**お腹お空きでしょう。** 〈辞書形〉시장하다（シジャンハダ）「お腹がすく」－죠.（チョ）で「～でしょう」（同意）

【배】**腹**

【고프네요.】**（お腹が）空きましたね。** 〈辞書形〉고프다（コプダ）「（お腹が）空いている」배（가）고프다（ペ〈ガ〉コプダ）の形で使う。この場合、韓国語は現在形を用いる

【식사하러】**食事をしに** 〈辞書形〉식사하다（シクサハダ）「食事をする」－러（ロ）は「～しに」（目的）⇒ Point①

【가요.】**行きましょう。** 〈辞書形〉가다（カダ）「行く」－(아)요〈ア〉ヨ）は「～しましょう」（勧誘）⇒ Lesson 9 Point①

【명동［明洞］】**ミョンドン** 地名

【가면】**行けば** 〈辞書形〉가다（カダ）「行く」－면（ミョン）は「～すると、したら」（条件・仮定）⇒ Lesson 12 Point③

【삼계탕［蔘鶏湯］】**サムゲタン** 料理名。若鶏にもち米や高麗人参などをつめて煮込んだ漢方由来の滋養の高い料理

【잘하는】**上手な** 発音はㅎが弱音化して［자라는］（チャラヌン）〈辞書形〉잘하다（チャラダ）「上手だ（直訳は「うまくやる」）」－는は動詞の現在連体形の語尾⇒ Point②

【집】**家、店**

144

Point ❶ 目的を表す表現①

「〜しに」 -러/으러
(ロ) (ウロ)

▶ 用言の語幹について、「〜しに」や「〜するために」という目的を表します。
▶ -러(ロ)/으러(ウロ)のあとには「行く」「来る」などの移動を示す動詞がきます。
▶ 語幹末が、母音、ㄹパッチム、その他の子音(パッチム)のどれで終わるかによって、つく形が決まります。また、尊敬の-시(シ)/으시(ウシ)-と共に用いるときにはそのあとにつきます。

しくみの基本

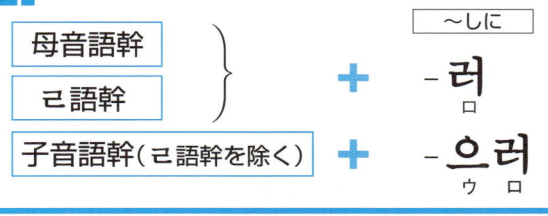

母音語幹		〜しに
ㄹ語幹	＋	-러 (ロ)
子音語幹(ㄹ語幹を除く)	＋	-으러 (ウロ)

例文 DISC 1 / 93

▶ 昨日、映画を見に行きました。　動「見る」＝ 보다 (ポダ)

보 ＋ -러 ➡ 어제 영화 보러 갔어요.
↑　　　　　　オジェ　ヨンファ　ボロ　ガッソヨ
母音語幹
[見] [〜しに] [昨日] [映画(を)] [見] [行きました。]

▶ おととい、友人宅に遊びに行きました。　動「遊ぶ」＝ 놀다 (ノールダ)

놀 ＋ -러 ➡ 그저께 친구 집에 놀러 갔습니다.
　　　　　　　クジョッケ　チング　ジベ　ノールロ　ガッスムニダ
ㄹ語幹
(ㄹパッチム脱落せず)
[遊び] [〜しに] [おととい] [友人] [宅に] [遊びに] [行きました。]

▶ ご飯を食べに行きましょう。　動「食べる」＝ 먹다 (モクタ)

먹 ＋ -으러 ➡ 밥 먹으러 가요.
↑　　　　　　　パム　モグロ　ガヨ
子音語幹　　　↑鼻音化[p]→[m]
[食べ] [〜しに] [ご飯(を)] [食べに] [行きましょう。]

第2章 文法マスター30 Lesson 17 食事しに行きましょう。

STEP 2

Point ❷

現在連体形の語尾 ① ― 動詞

「~する~」「~している~」 －는
ヌン

▶ たとえば、「待っている人」の「待っている~」のように、用言が名詞を修飾する形を連体形といいます。-는は「~する」「~している」という動詞の現在連体形を作る語尾です。

▶ 動詞の語幹にそのままつきます。ただし、ㄹ語幹の場合は、ㄹパッチムの脱落した語幹につきます。また、尊敬の -시(シ)／으시(ウシ)- と共に用いるときにはそのあとにつきます。

しくみの基本

```
母音語幹
ㄹ語幹(ㄹパッチム脱落)      + －는       ~する~
子音語幹(ㄹ語幹を除く)                    ~している~
                                        ヌン
```

例文 DISC 1 / 94

▶ そこで待っているのはだれですか？ 動 「待つ」= 기다리다 (キダリダ)

[持っている~] [そこで] [待っている] [人は] [誰ですか？]

기다리 + -는 → 거기서 기다리는 사람은 누구예요?
コ ギ ソ　キ ダ リ ヌン　サー ラ ムン　ヌ グ エ ヨ

↑母音語幹

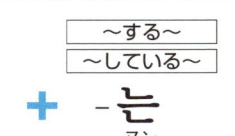

▶ その人はいろいろよく知っています。 動 「知る」= 알다 (アールダ)

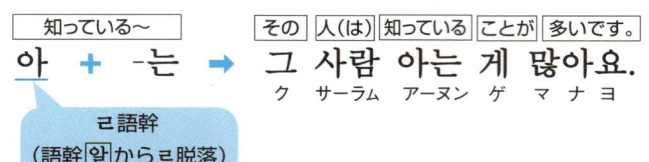

[知っている~] [その] [人(は)] [知っている] [ことが] [多いです。]

아 + -는 → 그 사람 아는 게 많아요.
ク　サー ラ ム　アー ヌン　ゲ　マ ナ ヨ

ㄹ語幹
(語幹 알 からㄹ脱落)

▶ 好きな食べ物は何ですか？（←よく食べる食べ物は何ですか？）

動 「食べる」=먹다 (モクタ)

[食べる~] [よく] [食べる] [食べ物は] [何ですか？]

먹 + -는 → 잘 먹는 음식이 뭐예요?
チャル　モンヌン　ウム シ ギ　ムォ エ ヨ

↑子音語幹
↑鼻音化 [k]→[ŋ]

日本のことわざと韓国のことわざ

　日常生活でよく使われることわざを日韓で比較してみましょう。ここでは動物が登場することわざをいくつか紹介します。日本のことわざと同じ動物が登場するもの、全く異なる動物が登場するものなど、日本と韓国に関係の深い動物が出てきます。ことわざを通して、文化の違いにふれてみましょう。

● 同じ表現をするもの

・井の中の蛙
　우물 안 개구리
　ウムル　アン　ケグリ

・猿も木から落ちる
　원숭이도 나무에서 떨어진다
　ウォンスンイド　ナムエソ　ットロジンダ

● 違う表現をするもの

・雀の涙
　새발의 피　（鳥の足の血）
　セーバレ　ピ

・噂をすれば影がさす
　호랑이도 제말 하면 온다
　ホランイド　チェマル　ハミョン　オンダ
　（トラも自分の話をすればやって来る）

・鳶が鷹を生む
　개천에서 용 난다
　ケチョネソ　ヨン　ナンダ
　（どぶから竜が生まれる）

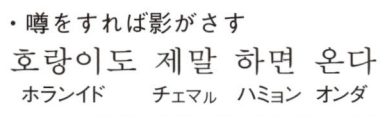

・壁に耳あり障子に目あり。
　낮말은 새가 듣고 밤말은
　ナンマルン　セーガ　トゥッコ　パンマルン
　쥐가 듣는다.
　チュイガ　トゥンヌンダ
　（昼の話は鳥が聞き、夜の話はねずみが聞く）

第2章　文法マスター30　Lesson 17　食事しに行きましょう。

STEP 2

Lesson 18

가장 맛있는 게 뭔데요?
カジャン マシンヌン ゲ ムォンデ ヨ

一番おいしいのは何ですか？

学習内容
- 現在連体形の語尾② ー存在詞
- 婉曲表現「〜のですが。」「〜ですね。」
- 用言の副詞化

■ サンゲタン専門店で（注文する）

店員: 뭐 하시겠어요?
ムォ ハ シ ゲッソ ヨ

何になさいますか？

冬木: 이 집에서 가장 맛있는① 게 뭔데요?②
イ ジ ベソ カジャン マシンヌン ゲ ムォンデ ヨ

この店で一番おいしいの(は)何ですか？

店員: 다 괜찮은데요.②
ター クェンチャヌンデ ヨ

みんなおいしいですよ。(←なかなかいいですよ。)

冬木: 그럼, 오골계 삼계탕 주세요.
ク ロム オゴル ゲ サム ゲ タン ジュ セ ヨ

それでは烏骨鶏のサンゲタン(参鶏湯)をください。

チヒョン: 아줌마, 맛있게③ 해 주세요.
アジュンマ マシッケ ヘ ジュセ ヨ

おばさん、おいしくしてくださいね。

単語

【하시겠어요?】なさいますか？　発音は連音化して［하시게써요］(ハシゲッソヨ)　〈辞書形〉하다(ハダ)「〜する」　-시-(シ)は尊敬を表す。-겠어요?(ケッソヨ)は相手の意志を問う
【가장】最も、一番
【맛있는】おいしい〜　発音は連音化と鼻音化により［마신는］(マシンヌン)　〈辞書形〉맛있다(マシッタ)「おいしい」　-는は存在詞の現在連体形の語尾 ⇒ Point①
【뭔데요?】何ですか？　-ㄴ데요?(ンデヨ)は余韻を残す婉曲表現 ⇒ Point②

【다】全部、みんな
【괜찮은데요.】いいですよ。　発音は連音化とㅎの無音化により［괜차는데요］(クェンチャヌンデヨ)　〈辞書形〉괜찮다(クェンチャンタ)「なかなかよい、大丈夫だ」　-은데요.(ウンデヨ)は余韻を残す婉曲表現 ⇒ Point②
【오골계［烏骨鷄］】烏骨鶏
【맛있게】おいしく　発音は連音化と濃音化により［마시께］(マシッケ)　〈辞書形〉맛있다(マシッタ)　-게(ケ)は用言を副詞化する語尾 ⇒ Point③

Point ❶ 現在連体形の語尾② ― 存在詞
「〜ある〜／〜ない〜」 －는
ヌン

▶ －는(ヌン)は、「ここにある本」の「ある〜」のように、存在詞 있다(イッタ)「ある／いる」、없다(オープタ)「ない／いない」などの現在連体形をつくる語尾です。動詞の現在連体形も同様につくります（⇒ Lesson 17 Point②）。

▶ 存在詞の語幹にそのままつきます。尊敬の －시（シ）／ 으시（ウシ）－ と共に用いるときにはそのあとにつきます。

しくみの基本

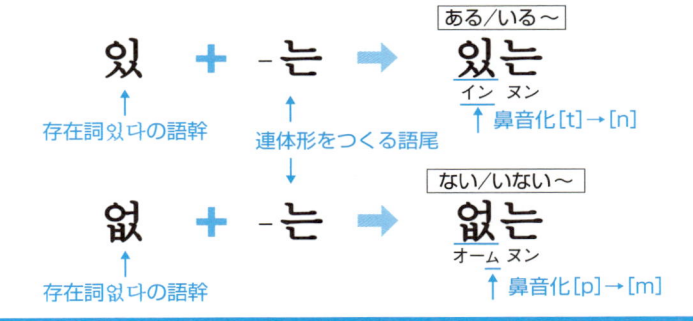

있 ＋ －는 ➡ 있는 ［ある／いる〜］
  インヌン
  ↑鼻音化[t]→[n]

存在詞 있다の語幹　連体形をつくる語尾

없 ＋ －는 ➡ 없는 ［ない／いない〜］
  オームヌン
  ↑鼻音化[p]→[m]

存在詞 없다の語幹

例文　DISC 1　96

▶ 最近おもしろい話がありますか？
存「おもしろい」＝ 재미있다（チェミイッタ）

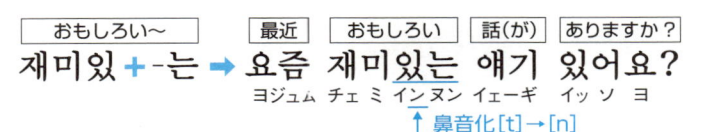

재미있 ＋ －는 ➡ 요즘 재미있는 얘기 있어요?
ヨジュム チェ ミ インヌン イェーギ イッソ ヨ
　　　　　　　　　↑鼻音化[t]→[n]

▶ パスポートのない人は申請してください。　存「ない」＝ 없다（オープタ）

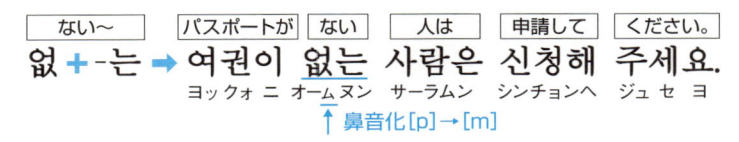

없 ＋ －는 ➡ 여권이 없는 사람은 신청해 주세요.
ヨックォ ニ オームヌン サーラムン シンチョンヘ ジュセ ヨ
　　　　↑鼻音化[p]→[m]

STEP 2　149

Point ❷ 柔らかな余韻を残す婉曲表現
「〜ですが。」「〜ですね。」 -ㄴ데요./은데요./는데요.
ンデヨ／ウンデヨ／ヌンデヨ

▶ 文章を断定的に表現せず、婉曲的な余韻を残したり、詠嘆の気持ちを込めたいときに用いられる表現です。
▶ 文末でも文中でも用いられます。「?」をつけて疑問文にすると、相手に柔らかくものをたずねる表現になります。
▶ 品詞によってつく形が異なります。また、ㄹ語幹の用言の場合は、すべてㄹパッチムの脱落した語幹に続きます。

① 指定詞の場合

しくみの基本

語幹 ＋ -ㄴ데요.（〜ですが。／〜ですね。）
ンデヨ

例文 DISC 1 / 97

▶ 今日は定休日ですが。　指「定休日だ」＝ 정기휴일이다（チョーンギヒュイリダ）

정기휴일이〔定休日である〕 ＋ -ㄴ데요.〔〜ですが。〕 → 오늘은 정기휴일인데요.〔今日は／定休日ですが。〕
オ ヌルン チョーンギ ヒュイ リン デ ヨ

▶ 学生ではありませんが。　指「〜でない」＝ 아니다（アニダ）

아니〔〜でない〕 ＋ -ㄴ데요.〔〜ですが。〕 → 학생이 아닌데요.〔学生では／ありませんが。〕
ハクセン イ　ア ニン デ ヨ

150

② 形容詞の場合

しくみの基本

母音語幹		
ㄹ語幹(ㄹパッチム脱落)	+	-ㄴ데요. ～ですが。／～ですね。 (ンデヨ)
子音語幹(ㄹ語幹を除く)	+	-은데요. (ウンデヨ)

例文　DISC 1 97

▶先生の話は速すぎるんですが。　形「速い」= 빠르다 (ッパルダ)

빠르 [速い／母音語幹] + -ㄴ데요. [～のですが。] → 선생님 말이 너무 빠른데요.
ソンセンニム　マリ　ノム　ッパルンデヨ
[先生(の)] [話は] [あまりにも] [速いのですが。]

▶駅から本当に遠いですね。　形「遠い」= 멀다 (モールダ)

머 [遠い／ㄹ語幹(語幹 멀 からㄹ脱落)] + -ㄴ데요. [～ですね。] → 역에서 정말 먼데요.
ヨゲソ　チョーンマル　モーンデヨ
[駅から] [本当に] [遠いですね。]

▶この絵、実にいいですね。　形「良い」= 좋다 (チョータ)

좋 [良い／子音語幹] + -은데요. [～ですね。] → 이 그림 참 좋은데요.
イ　クーリム　チャム　チョウンデヨ
[この] [絵] [実に] [いいですね。]

STEP 2

③ 動詞、存在詞の場合

しくみの基本

| 母音語幹 |
| ㄹ語幹（ㄹパッチム脱落） | ＋ -는데요．
| 子音語幹（ㄹ語幹を除く） |

～ですが。
～ですね。
～ますが。

-는데요．
ヌン デ ヨ

例文　DISC 1 / 97

▶ よく聞こえないのですが。　動「聞こえる」= 들리다（トゥルリダ）

들리 ＋ -는데요．→ 잘 안 들리는데요．
　↑　　　　　　　チャル アン ドゥルリ ヌン デ ヨ
母音語幹

▶ その話はみんな知ってますよ。　動「知る」= 알다（アールダ）

아 ＋ -는데요．→ 그 얘기는 다 아는데요．
　↑　　　　　　　ク　イェーギヌン　ター　アーヌン デ ヨ
ㄹ語幹
（語幹 알 からㄹ脱落）

▶ 間もなく店を閉めるのですが。　動「閉める」= 닫다（タッタ）

닫 ＋ -는데요．→ 곧 문 닫는데요．
　↑　　　　　　　コン　ムン　タンヌン デ ヨ
子音語幹　　　　　　　　　　鼻音化[t]→[n]

▶ 今、時間がないのですが。　存「ない」= 없다（オープタ）

없 ＋ -는데요．→ 지금 시간이 없는데요．
　　　　　　　　　チグム　シ ガ ニ　オームヌン デ ヨ
　　　　　　　　　　　　　　　　↑ 鼻音化[p]→[m]

| 重要 | －았(アッ)/었(オッ)－、－겠(ケッ)－ がつく場合 |

過去形 －았(アッ)/었(オッ)－ や未来・推量の －겠(ケッ)－ などと用いる場合には、品詞の違いに関係なくそのあとに －는데요.(ヌンデヨ)がつきます。

しくみの基本

〜ですが。
〜ですね。

語幹 ＋ －았/었－ ＋ －는데요. ➡ －았/었는데요.
　　　　アッ/オッ　　　ヌンデヨ　　　　アン/オン ヌン デ ヨ
　　　　　　　　　　　　　　　　　　　　↑
　　　　　　　　　　　　　　　　　　鼻音化[t]→[n]

語幹 ＋ －겠－ ＋ －는데요. ➡ －겠는데요.
　　　　ケッ　　　ヌンデヨ　　　　ケン ヌン デ ヨ
　　　　　　　　　　　　　　　　　　↑
　　　　　　　　　　　　　　　　鼻音化[t]→[n]

例文

過去形の －았/었－

▶ その服は小さかったのですが。　形「小さい」＝ 작다(チャークタ)

| 小さ | 〜かった | 〜ですが。 | その | 服は | 小さかったのですが。 |

작 ＋ －았－ ＋ －는데요. ➡ 그 옷은 작았는데요.
　　　　　　　　　　　　　　ク　オ スン チャガン ヌン デ ヨ
　　　　　　　　　　　　　　　　　　　　↑
　　　　　　　　　　　　　　　　　　鼻音化[t]→[n]

未来・推量の －겠－

▶ このお土産を見たら喜ぶでしょうね。　動「喜ぶ」＝ 좋아하다(チョーアハダ)

| 喜ぶ | 〜でしょう | 〜(です)ね。 | この | お土産を | 見たら | 喜ぶでしょうね。 |

좋아하 ＋ －겠－ ＋ －는데요. ➡ 이 선물을 보면 좋아하겠는데요.
　　　　　　　　　　　　　　　　　　イ　ソーンムルル ポミョン チョーア ハ ゲン ヌン デ ヨ
　　　　　　　　　　　　　　　　　　　　　　　　　　　　　　　　↑
　　　　　　　　　　　　　　　　　　　　　　　　　　　　　　鼻音化[t]→[n]

Point ❸ 用言の副詞化

「〜に」「〜く」 -게(ケ)

▶ 動詞や形容詞、存在詞の語幹に -게(ケ)をつけると、用言を修飾する副詞の役割をします。これを用言の副詞化といいます。

▶ 指定詞以外の用言の語幹につきます。また、尊敬の -시(シ)/으시(ウシ)- と共に用いるときはそのあとにつきます。

▍しくみの基本

語幹（母音語幹・子音語幹） ＋ -게(ケ)　〜に、〜く

例文　DISC 1 / 98

▶ きれいに撮ってください。　[形]「きれい」＝ 예쁘다（イェーップダ）

예쁘 ＋ -게 ➡ 예쁘게 찍어 주세요.
　　　　　　　イェーップゲ　ッチゴ　ジュセヨ
[きれい][〜に][きれいに][撮って][ください。]

▶ 服を格好よく着ています。　[存]「格好いい」＝ 멋있다（モシッタ）

멋있 ＋ -게 ➡ 옷을 멋있게 입었어요.
　　　　　　　オスル　モシッケ　イボッソヨ
[格好よ][〜く][服を][格好よく][着ています。]

▶ よく見えるように書いてください。　[動]「見える」＝ 보이다（ポイダ）

보이 ＋ -게 ➡ 잘 보이게 적어 주세요.
　　　　　　　チャル ボイゲ　チョゴ ジュセヨ
[見える][〜ように][よく][見えるように][書いて][ください。]

154

| 参考 | **特別な意味をもつ場合** |

−게(ケ)を 하다(ハダ)や 되다(トェダ)とともに用いると、次のような意味を表します。

① 動詞＋-게 하다 ──「〜するようにする」「〜させる」（使役）

- 宿題が終わったら遊ばせなさいよ。

　　[宿題が] [終わったら] [遊ばせ] [なさいよ。]
　　숙제가　끝나면　놀게　하세요.
　　スクチェガ　ックンナミョン　ノールゲ　ハ　セ　ヨ

② 動詞＋-게 되다 ──「〜するようになる」「〜することになる」（状態の変化）

- 来年から韓国に行くことになりました。

　　[来年から] [韓国に] [行くことに] [なりました。]
　　내년부터　한국에　가게　됐어요.
　　ネニョンブト　ハーングゲ　カゲ　ドェッソヨ

Lesson 19

DISC 2 01〜04

맛있으니까 드셔 보세요.
マシッス ニッカ トゥショ ボセヨ

おいしいので召し上がってみてください。

学習内容
- 原因、理由を表す②「〜ので」「〜だから」
- 動作の先行「〜して」
- 感嘆、詠嘆を表す②「〜ですね。」

■ サンゲタン専門店で（食べ方をおそわる）

DISC 2 01

チヒョン： 맛있으니까① 어서 드셔 보세요.
マシッス ニッカ オソ トゥショ ボセヨ

おいしいので早く召し上がってみてください。

冬木： 닭고기는 어떻게 먹어요?
タッコ ギヌン オットケ モゴヨ

鶏肉はどうやって食べるんですか？

チヒョン： 조금씩 소금에 찍어서② 드세요.
チョグムッシク ソグメ ッチゴソ トゥセヨ

少しずつ塩をつけて召し上がってください。

冬木： 참, 맛있군요③. 몸이 따뜻해져요.
チャム マシイックニョ モミ ッタットゥテジョヨ

本当においしいですね。体が温まります。

単語

【맛있으니까】おいしいので　発音は連音化して [마시쓰니까]（マシッスニッカ）〈辞書形〉맛있다（マシッタ）「おいしい」 −으니까（ウニッカ）は「〜ので」(理由) ⇒ Point①

【어서】さあ、はやく　相手の行為をうながす表現

【드셔 보세요.】召し上がってみてください。〈辞書形〉드시다（トゥシダ）「召し上がる」−어 보세요.（オ ボセヨ）は「〜してみてください」⇒ Lesson 11 Point①

【닭고기】トリ肉　発音は濃音化して [닥꼬기]（タッコギ）

【어떻게】どのようにして、どうやって　発音は激音化して [어떠케]（オットケ）〈辞書形〉어떻다（オットタ）「どうだ」

【조금씩】少しずつ

【소금】塩

【찍어서】つけて　発音は連音化して [찌거서]（ッチゴソ）〈辞書形〉찍다（ッチクタ）「(粉や液体などを)つける」−어서（オソ）は行為の先行を表す ⇒ Point②

【참】実に、ほんとうに

【맛있군요.】おいしいですね。発音は連音化と濃音化により [마시꾼뇨]（マシックニョ）〈辞書形〉맛있다（マシッタ）「おいしい」 −군요.（クニョ）は「〜ですね。」(詠嘆) ⇒ Point③

【몸】体

【따뜻해져요.】暖かくなります。発音は激音化して [따뜨태져요]（ッタトゥテジョヨ）〈辞書形〉따뜻하다（ッタットゥタダ）「暖かい」 −아/어 지다（ア/オ ジダ）「〜になる」(変化) ⇒ Lesson 16 Point③

Point ❶ 原因、理由を表す表現②

「〜ので」「〜だから」 -니까/으니까
ニッカ　ウニッカ

▶ 用言の語幹について、原因や理由を表します。
▶ 話し手の判断に基づいた理由を表すときによく使われるため、後続の文章には、命令や勧誘表現がくることが多くなります。
▶ 用言の語幹末が母音、ㄹパッチム、その他の子音(パッチム)のどれで終わるかによって、つく形が決まります。

しくみの基本

母音語幹		〜ので
ㄹ語幹(ㄹパッチム脱落)	+ -니까	〜だから
		ニッカ

子音語幹(ㄹ語幹を除く) + -으니까
　　　　　　　　　　　　　ウニッカ

例文　DISC 2 / 02

▶ このコーヒーは苦いので、砂糖を入れてください。 形「苦い」= 쓰다 (ッスダ)

쓰 + -니까 → 이 커피 쓰니까 설탕 넣으세요.
　　　　　　　イ　コーピ　ッスニッカ　ソルタン　ノウセヨ
↑母音語幹

▶ 料理はコックが作るので、心配ありません。 動「作る」= 만들다 (マンドゥルダ)

만드 + -니까 → 음식은 요리사가 만드니까 걱정 없어요.
　　　　　　　　ウムシグン　ヨリサガ　マンドゥニッカ　コクチョン オプソヨ
ㄹ語幹
(語幹 만들 からㄹ脱落)

▶ 天気が良くないので、傘を持ってお行きなさい。 形「良い」= 좋다 (チョータ)

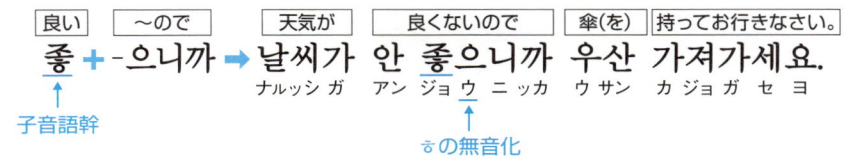

좋 + -으니까 → 날씨가 안 좋으니까 우산 가져가세요.
　　　　　　　　ナルッシガ　アン ジョウニッカ　ウサン　カジョガセヨ
↑
子音語幹　　　　　　　　ㅎの無音化

STEP 2

| 参考 | **尊敬、過去の表現との組み合わせ** |

-니까(ニッカ)／-으니까(ウニッカ)は尊敬の -시(シ)／으시(ウシ)-、過去の-았(アッ)／었(オッ)- とともに用いることができます。この場合、-시／으시-，-았／었-，-니까／으니까の順で用います。

① 尊敬の -시／으시- と共に用いる場合

-시／으시- ＋ -니까 → -시니까／으시니까
　シ　ウシ　　　ニッカ　　　シ ニッカ　ウシ ニッカ
　　　　　　　　　　　　　　　　↑ 前に入れる

② 過去の -았(アッ)／었(オッ)- と共に用いる場合

-았／었- ＋ -으니까 → -았으니까
　アッ オッ　　ウ ニッカ　　アッス ニッカ
　　　　　　　　　　　　 → -었으니까
　　　　　　　　　　　　　　オッス ニッカ
　　　　　　　　　　　　　　　↑ 前に入れる

③ 尊敬・過去の表現の両方と共に用いる場合

-시／으시- ＋ -었- ＋ -으니까 → -셨으니까／으셨으니까
　シ　ウシ　　　オッ　　ウ ニッカ　　ショッスニッカ　ウ ショッスニッカ
　　　　　　　↑
　　　　尊敬＋過去の順

【例】

• たくさん仕事をなさったから、ちょっとお休みください。

　　[仕事を] [〜なさる] [〜した] [〜から]
　　일하 ＋ -시- ＋ -었- ＋ 으니까
　　　　　　　↑　　　↑　　　↑
　　　　　　尊敬　　過去　　理由

　　　　　　　　　[たくさん][仕事をなさったから][ちょっと][お休みください。]
　　　　　　　→ 많이 일하셨으니까 좀 쉬세요.
　　　　　　　　　マー ニ　イー ラ ショッス ニッカ ジョム シューィセヨ
　　　　　　　　　└連音化、ㅎの無音化┘　　└ㅎの弱音化┘

Point ❷ 「～して」 －아서／어서
アソ　オソ

動作の先行を表す表現

▶ 動詞の語幹について、後続することがらに先行する行為を表したり、後続する動作の様子を表します。
▶ 前にくる用言の語幹末の母音が、陽母音か陰母音かで、つく形が決まります。
▶ －아서(アソ)／어서(オソ)の前には過去形をつくる語尾の －았(アッ)／었(オッ)－ はきません。時制は後続の文で決まります。

しくみの基本

陽母音（ㅏ, ㅗ）語幹　＋　－아서（アソ）　　～して

陰母音（ㅏ, ㅗ以外）語幹　＋　－어서（オソ）

例文　DISC 2　03

▶ 海苔を買って海苔巻きを作りました。　動「買う」＝ 사다 (サダ)

사 ＋ －아서 ➡ 김을 사서 김밥을 만들었어요.
　　　　　　　 キームル　サソ　キームッパブル　マンドゥロッソヨ
　　　　　　　 [海苔を][買って][海苔巻きを][作りました。]

↑ 語幹末の母音が陽母音
ㅏの音が重なるため 아が取り込まれる

▶ 電話をかけて確認してください。　動「かける」＝ 걸다 (コールダ)

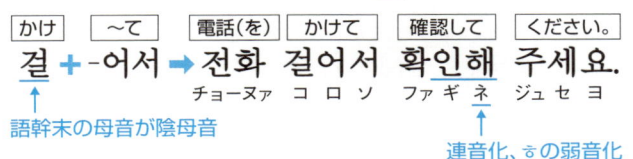

걸 ＋ －어서 ➡ 전화 걸어서 확인해 주세요.
　　　　　　　 チョーヌァ　コロソ　ファギネ　ジュセヨ
　　　　　　　 [電話(を)][かけて][確認して][ください。]

↑ 語幹末の母音が陰母音
連音化、ㅎの弱音化

MEMO
● －아서(アソ)／어서(オソ)は「動作の先行」を表わす以外に、原因・理由・根拠を表す用法もあります。この場合、Point ① －니까(ニッカ)／으니까(ウニッカ)とは異なり、後続の文に命令や勧誘表現はきません（⇒ Lesson21 Point ②）。

STEP 2

Point ③ 感嘆、詠嘆を表す表現②

「～ですね。」 -군요. / -는군요.
（クニョ） （ヌングニョ）

▶ 用言の語幹について、感嘆や詠嘆の意味を表します。形容詞・存在詞・指定詞には -군요.（クニョ）が、動詞には -는군요.（ヌングニョ）がつきます。

▶ -군.（クン）/는군.（ヌングン）は「～だな。」「～だね。」という意味で、ひとり言や目下の人に対して使うぞんざいな言い方ですが、-요. がつくと「～ですね。」という丁寧でうちとけた語尾になります。

▶ 発音は [n] の音が挿入されることも多く、[군뇨/는군뇨]（クンニョ/ヌングンニョ）となります。

① 形容詞、存在詞、指定詞の場合

しくみの基本

語幹（母音語幹・子音語幹） ＋ -군요.（～ですね。）
　　　　　　　　　　　　　　　　　クニョ

例文 DISC 2 / 04

▶ この海辺は本当に美しいですね。　形「美しい」＝ 아름답다（アルムダプタ）

아름답 ＋ -군요. → 이 바닷가는 정말 아름답군요.
美しい　～ですね。　　この　海辺は　本当に　美しいですね。
　　　　　　　　　　イ　パダッカヌン　チョーンマル　アルムダプクニョ

▶ この町にはゴミがひとつもありませんね。　存「ない」＝ 없다（オプタ）

없 ＋ -군요. → 이 동네는 쓰레기가 하나도 없군요.
ない　～ですね。　　この　町は　ゴミが　ひとつも　ありませんね。
　　　　　　　　　イ　ドンネヌン　ッスレギガ　ハナド　オプクニョ

▶ 山田さんは会社員ではないんですね。　指「～ではない」＝ 아니다（アニダ）

아니 ＋ -군요. → 야마다 씨는 회사원이 아니군요.
～（では）ない　～ですね。　山田　さんは　会社員では　ないんですね。
　　　　　　　　　ヤマダ　ッシヌン　フェーサウォニ　アニグニョ

160

② 動詞の場合

しくみの基本

| 母音語幹 |
| ㄹ語幹（ㄹパッチム脱落） |
| 子音語幹（ㄹ語幹を除く） |

＋ -는군요．
　　ヌン グ ニョ
［～ですね。］

例文 🔊 DISC 2 / 04

▶ 雪がたくさん降っているんですね。　動「(雪)が降る」= (눈이) 오다（〈ヌーニ〉オダ）

눈이 오 ＋ -는군요． ➡ 눈이 많이 오는군요．
　　　↑母音語幹　　　　ヌーニ　マーニ　オ ヌング ニョ
［雪が］［降っている］［～ですね。］　　［雪が］［たくさん］［降っているんですね。］

＊오다（オダ）は「来る」という意味ですが、눈이 오다となると「雪が降る」という意味になります。

▶ 韓国について本当にたくさん（←よく）知っているんですね。

動「知る」= 알다（アールダ）

아 ＋ -는군요． ➡ 한국에 대해 정말 많이 아는군요．
　　　　　　　　　　ハーングゲ テ ヘ チョーンマル マーニ アーヌングニョ
［知っている］［～んですね。］　［韓国に］［ついて］［本当に］［たくさん］［知っているんですね。］

💬 ㄹ語幹（語幹알からㄹ脱落）

▶ その人はとても早く歩くんですね。　動「歩く」= 걷다（コーッタ）

걷 ＋ -는군요． ➡ 그 사람은 정말 빨리 걷는군요．
　　↑子音語幹　　　ク　サーラムン チョーンマル ッパルリ コーンヌング ニョ
［歩く］［～ですね。］　　　　　　　　　　　　　　　　　　　　↑鼻音化[t]→[n]
［その］［人は］［とても］［早く］［歩くんですね。］

参考　-았（アッ）/었（オッ）-、-겠（ケッ）- と共に用いるとき

過去形をつくる語尾-았（アッ）/었（オッ）-や未来・推量の-겠（ケッ）-と共に用いるときは、品詞に関係なく-군요．（クニョ）がつきます。

【例】
・東京にも雪が降ったんですね。

도쿄에도 눈이 왔군요．
トキョ エド　ヌーニ　ワック ニョ
［東京にも］［雪が］［降ったんですね。］
　　　　　　　　　　↑오다（オダ）「降る」の過去形

第2章 文法マスター30　Lesson 19　おいしいので召し上がってみてください。

STEP 2

Lesson 20

DISC 2 05〜07

강릉에 가려고 하는데요.
カンヌン エ カリョゴ ハヌンデヨ

江陵に行こうと思うのですが…。

学習内容
- 意志を表す「〜しようと思う」
- 可能を表す「〜することができる」

■ 帰りながら（サンウさんの予定） DISC 2 05

冬木：모레 강릉에 가려고① 하는데요.
　　　モーレ カンヌン エ カリョゴ ハヌンデヨ

　　　내일이면 상우 형도 돌아오죠?
　　　ネ イ リミョン サンウ ヒョンド トラオジョ

あさって江陵に行こうと思うのですが。

明日ならサンウさんも帰ってきますよね？

チヒョン：네, 오후에는 돌아와요.
　　　　ネー オーフ エ ヌン トラワヨ

はい、午後には帰って来ます。

冬木：내일 저녁을 같이 할 수 있②으면
　　　ネイル チョニョグル カチ ハル ス イッスミョン

　　　좋겠는데요.
　　　チョーケンヌン デ ヨ

明日の夕食を一緒にすることができれば

いいのですが。

単語

【모레】あさって
【가려고 하는데요.】行こうと思うのですが。
　〈辞書形〉가다（カダ）「行く」 −려고 하다（リョゴ ハダ）で「〜しようと思う」⇒ Point①
　−는데요.（ヌンデヨ）「〜ですが」（婉曲）⇒ Lesson 18 Point②
【내일［來日］】明日
【돌아오죠?】帰ってきますよね？ 発音は連音化して［도라오죠］（トラオジョ）
　〈辞書形〉돌아오다（トラオダ）「帰ってくる」 −죠?（チョ）は柔らかい疑問

【오후［午後］】午後
【저녁】夕方、夕食
【할 수 있으면】〜することができれば
　発音は濃音化と連音化により［할 쑤 이쓰면］（ハル ス イッスミョン）〈辞書形〉하다（ハダ）「する」 −ㄹ 수 있다（ル ス イッタ）は「〜できる」（可能）⇒ Point② −으면（ウミョン）は「〜ならば」（仮定）
【좋겠는데요.】いいのですが。 発音は激音化と鼻音化により［조켄는데요］（チョーケンヌンデヨ）〈辞書形〉좋다（チョータ）「良い」

Point ① 近い未来の意志を表す表現
「〜しようと思う」「〜しようとする」 -려고 하다/으려고 하다
リョゴ ハダ ウリョゴ ハダ

▶動詞、存在詞「いる」の語幹について、近い未来にしようとする意志を表します。
▶語幹末が、母音、ㄹパッチム、その他の子音(パッチム)のどれで終わるかによって、つく形が決まります。

しくみの基本

母音語幹		
ㄹ語幹	+	-려고 하다 (リョゴ ハダ) 〜しようと思う / 〜しようとする
子音語幹(ㄹ語幹を除く)	+	-으려고 하다 (ウリョゴ ハダ)

● 丁寧な文末表現

基本の形	-(으)려고 하다 (ウ)リョゴ ハダ	〜しようと思う 〜しようとする
丁寧で堅い文体 (-ㅂ니다/습니다) ムニダ/スムニダ	-(으)려고 합니다. (ウ)リョゴ ハムニダ	〜しようと思います。 〜しようとしています。
丁寧でうちとけた文体 (-아요/어요) アヨ/オヨ	-(으)려고 해요. (ウ)リョゴ ヘヨ	

第2章 文法マスター30 Lesson 20 江陵に行こうと思うのですが…。

STEP 2

例文   DISC 2 / 06

▶ デパートに行こうと思います。　動「行く」＝ 가다（カダ）

行	～こうと	思います。
가	＋	-려고 합니다.

↑母音語幹

→ 백화점에 가려고 합니다.
　ペクァジョメ　カリョゴ　ハムニダ

▶ 味噌鍋を作ろうと思います。　動「作る」＝ 만들다（マンドゥルダ）

作	～ろうと	思います。
만들	＋	-려고 합니다.

↑ㄹ語幹（ㄹパッチムは脱落しない）

→ 된장찌개를 만들려고 합니다.
　トェーンジャンチッチゲルル　マンドゥルリョゴ　ハムニダ

▶ おいしいパンを食べようと思います。　動「食べる」＝ 먹다（モクタ）

食べ	～ようと	思います。
먹	＋	-으려고 해요.

↑子音語幹

→ 맛있는 빵을 먹으려고 해요.
　マシンヌン ッパンウル モグリョゴ　ヘヨ

Point ❷　　　可能を表す表現

「～することができる」　-ㄹ 수 있다／을 수 있다
　　　　　　　　　　　　　　 ル　ス　イッタ　ウル　ス　イッタ

▶用言の語幹について、可能の意味を表します。
▶語幹末が母音、ㄹパッチム、その他の子音（パッチム）のどれで終わるかによってつく形が決まります。

しくみの基本

　　　　　　　　　　　　　　　　　　　～することができる
母音語幹	＋ -ㄹ 수 있다
ㄹ語幹（ㄹパッチム脱落）	ル　ス　イッタ
子音語幹（ㄹ語幹を除く）	＋ -을 수 있다
	ウル　ス　イッタ

●丁寧な語尾表現

基本の形	-ㄹ／을 수 있다 ル　ウル　ス　イッタ	～することができる
丁寧で堅い文体 (-ㅂ니다／습니다) ムニダ／スムニダ	-ㄹ／을 수 있습니다. ル　ウル　ス　イッスムニダ	～することができます。
丁寧でうちとけた文体 (-아요／어요) アヨ／オヨ	-ㄹ／을 수 있어요. ル　ウル　ス　イッソヨ	

例文　DISC 2 / 07

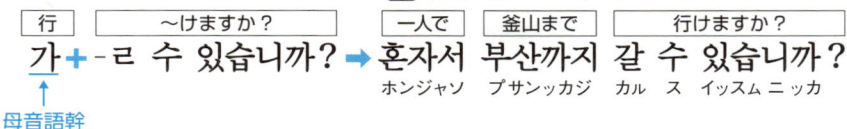

▶ **ひとりで釜山まで行けますか？**　 動「行く」＝ 가다（カダ）

| 行 | ～けますか？ | | 一人で | 釜山まで | 行けますか？ |

가 ＋ -ㄹ 수 있습니까? ➡ 혼자서 부산까지 갈 수 있습니까?
　↑　　　　　　　　　　　ホンジャソ　プサンッカジ　カル ス イッスム ニッカ
母音語幹

▶ **家族と離れて暮らせますか？**　 動「住む」＝ 살다（サールダ）

| 暮ら | ～せますか？ | | 家族と | 離れて | 暮らせますか？ |

사 ＋ -ㄹ 수 있어요? ➡ 가족과 떨어져서 살 수 있어요?
　↑　　　　　　　　　　　　カジョックァ ットロジョソ サール ス イッソ ヨ
ㄹ語幹
（語幹 살 からㄹ脱落）

▶ **一皿全部食べられます。**　 動「食べる」＝ 먹다（モクタ）

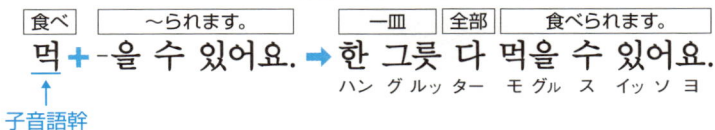

| 食べ | ～られます。 | | 一皿 | 全部 | 食べられます。 |

먹 ＋ -을 수 있어요. ➡ 한 그릇 다 먹을 수 있어요.
　↑　　　　　　　　　　　　　ハン グルッ ター モグル ス イッソ ヨ
子音語幹

参考　「～することができない」と言いたいとき

　Point②の있다（イッタ）を없다（オープタ）に置き換えて-ㄹ 수 없다（ルス オープタ）/ 을 수 없다（ウルス オープタ）とすると、「～することができない」という**不可能の意味**を表します。不可能を表す못（モッ）、-지 못하다（チ モタダ）、と同じ意味で用いられる場合もあります（⇒ Lesson 13 Point②）。

【例】　3種類の否定表現

• 運転することができません。

① -ㄹ/을 수 없다　　　　　　 운전할 수 없어요.
　　ル / ウル ス オープタ　　　　ウンジョナル ス オプソ ヨ
　　　　　　　　　　　　　　　　　　↑ ㅎの弱音化

② 못　　　　　　　　　　　　　운전 못해요.
　　モッ　　　　　　　　　　　　ウンジョン モ テ ヨ
　　　　　　　　　　　　　　　　　　　↑ 激音化

③ -지 못하다　　　　　　　　 운전하지 못해요.
　　チ モタダ　　　　　　　　　ウンジョナ ジ モ テ ヨ
　　　　　　　　　　　　　　　ㅎの弱音化 ↑　　↑ 激音化

STEP 2 まとめ

Lesson 11 ～ 20 までの学習を基に、Lesson 21 以降でさらに深く学習を進めるために重要な項目をまとめました。

▶ 用言の活用

韓国語の活用は 3 パターンあり、いわば①、②、③の**3 段活用**です。これさえわかれば怖いものなしです。活用のポイントとしくみ、そしてどんな語尾がつくのかその例を簡単に見てみましょう。

なお **STEP 3** では、この活用 ①、②、③ をもとに不規則用言の解説をしていきます。

	ポイント	活用のしくみ	語尾の例	ページ
活用①	語幹にそのままつく	語幹 + 語尾	-ㅂ니다./-습니다. ムニダ／スムニダ (～です。～ます。)	77
			-지 않다 (～しない) チ アンタ	109
			-죠. (～しましょう。) チョ	120
活用②	語幹末が母音語幹、ㄹ語幹、子音語幹(ㄹ語幹を除く)かどうかがポイント	母音語幹 + 으 のとれた語尾 ㄹ語幹(ㄹパッチム脱落)＊ + 으 のとれた語尾 子音語幹(ㄹ語幹を除く) + 으 のついた語尾	-세요./으세요. (～なさいませ。) セヨ／ウセヨ	107
			-러/으러 (～しに) ＊ ロ／ウロ	145
			-니까/으니까 (～ので) ニッカ／ウニッカ	157
活用③	母音調和する。語幹末の母音が陽母音(ㅏ, ㅗ)か陰母音(ㅏ, ㅗ以外)かがポイント	陽母音(ㅏ, ㅗ)語幹 + -아 陰母音(ㅏ, ㅗ以外)語幹 + -어	-아요./어요. (～です。～ます。) アヨ／オヨ	103
			-아 주세요./어 주세요. ア ジュセヨ／オ ジュセヨ (～してください。)	108
			-아 보다/어 보다 (～してみる) ア ボダ／オ ボダ	115

本書で出てくる語尾はステップ 3 のまとめのページを参照してください。

＊次に続く語尾によってㄹパッチムが脱落しない場合もあります (→ Lesson 22 Point ①)

▶ 尊敬の意味を表す単語

韓国語の場合、体言や用言のほか助詞にも尊敬表現があるのが特徴です。

動詞・存在詞	尊敬表現
먹다 (食べる) モクタ	드시다, 잡수다, トゥシダ チャプスダ 잡수시다 (召し上がる) チャプスシダ
마시다 (飲む) マシダ	
자다 (寝る) チャダ	주무시다 (お休みになる) チュムシダ
있다 (いる) イッタ	계시다 (いらっしゃる) ケーシダ

名詞	尊敬表現
집 (家) チプ	댁 (お宅) テク
말 (話) マール	말씀 (お話) マールスム
나이 (歳) ナイ	연세 (お歳) ヨンセ
생일 (誕生日) センイル	생신 (お誕生日) センシン
사람 (人) サーラム	분 (方) プン

助詞		尊敬表現
～が	～가/이 ガ／イ	～께서 ッケソ
～は	～는/은 ヌン／ウン	～께서는 ッケソヌン
～(人)に	～에게 エゲ	～께 ッケ

▶ 語幹 -기 形容詞「～するのが」を使った表現

Lesson14 Point ③(133 ページ)で「語幹 -기 形容詞」という形で -기 좋다(キ チョータ)「～しやすい。」「～するのがよい。」という表現を紹介しました。形容詞の部分を変えると、次のようなさまざまな表現ができます。

	～しやすい、 ～するのが易しい	～しにくい、 ～するのが難しい	～するのが大変だ	～するのが楽だ
辞書形	-기 쉽다 キ シュィープタ (ㅂ変則用言)	-기 어렵다 キ オリョプタ (ㅂ変則用言)	-기 힘들다 キ ヒムドゥルダ (ㄹ語幹)	-기 편하다 キ ピョナダ (하変則用言)
丁寧で うちとけた文体 (-아요/어요)	しやすいです。 하기 쉬워요. ハギ シュィーウォヨ	するのが難しいです。 하기 어려워요. ハギ オリョウォヨ	するのが大変です。 하기 힘들어요. ハギ ヒムドゥロヨ	するのが楽です。 하기 편해요. ハギ ピョネヨ

STEP 3 Lesson 21

DISC 2 08～11

불편한 건 없었어요?
プル ピョ ナン ゴン オプ ソッ ソ ヨ

困ったことはありませんでしたか？

学習内容
- 現在連体形の語尾③－形容詞、指定詞
- 原因・理由を表す③「〜して」「〜なので」
- 用言の名詞化

■ 再会（サンウさんの一時帰国） DISC 2 08

サンウ：후유키 씨, 오래간만이네요.
フ ユ キ ッシ オ レ ガン マ ニ ネ ヨ

冬木さん、久しぶりですね。

불편한① 건 없었어요?
プルピョナン ゴン オプソッ ソ ヨ

困ったことはありませんでしたか？

冬木：지현 씨가 잘 안내해 줘서②
チヒョン ッシガ チャル アンネ ヘ ジョソ

チヒョンさんがよく案内してくれたので、

전혀 불편함을③ 못 느꼈는데요.
チョニョ プルピョナム ル モン ヌッキョンヌンデヨ

全く不便(←不便さ)を感じませんでしたが。

サンウ：우리 지현이는 얼굴도 예쁘고 착해요.
ウ リ チ ヒョ ニヌン オルグル ド イェーップゴ チャケ ヨ

うちのチヒョンは美人で気立てもいいんですよ。

■ 単語

【오래간만이네요.】 お久しぶりですね。 発音は連音化して[오래간마니네요]（オレガンマニネヨ）。오래간만（オレガンマン）は「久しぶり」。〜이네요.(詠嘆) ⇒ Lesson 11 Point③

【불편한〜】 困った〜、不便な〜 発音はㅎが弱音化して[불펴난]（プルピョナン〜）〈辞書形〉불편하다（プルピョナダ）「不便だ」 －ㄴは形容詞の現在連体形の語尾 ⇒ Point①

【건】 ことは 것은(コスン)の縮約形

【안내해 줘서】 案内してくれたので 〈辞書形〉안내하다（アンネハダ）「案内する」 －아/어 주다（ア/オ ジュダ）は「〜してくれる」。줘서（チョソ）は주어서（チュオソ）の縮約形。-어서は「〜なので」（理由） ⇒ Point②

【전혀】 全く（〜ない） 発音はㅎの弱音化により[저녀]（チョニョ）。

【불편함】 不便さ 発音はㅎの弱音化で[불펴남]（プ

ルピョナム）〈辞書形〉불편하다（プルピョナダ）「不便だ」 －ㅁがついて名詞化 ⇒ Point③

【못 느꼈는데요.】 感じませんでしたが。 発音は鼻音化して[몬 느껀는데요]（モン ヌッキョンヌンデヨ）〈辞書形〉느끼다（ヌッキダ）「感じる」 못(モッ)（不可能）Lesson 13 Point② －는데요（婉曲）⇒ Lesson 18 Point②

【지현이】 チヒョン 이(イ)は子音（パッチム）で終わる名前のあとにつけて語調を整える語で、名前の一部のように使われる。親しい間柄で呼びかけるときは아(ア)をつける。

【얼굴】 顔

【예쁘고】 きれいで 〈辞書形〉예쁘다（イェーップダ）「きれいだ」

【착해요.】 気立てがいいです、人柄がいいです。 発音は激音化して[차캐요]（チャケヨ）〈辞書形〉착하다（チャカダ）「善良だ、心根が良い」

168

Point ❶ 現在連体形の語尾③―形容詞、指定詞

「～な～」「～である～」 －ㄴ/－은
　　　　　　　　　　　　　　ン　　ウン

▶「大きな魚」の「～な～」のように、形容詞、指定詞の現在連体形をつくる語尾です。動詞の現在連体形（⇒ Lesson 17 Point②）、存在詞の現在連体形（⇒ Lesson 18 Point①）とは形が異なるので注意してください。

▶語幹末が母音、ㄹパッチム、その他の子音（パッチム）のどれで終わるかによって、つく形が決まります。

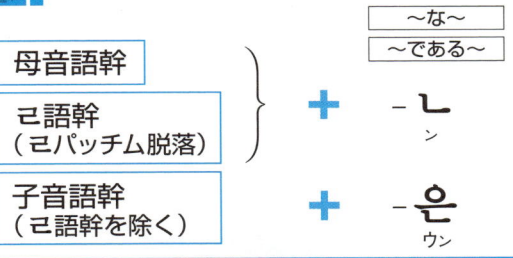

しくみの基本

母音語幹		～な～ / ～である～
ㄹ語幹（ㄹパッチム脱落）	＋	－ㄴ (ン)
子音語幹（ㄹ語幹を除く）	＋	－은 (ウン)

例文　DISC 2 / 09

▶私はチェ・ヨンジュンの熱烈なファンです。

形「熱烈だ」 = 열렬하다（ヨルリョラダ）

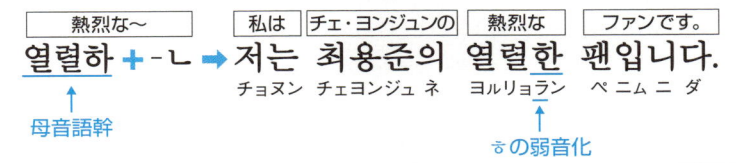

열렬하 ＋ －ㄴ ➡ 저는 최용준의 열렬한 팬입니다.
　↑　　　　　　　チョヌン　チェヨンジュネ　ヨルリョラン　ペニムニダ
母音語幹　　　　　　　　　　　　　　　　　　　　　　　　ㅎの弱音化

熱烈な～ ／ 私は ／ チェ・ヨンジュンの ／ 熱烈な ／ ファンです。

▶お父さんは甘いお菓子が好きです。　形「甘い」 = 달다（タルダ）

甘い～
다 ＋ －ㄴ ➡ 아버지는 단 과자를 좋아해요.
　　　　　　　　　ア ボ ジ ヌン　タン　クァジャルル　チョーアヘ ヨ
ㄹ語幹
（語幹 달 からㄹ脱落）

お父さんは ／ 甘い ／ お菓子が ／ 好きです。

좋아하다（チョーアハダ）「好む」の場合、助詞は를（ルル）/을（ウル）「～を」がくる

STEP 3　169

▶ヘジョンさんは良い人です。　形「良い」＝ 좋다（チョータ）

良い～
좋 ＋ -은
↑子音語幹

➡

ヘジョン	さんは	良い	人です。
혜정	언니*는	좋은	사람이에요.
ヘジョン	オンニヌン	チョウン	サーラ ミ エヨ

＊언니（妹からみて「お姉さん」）は「～さん、先輩」の意味でも用いられます。

▶雑誌記者である冬木さんは、いつも忙しいです。　指「雑誌記者だ」＝ 잡지기자이다（チャプチキジャイダ）

雑誌記者である～
잡지기자이 ＋ -ㄴ
↑母音語幹

➡

雑誌記者である	冬木	さんは	いつも	忙しいです。
잡지기자인	후유키	씨는	늘	바쁩니다.
チャプチキジャイン	フユキ	ッシヌン	ヌル	パップニダ

▶関係者ではない人は中に入れません。　指「～でない」＝ 아니다（アニダ）

～でない～
아니 ＋ -ㄴ
↑母音語幹

➡

関係者では	ない	人は	中に	入れません。
관계자가	아닌	사람은	안에	못 들어가요.
クァンゲジャガ	アニン	サーラムン	アネ	モットゥロガヨ

Point ❷　原因、理由を表す表現③
「～して」「～なので」 −아서／어서
　　　　　　　　　　　　　アソ　オソ

▶用言の語幹について、後続することがらの原因や理由・根拠を示します。
▶文章の内容が過去の事実を表す場合でも、−아서（アソ）／어서（オソ）の前では過去形の語尾 −았（アッ）／었（オッ）− は用いません。時制を示すときは後続の文で表します。また、−니까（ニッカ）／으니까（ウニッカ）のように、後続の文に命令形や勧誘形がくることはありません（⇒ Lesson 19 Point①）。
▶この他に、動作の先行を表す用法があります（⇒ Lesson 19 Point②）。

しくみの基本

		～して ～(な)ので
陽母音（ㅏ, ㅗ）語幹	＋	−아서 アソ
陰母音（ㅏ, ㅗ以外）語幹	＋	−어서 オソ

例文 🎧 DISC 2 / 10

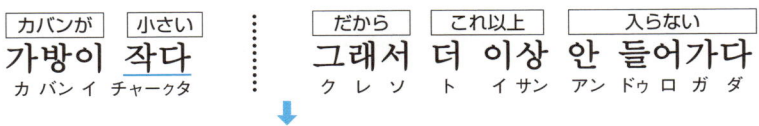

▶ カバンが小さいので、これ以上入りません。　形「小さい」= 작다 (チャークタ)

カバンが	小さい		だから	これ以上	入らない
가방이	작다		그래서	더 이상	안 들어가다
カバンイ	チャークタ		クレソ	ト イサン	アン ドゥロガダ

カバンが	小さいので	これ以上	入りません。
가방이	작아서	더 이상	안 들어가요.
カバンイ	チャガソ	ト イサン	アン ドゥロガヨ

↑陽母音

▶ 先生に会いたかったので来ました。　動「会う」= 만나다 (マンナダ)

先生に	会いたかった	だから	来た
선생님을	만나고 싶었다	그래서	왔다
ソンセン ニムル	マンナゴ シポッタ	クレソ	ワッタ

過去を表す –았– ↑

先生に	会いたかったので	来ました。
선생님을	만나고 싶어서	왔습니다.
ソンセン ニムル	マンナゴ シポソ	ワッスムニダ

陰母音 ↑　－아서/어서の前に過去形の語尾–았/었–はこない

Point ③　用言の名詞化
「〜すること」「〜であること」　－ㅁ／－음
　　　　　　　　　　　　　　　　　　ム　　　ウム

▶ 用言の語幹について、「〜すること」という意味の名詞をつくる語尾です。
▶ 公告文や文書などに用いられる用法です。
▶ 母音語幹には －ㅁ が、子音語幹には －음 がつきます。
▶ 単語によっては、기쁨（喜び）、웃음（笑い）などのように名詞として定着しているものもあります。その他、–기（キ）、–이（イ）、–개（ケ）など、他の語尾をつけて名詞化することもあります（⇒ 173 ページ）。

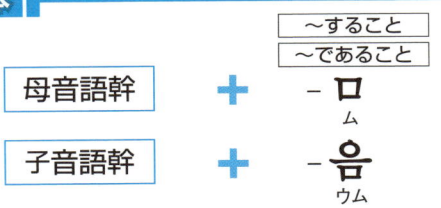

しくみの基本

母音語幹	＋	－ㅁ（ム）　〜すること／〜であること
子音語幹	＋	－음（ウム）

STEP 3　171

● 名詞化の例

母音語幹：語幹＋-ㅁ		子音語幹：語幹＋-음	
辞書形	名詞化	辞書形	名詞化
「する」動 하다 ハダ	「する(こと)」 함 ハム	「笑う」動 웃다 ウーッタ	「笑い」 웃음 ウスム
「うれしい」形 기쁘다 キップダ	「喜び」 기쁨 キップム	「若い」形 젊다 チョームタ	「若さ」 젊음 チョルムム
「～である」指 ～이다 イダ	「～である(こと)」 ～임 イム	「ある/いる」存 있다 イッタ	「あり、おり」 있음 イッスム
「～でない」指 ～아니다 アニダ	「～でない(こと)」 ～아님 アニム	「ない/いない」存 없다 オープタ	「なし、おらず」 없음 オプスム

例文　DISC 2 / 11

公告文や文書などで用いられるもの

▶本校の学生であることを証明す。

指「学生だ」＝ 학생이다（ハクセンイダ）

動「証明する」＝ 증명하다（チュンミョンハダ）

[学生である] 학생이 ＋ [～こと] -ㅁ

[証明する] 증명하 ＋ [～こと] -ㅁ

↓

[本校(の)] [学生であることを] [証明す。]
본교 학생임을 증명함.
ポンギョ ハクセン イムル チュンミョンハム

名詞として定着しているもの

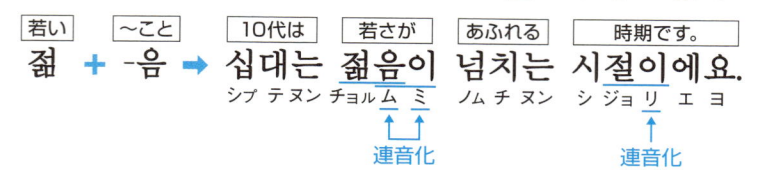

▶10代は若さあふれるとき(←時期)です。　形「若い」＝ 젊다（チョームタ）

[若い] 젊 ＋ [～こと] -음 → [10代は] 십대는 [若さが] 젊음이 [あふれる] 넘치는 [時期です。] 시절이에요.
シプ テヌン チョルムミ ノムチヌン シジョリ エヨ

連音化　　連音化

参考　-기(キ)、-이(イ)、-개(ケ)を用いた名詞化

用言の語幹に-기(キ)や-이(イ)、-개(ケ)をつけても、「〜すること」という意味の名詞をつくることができます。ただし、-이や-개は用言を選びます。どの用言にでもつくわけではありません。

【例】
- 大きさはどれくらいですか？

| 大きい | 〜こと | | 大きさは | どの | くらいですか？ |

크 ＋ -기 ➡ 크기는 어느 정도예요?
　　　　　　　クギヌン　オヌ　チョンドエヨ

- その言葉には深みがありますね。

| 深い | 〜こと | | その | 言葉(に)は | 深みが | ありますね。 |

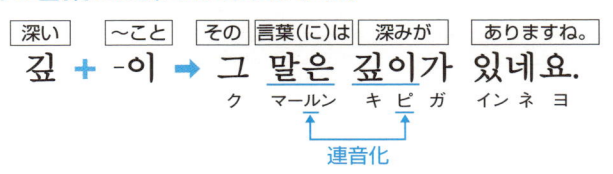

깊 ＋ -이 ➡ 그 말은 깊이가 있네요.
　　　　　　ク　マールン　キピガ　インネヨ
　　　　　　　　　　　　連音化

●用言の名詞化の一例

-기(キ)		-이(イ)		-개(ケ)	
辞書形	名詞化	辞書形	名詞化	辞書形	名詞化
「聞く」 듣다 トゥッタ	「聞き取り」 듣기 トゥッキ	「焼く」 굽다 クープタ	「焼き」 구이 クイ	「消す」 지우다 チウダ	「消しゴム」 지우개 チウゲ
「読む」 읽다 イクタ	「読解」 읽기 イルキ	「高い」 높다 ノプタ	「高さ」 높이 ノピ	「歯をほじる」 이쑤시다 イッスシダ	「楊枝」 이쑤시개 イッスシゲ
「書く」 쓰다 ッスダ	「書き取り」 쓰기 ッスギ	「広い」 넓다 ノルタ	「広さ」 넓이 ノルビ	「枕にする」 베다 ペーダ	「枕」 베개 ペゲ
「大きい」 크다 クダ	「大きさ」 크기 クギ	「深い」 깊다 キプタ	「深み」 깊이 キピ	「ビンの栓を抜く」 병따다 ピョンッタダ	「栓抜き」 병따개 ピョンッタゲ

第2章　文法マスター30　Lesson 21　困ったことはありませんでしたか？

STEP 3

STEP 3 Lesson 22

내일 날씨가 괜찮을까요?
ネイル ナルッシ ガ クェンチャ ヌルッカ ヨ

明日の天気は大丈夫でしょうか？

DISC 2 12〜15

学習内容
- ㄹ語幹用言の活用
- 推量、相手の意向を問う「〜でしょうか?」「〜しましょうか?」
- 推量、意志を表す「〜だろう」「〜だと思う」「〜(する)つもりだ」

■ **明日の約束をする**　　DISC 2 / 12

冬木：내일 날씨가 괜찮을까요?②
　　　ネイル ナルッシ ガ クェンチャ ヌルッカ ヨ

明日の天気は大丈夫でしょうか？

チヒョン：좋을 거예요.③
　　　　　チョーウル ッコ エ ヨ

いいと思います。(←いいでしょう。)

내일 아침 몇 시에 출발할까요?②
ネイル アチム ミョッ シ エ チュルバ ラルッカ ヨ

明朝、何時に出発しましょうか？

冬木：강릉까지 멀어요?
　　　カンヌンッカ ジ　モ ロ ヨ

江陵（カンヌン）まで遠いですか？

チヒョン：네, 머니까 일찍 출발하죠.①
　　　　　ネー モー ニッカ イルッチク チュルバ ラ ジョ

ええ、遠いので早く出かけましょう。

単語

【날씨】天気
【괜찮을까요?】大丈夫でしょうか？　発音は連音化とㅎの無音化により［괜차늘까요］（クェンチャヌルッカヨ）〈辞書形〉괜찮다（クェンチャンタ）「大丈夫だ」　-을까요?（ウルッカヨ）は「〜でしょうか」(推量) ⇒ Point②
【좋을 거예요.】いいでしょう。　発音はㅎの無音化と濃音化により［조을 꺼에요］（チョウル ッコエヨ）〈辞書形〉좋다（チョータ）「良い」　-을 거예요（ウル ッコエヨ）は「〜でしょう」(推量) ⇒ Point③
【아침】朝、朝ご飯

【출발할까요?】出発しましょうか？　発音はㅎが弱音化して［출바할까요］（チュルバラルッカヨ）〈辞書形〉출발하다（チュルバラダ）「出発する」　-ㄹ까요?は「〜しましょうか」と相手の意向を問う表現 ⇒ Point②
【멀어요?】遠いですか？　発音は連音化して［머러요］（モロヨ）〈辞書形〉멀다（モールダ）「遠い〈ㄹ語幹〉」
【머니까】遠いので　〈辞書形〉멀다（モールダ）「遠い」　-니까（ニッカ）「〜なので」(理由) の前でㄹパッチムが脱落 ⇒ Point①
【일찍】早く

Point ① ㄹ語幹用言の活用

ㄹ語幹用言
リウル

▶ 멀다（モールダ）「遠い」のように、語幹末のパッチムがㄹ(リウル)の用言を、他の子音語幹とは区別して特別に**ㄹ語幹用言**と呼びます。他の子音語幹と活用が違うので、注意が必要です。

▶ ㄹ語幹の用言は基本的には規則活用をしますが、次に続く語尾が-세요（セヨ）「〜してください」、-ㅂ니다（ムニダ）「〜です」「ます」、-ㄹ까요？（ルッカヨ）「〜しましょうか？」、-니까（ニッカ）「〜なので」などのように、ㅅ[s]、ㅂ[p]、ㅗ[o]、ㄹ[r]、ㄴ[n]で始まる場合、語幹末のㄹパッチムは脱落します。ㄹ語幹の ㄹ脱落を起こす語尾の子音を並べて、SPO（R）N（スポーン）といっきにおぼえてしまいましょう。

▶ ただし、ㄹで始まる語尾のうち、-려고 하다（リョゴ ハダ）「〜するつもりだ」など初声がㄹで始まる場合は、語幹末のㄹパッチムは脱落しません。

しくみの基本

S, P, O, (R), N

ㄹ語幹 ＋ ㅅ, ㅂ, ㅗ, (ㄹ,) ㄴ ではじまる語尾
　　⬆ パッチムのㄹは 脱落

MEMO

● -오について

主に中年以上の男性が夫婦間や同年輩の間柄のような同等の立場で用いる語尾で、軽い敬意を表す文体をつくります。目下に使う場合もあります。時代劇のセリフなどで出てくることもありますが、現代でも手紙など、書き言葉として用いられます。

【例】・機嫌を直してください。（←怒りを解いてください。）

怒りを　解いてください。
화를　푸오.
ファールル　プ オ

ㄹ語幹
（語幹 풀 からㄹ脱落）

STEP 3

例 文 DISC 2 / 13

ㄹが脱落する場合

▶ ご両親は、どちらにお住まいですか？　動「住む」= 살다（サールダ）

[住んで] 사 + [いらっしゃいますか？] -세요？　→　[ご両親は] 부모님은　[どこに] 어디　[お住まいですか？] 사세요？
↑ [S]
プ モ ニ ムン　オ ディ　サー セ ヨ

語幹 살 から ㄹ脱落

▶ 私はソ・ユギョンさんを知っています。　動「知る」= 알다（アールダ）

[知って] 아 + [います。] -ㅂ니다　→　[私は] 저는　[ソ・ユギョン] 서유경　[さんを] 씨를　[知っています。] 압니다.
↑ [P]
チョヌン　ソ ユギョンッシルル　アームニダ

語幹 알 から ㄹ脱落

▶ トッポッキ*でも作りましょうか？　動「作る」= 만들다（マンドゥルダ）

[作り] 만드 + [〜ましょうか] -ㄹ까요？　→　[トッポッキでも] 떡볶이라도　[作りましょうか？] 만들까요？
↑ [R]パッチム
トッポッキ ラ ド　マンドゥルッカヨ

語幹 만들 から ㄹ脱落

*トッポッキとは円筒形の細長い餅に肉、野菜、唐辛子などで甘辛く炒めた料理

▶ 遠いので、飛行機で行きます。　形「遠い」= 멀다（モールダ）

[遠い] 머 + [〜ので] -니까　→　[遠いので] 머니까　[飛行機で] 비행기로　[行きます。] 가요.
↑ [N]
モーニッカ　ピヘンギ ロ　ガ ヨ

語幹 멀 から ㄹ脱落

ㄹが脱落しない場合

▶ 韓国で暮らそうと思います。　動「住む」= 살다（サールダ）

[暮ら] 살 + [そうと思います。] -려고 해요.　→　[韓国で] 한국에서　[暮らそうと] 살려고　[思います。] 해요.
↑ 初声がㄹ[R]
ハーングゲソ　サールリョゴ　ヘ ヨ

ㄹ語幹（ㄹパッチム脱落せず）

176

Point ❷ 推量、相手の意向を問う表現

「〜でしょうか?」「〜しましょうか?」 −ㄹ까요?/을까요?
ルッカヨ　ウルッカヨ

▶ 動詞の語幹について、推量を表したり、話し手の意志を相手にたずねたりするときに用います。主語が3人称(「彼、彼女」など)のときは推量を表します。
▶ 語幹末が母音、ㄹパッチム、その他の子音(パッチム)のどれで終わるかによって、つく形が決まります。

しくみの基本

母音語幹		〜でしょうか?
ㄹ語幹(ㄹパッチム脱落)	＋	−ㄹ까요? 〜しましょうか?
		ルッカヨ
子音語幹(ㄹ語幹を除く)	＋	−을까요?
		ウルッカヨ

例文　DISC 2 / 14

推量

▶ デパートは明日営業するでしょうか?（←扉を開けるでしょうか?）

　　　　　　　　　　　　　　　　　　　動「開ける」 ＝ 열다 (ヨールダ)

| 開ける | 〜でしょうか? | デパートは | 明日 | 扉(を) | 開けるでしょうか? |

여 ＋ −ㄹ까요? ➡ 백화점은 내일 문 열까요?
　　　　　　　　　ペクァジョムン　ネイル　ムン　ヨールッカヨ

ㄹ語幹(語幹 열 からㄹ脱落)　　　主語は「デパート」＝3人称

相手の意向を問う

▶ お茶でも飲みましょうか?　　動「飲む」 ＝ 마시다 (マシダ)

| 飲み | 〜しましょうか? | お茶でも | 飲みましょうか? |

마시 ＋ −ㄹ까요? ➡ 차라도 마실까요?
　　　　　　　　　　チャラド　マシルッカヨ
↑母音語幹

▶ ドアを閉めましょうか?　　動「閉める」 ＝ 닫다 (タッタ)

| 閉め | 〜しましょうか? | ドアを | 閉めましょうか? |

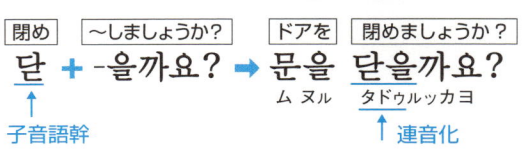

닫 ＋ −을까요? ➡ 문을 닫을까요?
　　　　　　　　　ムヌル　タドゥルッカヨ
↑子音語幹　　　　　　　　↑連音化

Point ③ 推量、自分の意志を表す表現
「〜だろう」「〜だと思う」「〜(する)つもりだ」 －ㄹ 것이다／을 것이다
（ルッコシダ　ウルッコシダ）

▶ 用言の語幹について、主語が1人称（私／僕など）2人称（あなたなど）の場合は意志を表し、主語が3人称（彼／彼女など）の場合は推量を表します。また、形容詞、指定詞、そして用言の過去形に続くときは推量を表します。

▶ 語幹末が母音、ㄹパッチム、その他の子音（パッチム）のどれで終わるかによって、つく形が決まります。

▶ なお、-ㄹ（ル）／을（ウル）- は、まだ実現していない未来の出来事を表す未来連体形をつくる語尾です（⇒ Lesson 24 Point②）。

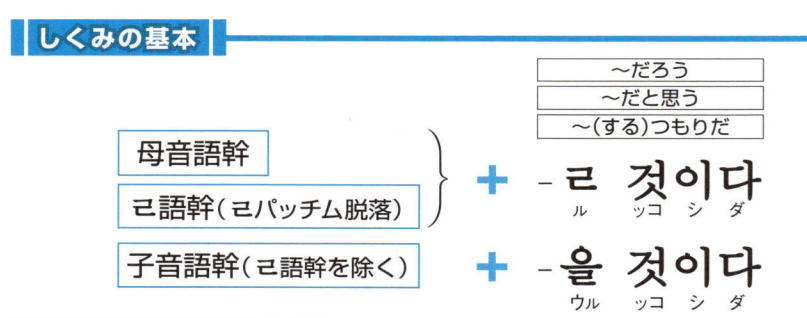

しくみの基本

～だろう
～だと思う
～(する)つもりだ

母音語幹
ㄹ語幹（ㄹパッチム脱落）
＋ -ㄹ 것이다
（ルッコシダ）

子音語幹（ㄹ語幹を除く）
＋ -을 것이다
（ウルッコシダ）

● 文末表現による語尾変化

基本の形	-ㄹ／을 것이다 ル　ウルッコシダ	-ㄹ／을 거다 ル　ウルッコダ	～だろう ～(する)つもりだ
丁寧で堅い文体 (-ㅂ니다／습니다) ムニダ／スムニダ	-ㄹ／을 것입니다． ル　ウルッコシムニダ	-ㄹ／을 겁니다． ル　ウルッコムニダ	～でしょう。 ～するつもりです。
丁寧でうちとけた文体 (-아요／어요) アヨ／オヨ	-ㄹ／을 것이에요． ル　ウルッコシエヨ	-ㄹ／을 거예요． ル　ウルッコエヨ	

※ 거(コ)は것(コッ)の縮約形で、話し言葉でよく使われます。

例文 🎧 DISC 2 / 15

意志

▶ 日曜日に何をするつもりですか？　動「する」= 하다 (ハダ)

する	～つもりですか？
하 +-ㄹ 겁니까?	→ 일요일에 뭐 할 겁니까?

イリョイレ　ムォ　ハル　ッコムニッカ

↑ 母音語幹　　主語は「あなた」= 2人称

▶ 休暇のときは思いきり遊ぶつもりです。　動「遊ぶ」= 놀다 (ノールダ)

노 +-ㄹ 거예요. → 휴가 때는 마음껏 놀 거예요.

ヒューガ　ッテヌン　マウムッコン　ノル　ッコ エ ヨ

↑ ㄹ語幹（語幹 놀 からㄹ脱落）　主語は「私」= 1人称　鼻音化 [t]→[n]

推量

▶ 彼ならうまくやり遂げるでしょう。　動「やり遂げる」= 해내다 (ヘーネダ)

해내 +-ㄹ 거예요. → 그 사람이면 잘 해낼 거예요.

ク　サラミミョン　チャレ　ネル　ッコ エ ヨ

↑ 母音語幹　主語は「彼」= 3人称　↑ ㅎの弱音化

▶ 海風はさわやかでしょう。（←海風がさわやかでしょう。）

形「さわやかだ」= 시원하다 (シウォナダ)

시원하 +-ㄹ 거예요. → 바닷 바람이 시원할 거예요.

パダッ　パラミ　シウォナル　ッコ エ ヨ

↑ 母音語幹　　↑ ㅎの弱音化

▶ 書店に行けば手帳もあるでしょう。　存「ある」= 있다 (イッタ)

있 +-을 거예요. → 서점에 가면 수첩도 있을 거예요.

ソジョメ　カミョン　スチョプト　イッスル　ッコ エ ヨ

↑ 子音語幹

▶ 飛行機はすでに到着したはずです。（←でしょう。）

動「到着する」= 도착하다 (トーチャカダ)

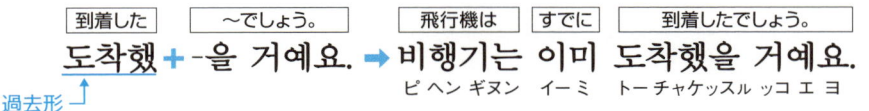

도착했 +-을 거예요. → 비행기는 이미 도착했을 거예요.

ピヘンギヌン　イーミ　トーチャケッスル　ッコ エ ヨ

↑ 過去形

第2章　文法マスター30　Lesson 22　明日の天気は大丈夫でしょうか？

STEP 3　179

STEP 3

Lesson 23

우리 집에서 하는 게 어때요?
ウリ ジベソ ハヌンゲ オッテヨ

うちでとるのはどうですか？

DISC 2 16〜19

学習内容
- ㅎ変則用言
- ㅂ変則用言
- 過去連体形の語尾①－動詞

■ 夕食に招待する

DISC 2 16

サンウ： 오늘 저녁은 우리 집에서 하는 게 어때요?①
オヌル チョニョグン ウリ ジベソ ハヌンゲ オッテヨ

今日の夕飯はうちでとるのはどうですか？

어머님이 후유키 씨를 생각해서
オモニミ フユキ ッシルル センガケソ

母が冬木さんのことを考えて、

많이 준비하셨어요.
マーニ ジュンビ ハショッソ ヨ

たくさん準備したんですよ。

冬木： 정말요? 너무 고마워요.②
チョーンマルリョ ノム コマウォヨ

本当ですか。どうもありがとうございます。

그건 그렇고…, 형,
クゴン クロコ ヒョン

それはそうと…、先輩、

우리 만난 지 오래 됐으니까, 말 놓으세요.③
ウリ マンナン ジ オレ デッス ニッカ マール ノウセヨ

私たち知り合って長くなるんですから、パンマル(←くだけた言い方)にしてくださいよ。

単語

【오늘】今日

【어때요?】どうですか？ 〈辞書形〉어떻다(オットタ)「どうだ」〈ㅎ変則〉⇒Point①

【어머님】母、お母様　発音は[n]の音が挿入されて[언님](オモンニム)となることもある(⇒ 126 ページ)

【생각해서】考えて　発音は激音化して[생가캐서](センガケソ) 〈辞書形〉생각하다「考える」(センガカダ)

【많이】たくさん　発音は連音化とㅎの無音化により[마니](マーニ)

【준비하셨어요】準備なさいました。発音は連音化して[준비하셔써요](チュンビハショッソヨ) 〈辞書形〉준비하다(チュンビハダ)「準備する」

【정말요?】本当ですか?　発音は[n]の挿入と流音化により[정말료](チョンマルリョ)

【고마워요.】ありがとうございます。〈辞書形〉고맙다(コマプタ)「ありがたい」〈ㅂ変則〉⇒Point②

【그건 그렇고】それはそうと　発音は激音化して[그건 그러코](クゴン クロコ)⇒Point①

【만난 지】会ってから　〈辞書形〉만나다(マンナダ)「会う」 －ㄴ 지は「～してから、～して以来」、－ㄴ(ㄴ)は動詞の過去連体形の語尾⇒Point③

【오래 됐으니까】長くなったのだから　発音は連音化して[오래 됐쓰니까](オレ デッスニッカ)〈辞書形〉되다(トェダ)

【말 놓으세요.】くだけた言い方にしてください。発音はㅎが無音化して[말 노으세요](マール ノウセヨ) 〈辞書形〉놓다(ノタ)「置く」　말 놓다で(マール ノタ)で「ぞんざいな言葉づかいにする」　パンマル⇒Lesson 24 Point③

Point ❶

ㅎ変則用言
ヒウッ

▶ 語幹末のパッチムが ㅎ の形容詞は、좋다(チョータ)「良い」以外すべて不規則な活用をします。これらの活用を ㅎ 変則用言といいます。
▶ ㅎ 変則用言は、活用②と活用③で不規則な活用をします(下の表を参照)。
▶ 活用②のときは、語幹末の ㅎ がとれ、さらに語尾のはじまりの -으- もなくなります(つまり母音語幹につく語尾がきます)。
▶ 活用③のときには、-아(ア)/어(オ)で始まる語尾の前で、パッチムの ㅎ がとれて、さらに語幹末の母音が -아/어 と一体化して ㅐ(エ)になり、-아(ア)/어(オ)がとれた語尾がつきます。
▶ 用言の活用を3パターン(⇒ 166ページ)に分けて、活用の違いを次の表で見てみましょう。

● ㅎ 変則用言のしくみ

活用の種類	活用のようす(語幹末の文字の変化)	語尾のつき方	<辞書形> 까맣다「黒い」ッカーマタ
活用①	ㅎ + 語尾(変化せずにそのまま続く)	「黒いでしょう?」 까맣죠? ッカーマチョ	語尾がそのままついている
活用②	ㅎ%（とれる）+ -으- がとれた語尾	「黒いスカート」 까만 치마 ッカーマンチマ	現在連体形をつくる語尾은の으がとれて、語幹のパッチムとなって接続
活用③	ㅎ%（とれる）母音が変化 ㅐ + -아/어 がとれた語尾	「黒いです。」 까매요. ッカーメヨ	-아요./어요.の아/어がとれた形

▶活用の基本をまとめると次のようになります。

活用の基本

活用 ①	<語幹にそのまま語尾が続くとき>	語幹変化なし（ㅎパッチムあり）	＋	語尾
活用 ②	<-으-で始まる語尾が続くとき>	語幹からㅎパッチム脱落	＋	-으- がとれた語尾（= 母音語幹につく語尾）
活用 ③	<-아/어で始まる語尾が続くとき>	語幹末の母音→ㅐㅎパッチム脱落	＋	-아/어がとれた語尾

例文　DISC 2 / 17

活用①

▶それはそうと…。　形「そうだ」= 그렇다（クロタ）

そう	～して		それは	そうで
그렇	＋ -고	➡	그건 그렇고…
			クゴン クロコ

活用②

▶赤い靴を買いました。　形「赤い」= 빨갛다（ッパルガタ）

赤い～			赤い	靴を	買いました。
빨가	＋ -ㄴ	➡	빨간 구두를 샀습니다.
			ッパルガン クドゥルル サッスムニダ

語幹 빨갛 からㅎパッチム脱落

形容詞の現在連体形の語尾。母音語幹につく

活用③

▶明日、時間はどうですか？　形「どうだ」= 어떻다（オットタ）

どう	～ですか？				明日	時間は	どうですか？
어떠	＋ -어요?	➡	어때	＋ -요	➡	내일 시간이 어때요?
					ネイル シガニ オッテヨ

語幹 어떻 からㅎパッチム脱落

語幹末の母音が-아/어と一体化して、母音ㅐに変化

| 参 考 | 語幹末の母音が야(ヤ)、여(ヨ)のㅎ変則の例外 |

■ 語幹末の母音がㅑ(ヤ)、ㅕ(ヨ)の場合、活用③のときには母音がㅐ(エ)とならず、ㅑ(ヤ)→ㅒ(イェ)、ㅕ(ヨ)→ㅖ(イェ)となります。

「白い」
하얗다　⇒　하얘요.
ハーヤタ　　　ハーイェヨ

「ほの白い」
부옇다　⇒　부예요.　※부얘요.(プーイェヨ)と
プーヨタ　　　プーイェヨ　　表記されることもあります。

Point ❷

ㅂ変則用言
ピウプ

▶ 고맙다(コーマプタ)「ありがたい」のように、語幹がㅂ(ピウプ)パッチムで終わる形容詞の大部分と動詞の一部には、不規則な活用をするものがあり、これをㅂ変則用言(ピウプへんそくようげん)といいます。

▶ ㅂ変則用言は、活用②と活用③で不規則な活用をします(下の表を参照)。

▶ 活用②のときはㅂパッチムが우(ウ)に変化し、-으(ウ)-がとれた語尾がつきます。

▶ 活用③のときはㅂパッチムが우(ウ)に変化し、それが-아/어と一体化して워(ウォ)という形になり、-아/어がとれた語尾がつきます。

● ㅂ変則用言のしくみ

活用の種類	活用のようす(語幹末の文字の変化)	語尾のつき方	<辞書形> 귀엽다「かわいい」 クィーヨプタ
活用①	ㅂ ＋ 語尾 (変化せずにそのまま続く)	「かわいいでしょう?」 귀엽죠? クィーヨプチョ	語尾がそのままついている
活用②	ㅂ(とれる) 우(代わりにつく) ＋ -으-がとれた語尾	「かわいい子ども」 귀여운 아이 クィーヨウン アイ	現在連体形をつくる語尾은の으がとれて、語幹のパッチムとなって接続
活用③	ㅂ(とれる) 워(우と-어が一体化) ＋ -아/어がとれた語尾	「かわいいです。」 귀여워요. クィーヨ ウォヨ	-아요./어요.の아/어がとれた形

STEP 3　183

▶活用の基本をまとめると次のようになります。

活用の基本

活用①	<語幹にそのまま語尾が続くとき>	語幹変化なし（ㅂパッチムあり）	＋	語尾
活用②	<-으-で始まる語尾が続くとき>	語幹のㅂパッチムが우に変化	＋	-으- がとれた語尾（＝母音語幹につく語尾）
活用③	<-아/어で始まる語尾が続くとき>	語幹のㅂパッチムが워に変化	＋	-아/어がとれた語尾

例文 DISC 2 / 18

活用①

▶夕焼けが美しいです。　形「美しい」＝ 아름답다（アルムダプタ）

[美しい] 아름답 ＋ [〜です。] -습니다. ➡ [夕焼けが][美しいです。] 저녁노을이 아름답습니다.
チョニョンノウリ　アルムダプスムニダ
↑ 鼻音化 [k]→[ŋ]

活用②

▶うれしい便りがきました。　形「うれしい」＝ 반갑다（パンガプタ）

[うれしい] 반가우 ＋ -ㄴ ➡ [うれしい][便りが][きました。] 반가운 소식이 왔어요.
パンガウン　ソシギ　ワッソヨ

（語幹末 반갑 のㅂパッチムが우に変化）
（形容詞の現在連体形の語尾。母音語幹につく）

活用③

▶オンドル*でないので、寒くてたまりません。（←死にそうです。）

形「寒い」＝ 춥다（チュプタ）

[寒く] 추우 ＋ [て] -어 ➡ 추워 ➡ [オンドルでは][ないので][寒くて][死にそうです。] 온돌이 아니라서 추워 죽겠어요.
オンドリ　アニラソ　チュウォ　チュッケッソヨ

（語幹末 춥 のㅂパッチムが우に変化）

＊オンドルは韓国式の床暖房

● ㅂ変則用言と規則用言の活用例

	ㅂ変則用言			規則用言		
辞書形	活用② ～すれば -(으)면 (ウ)ミョン	活用③ ～です、ます -아요/어요 アヨ／オヨ	辞書形	活用② ～すれば -(으)면 (ウ)ミョン	活用③ ～です、ます -아요/어요 アヨ／オヨ
暑い 덥다 トプタ	暑ければ 더우면 トウミョン	暑いです。 더워요. トウォヨ	握る 잡다 チャプタ	握れば 잡으면 チャブミョン	握ります。 잡아요. チャバヨ
かわいい 귀엽다 クィーヨプタ	かわいければ 귀여우면 クィヨウミョン	かわいいです。 귀여워요. クィヨウォヨ	着る 입다 イプタ	着れば 입으면 イブミョン	着ます。 입어요. イボヨ
うらやましい 부럽다 プロプタ	うらやましければ 부러우면 プロウミョン	うらやましいです。 부러워요. プロウォヨ	選ぶ 뽑다 ッポプタ	選べば 뽑으면 ッポブミョン	選びます。 뽑아요. ッポバヨ
近い 가깝다 カッカプタ	近ければ 가까우면 カッカウミョン	近いです。 가까워요. カッカウォヨ	狭い 좁다 チョプタ	狭ければ 좁으면 チョブミョン	狭いです。 좁아요. チョバヨ

参考　変化の例外

ただし、곱다（コプタ）「きれいだ」や 돕다（トプタ）「手伝う」など、語幹が一音節の陽母音の場合、活用③では 워 ではなく 와 と変化します。

「きれいだ」　곱다　→　고와요.
　　　　　　コプタ　　　コワヨ
　　　　　　　　　　　（きれいです。）

語幹 곱 は一音節で陽母音なので 와 と変化

「手伝う」　돕다　→　도와요.
　　　　　トプタ　　　トワヨ
　　　　　　　　　　（手伝います。）

語幹 돕 は一音節で陽母音なので 와 と変化

Point ③ 過去連体形の語尾①―動詞

「～した～」 －ㄴ/은
　　　　　　　ン　ウン

▶「～した～」という動詞の過去連体形を作る語尾です。
▶動詞の現在連体形は、語幹に －는（ヌン）「～する～」という語尾をつけましたが、過去連体形の場合は、語幹に －ㄴ（ン）／은（ウン）をつけます。
▶語幹末が母音、ㄹパッチム、その他の子音（パッチム）のどれで終わるかによって、つく形が決まります。
▶形容詞、指定詞の現在連体形の語尾と形が同じなので、動詞なのか形容詞、指定詞なのか、品詞をしっかり区別できるようにしておくことが大切です。

しくみの基本

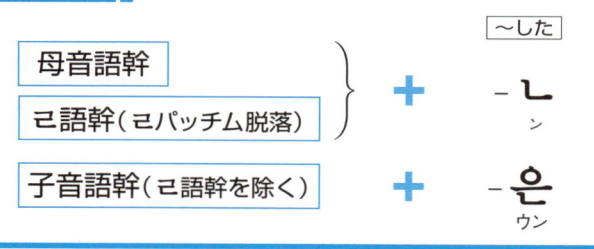

```
                                    ～した
母音語幹
ㄹ語幹（ㄹパッチム脱落）    ＋   －ㄴ
                                     ン

子音語幹（ㄹ語幹を除く）    ＋   －은
                                     ウン
```

例 文   DISC 2 / 19

▶ **昨日見た映画はおもしろかったです。**   動 「見る」＝ 보다 (ポダ)

| 見た〜 | | 昨日 | 見た | 映画は | おもしろかったです。 |

보 ＋ -ㄴ ➡ 어제 본 영화는 재미있었어요.
　　　　　　オジェ ボン ヨンファヌン チェ ミ イッソッ ソ ヨ
↑
母音語幹

▶ **このコンピュータを売った人は鈴木さんです。**   動 「売る」＝ 팔다 (パルダ)

| 売った〜 | | この | コンピュータを | 売った | 人は | 鈴木さんです。 |

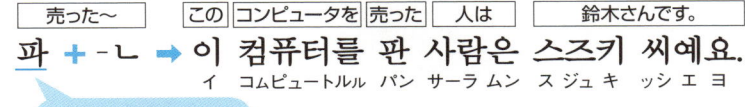

파 ＋ -ㄴ ➡ 이 컴퓨터를 판 사람은 스즈키 씨예요.
　　　　　　イ　コムピュートルル　パン　サーラムン　スジュキ　ッシエヨ

💬 ㄹ語幹
（語幹 팔 から ㄹ 脱落）

▶ **民族衣装を着た父は格好いいです。**   動 「着る」＝ 입다 (イプタ)

| 着た〜 | | 民族衣装を | 着た | 父は | 格好いいです。 |

입 ＋ -은 ➡ 한복*을 입은 아버지는 멋있어요.
　　　　　　ハーンボグル　イブン　ア ボ ジ ヌン　モ シッ ソ ヨ
↑
子音語幹

＊한복（韓服）は韓国の伝統衣装です。

参 考　「〜してから」「〜して以来」

■ 動詞の語幹 ＋ -ㄴ 지 (ン ジ) / 은 지 (ウン ジ) は、「〜してから」「〜して以来」という意味になります。これはそのままイディオムとしておぼえておきましょう。ここの -ㄴ (ン) / 은 (ウン) は、動詞の過去連体形の語尾です。

【例】
- 韓国語を習い始めてから（←習ってから）1年になりました。

| 韓国語を | 習ってから | 1年に | なりました。 |

한국말을 배운 지 일년이 됐습니다.
ハーングンマルル　ペウン　ジ　イルリョニ　ドェッスムニ ダ

STEP 3　187

STEP 3 Lesson 24

불러 주셔서 감사합니다.
プル ロ ジュ ショソ カム サ ハム ニ ダ
お招きいただき、ありがとうございます。

DISC 2 20~23

学習内容
- 르変則用言
- 未来連体形の語尾
- パンマル（くだけた言い方）

サンウさんの家で（お母さんの手料理をごちそうになる） DISC 2 20

オモニ：**어서 오세요. 잘 오셨어요.**
オソ オセヨ チャル オショッソヨ
いらっしゃい。よくいらっしゃいました。

冬木：**불러① 주셔서 감사합니다.**
プル ロ ジュ ショソ カーム サ ハム ニ ダ
お招きいただき（呼んでくださって）、ありがとうございます。

우아, 진수성찬이네요.
ウ ア チン ス ソン チャ ニ ネ ヨ
わあ、すごいごちそうですね。

オモニ：**차린 건 없지만 많이 잡수세요.**
チャ リン ゴン オプ チ マン マー ニ チャプ ス セ ヨ
たいしたものはありませんが、たくさん召し上がってください。

サンウ：**우리 어머니는 젊으셨을② 때**
ウリ オ モ ニ ヌン チョル ム ショッ スル ッテ
母は若かったころ（とき）、

요리 선생님이셨어③.
ヨ リ ソン セン ニ ミ ショッ ソ
料理の先生だったんだ。

単語

【어서 오세요.】いらっしゃいませ。　お店などでも使われる言葉

【불러 주셔서】呼んでくださって　〈辞書形〉부르다（プルダ）「呼ぶ」〈르変則〉⇒ Point①　–어 주다は「～してくれる」。–시–（シ）は尊敬を表す。–어서（オソ）は「～して」（動作の先行）⇒ Lesson 19 Point②

【진수성찬［珍羞盛饌］】ご馳走

【차린 건 = 차린 것은】(食事を)用意したものは　〈辞書形〉차리다（チャリダ）「（飲食物などを）用意して調える、食膳を準備する」　차린の–ㄴは過去連体形の語尾 ⇒ Lesson 23 Point③

【잡수세요.】召し上がってください。　〈辞書形〉잡수시다（チャプスシダ）「召し上がる」

【젊으셨을 때】若かったとき　〈辞書形〉젊다（チョムタ）「若い」　–을（ウル）は未来連体形の語尾。때（ッテ）「時」は未来連体形に続くことが多く、過去形と共に使うと –았/었을 때（アッ/オッスルッテ）「～（した）時」となる ⇒ Point②　なお、韓国語では目上の人の行為には自分の両親であっても尊敬表現を用いる

【요리［料理］】料理

【선생님이셨어.】先生でいらっしゃったんだ。　〈辞書形〉–이다（イダ）「～だ」　–셨어は尊敬を表す–시–（シ）の過去形で、パンマル ⇒ Point③

Point ① 르変則用言

▶ 부르다（プルダ）「歌う」のように、語幹末が르で終わる動詞や形容詞のほとんどは、不規則な活用をします。不規則な活用をするのは、으変則用言（⇒ Lesson26 Point ①）、러変則用言（⇒ Lesson27 Point ①）、そしてココで扱う르変則用言です。

▶ 르変則用言は活用③のときにだけ不規則な活用をします。-아（ア）/어（オ）で始まる語尾があとに続く場合、語幹末である르の前の母音が、陽母音か陰母音かによって、つく形が決まります。

● 르変則用言のしくみ

活用の種類	活用のようす（語幹末の文字の変化）	語尾のつき方	＜辞書形＞ 모르다「わからない」（モルダ） 부르다「歌う」（プルダ）
活用 ①	르 + 語尾（変化せずにそのまま続く）	「わからないでしょう？」 모르죠?（モルジョ）	語尾がそのままついている
活用 ②	르 + -으-がとれた語尾（変化せずにそのまま続く）	「わからないので…」 모르니까…（モルニッカ）	
活用 ③	語幹末르の前の母音—陽母音 르(とれる) + ㄹ라 + -아/어がとれた語尾	「わかりません。」 몰라요.（モルラヨ）	陽母音ㅗのあとにㄹ라がくる
	語幹末르の前の母音—陰母音 르(とれる) + ㄹ러 + -아/어がとれた語尾	「歌います。」 불러요.（プルロヨ）	陰母音ㅜのあとにㄹ러がくる

▶ 活用の基本をまとめると次ページのようになります。

活用の基本

活用① ＜語幹にそのまま語尾が続くとき＞
語幹変化なし
（語幹末は르のまま）
＋ 語尾

活用② ＜-으-で始まる語尾が続くとき＞
語幹変化なし
（語幹末は르のまま）
＋ -으- がとれた語尾
（＝母音語幹につく語尾）

活用③ ＜-아/어で始まる語尾が続くとき＞
（르の前の母音が陽母音）
語幹末르が-ㄹ라に変化

（르の前の母音が陰母音）
語幹末르が-ㄹ러に変化
＋ -아/어が
とれた語尾

例文   DISC 2 21

活用①

▷静かな音楽が流れています。　動「流れる」＝ 흐르다（フルダ）

|流れて|〜しています|　|静かな|音楽が|流れて|います。|
흐르 ＋ -고 있습니다. → 조용한 음악이 흐르고 있습니다.
　　　　　　　　　　　　チョヨンハン ウ マ ギ フル ゴ イッスム ニ ダ

活用②

▷速いので飛行機で行きます。　形「速い」＝ 빠르다（ッパルダ）

|速いので|飛行機で|行きます。|
빠르 ＋ -니까 → 빠르니까 비행기로 갑니다.
　　　　　　　　　ッパル ニッカ ピ ヘンギ ロ ガム ニ ダ

活用③

▷成績がとても上がりました。　動「上がる」＝ 오르다（オルダ）

|成績が|とても|上がりました。|
오르 ＋ -아요 → 성적이 많이 올랐어요.
↑陽母音　　　　ソンジョギ　マーニ　オルラッ ソ ヨ
　　　　　　　　　　　　　↑陽母音なので르が ㄹ라に変化

▷カラオケボックスで歌を歌います。　動「歌う」＝ 부르다（プルダ）

|カラオケボックスで|歌を|歌います。|
부르 ＋ -어요 → 노래방에서 노래를 불러요.
↑陰母音　　　　ノ レバンエ ソ　ノ レルル　プル ロ ヨ
　　　　　　　　　　　　　↑陰母音なので르が ㄹ러に変化

Point ❷ 未来連体形の語尾
「～する(予定の)～」「～する(はずの)～」 －ㄹ／을
ル　ウル

▶ 用言の語幹について「明日来る人」の「来る～」のように、これから起こりうる、実現していない未来の出来事を表す未来連体形をつくる語尾です。推測、予定、意志、可能性などの意味が含まれます。

▶ －ㄹ(ル)／을(ウル)のあとに平音がくる場合、発音は濃音化します。

しくみの基本

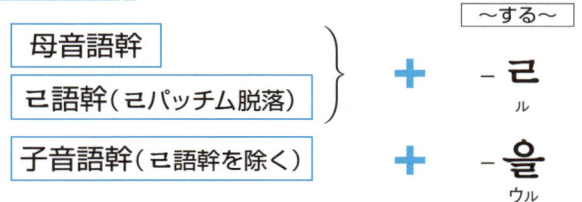

母音語幹		～する～
ㄹ語幹(ㄹパッチム脱落)	＋	－ㄹ (ル)
子音語幹(ㄹ語幹を除く)	＋	－을 (ウル)

例文　DISC 2　22

▶ 明日のパーティに来る人は誰ですか？　動 「来る」＝ 오다 (オダ)

　[来る～] 오 ＋ －ㄹ → 내일 파티에 올 사람이 누구예요?
　母音語幹　　　　　　ネイル　パティエ　オル　ッサーラミ　ヌグエヨ
　　　　　　　　　　　　　　　　　　　↑濃音化

▶ 来年住む家は、今建築中です。　動 「住む」＝ 살다 (サールダ)

　[住む～] 사 ＋ －ㄹ → 내년에 살 집은 지금 건설중입니다.
　　　　　　　　　　　　ネニョネ　サール　ッチブン　チグム　コンソルチュンイムニダ
　　　　　　　　　　　　　　　　　↑濃音化
　ㄹ語幹
　(語幹 살 から ㄹ 脱落)

▶ 食べるものはありますか？　動 「食べる」＝ 먹다 (モクタ)

　[食べる～] 먹 ＋ －을 → 먹을 것이 있어요?
　子音語幹　　　　　　　　モグル　ッコシ　イッソヨ
　　　　　　　　　　　　　　　　↑濃音化

STEP 3

Point ③ パンマル ― くだけた言い方
「～だ」「～なの(か?)」 -아/어(?), -야/이야(?)
ア／オ　　ヤ／イヤ

▶ パンマルとは、「半分の言葉」――반(パーン)は［半］、말(マール)は言葉――という意味です。一般的に目上の人が目下の人に話すときに使うぞんざいな言葉です。友だち同士や、親が子どもに対して、あるいは親しい間柄で用いると親しみを表す言葉になります。

▶ 動詞、形容詞、存在詞のパンマルは丁寧でうちとけた文体 -아요(アヨ)/어요(オヨ)から요(ヨ)を取った形です。文脈によっては、同じ形で命令や勧誘の意味になります。指定詞の場合、母音で終わる名詞には야(ヤ)が、子音で終わる名詞には이야(イヤ)がつきます。最後に「?」をつけると疑問文になります(-아요/어요 ⇒ Lesson9 Point①)。

● Lesson24 で扱うパンマル

	平叙文	疑問文	命令文	勧誘文
動詞、形容詞、存在詞	「～だ、～なの」 -아./-어. ア　オ	「～なの(か)?」 -아?/-어? ア　オ	「～しろ」 -아./-어. ア　オ	「～しよう」 -아./-어. ア　オ
指定詞	「～だ、～なの」 ～야./이야. ヤ　イヤ	「～なの(か)?」 ～야?/이야? ヤ　イヤ		

参考　パンマルなど、よりくだけた表現

■ その他、ぞんざいな表現には用言の語幹に-니?(ニ)あるいは-냐?(ニャ)がついた疑問文、-아라(アラ)/어라(オラ)がついた命令文、-자(チャ)がついた勧誘文などがあります。

■ 丁寧な저(チョ)「私(わたくし)」に対して、나(ナ)「私(わたし)、僕、俺」がパンマルの文章で使われます。

■ 相手を呼ぶ表現としては、너(ノ)が使われます。「君、お前」と訳されますが、親しみを込めた呼びかけの言葉です。

■ 新聞や論文などでよく用いられる한다体(ハンダたい)「～だ、～である」という形が会話に用いられることもあります。その場合、動詞の母音語幹には-ㄴ다(ンダ)、ㄹ語幹にはㄹパッチムが脱落して-ㄴ다(ンダ)、子音語幹には-는다(ヌンダ)、形容詞、存在詞、指定詞には辞書形と同じ-다(タ)を用います。

① 動詞、形容詞、存在詞の場合

しくみの基本

陽母音(ㅏ, ㅗ)語幹	＋	-아(?) ~だ / ~なの(か?)
陰母音(ㅏ, ㅗ以外)語幹	＋	-어(?)

例文 🄳DISC 2 / 23

▶ このお菓子は甘すぎるよ。　形「甘い」＝ 달다(タルダ)

달 ＋ 아. ➡ 이 과자는 너무 달아.
↑語幹末の母音が陽母音　　イ クァジャヌン ノム タラ
[この][お菓子は][あまりに][甘いよ。]

▶ お茶飲んで。　動「飲む」＝ 마시다(マシダ)

마시 ＋ -어. ➡ 차 마셔.
↑語幹末の母音が陰母音　チャ マショ
[お茶][飲んで。]

▶ その漫画本おもしろいの？　存「おもしろい」＝ 재미있다(チェミイッタ)

재미있 ＋ -어? ➡ 그 만화책 재미있어?
↑語幹末の母音が陰母音　ク マーヌァチェク チェミ イッソ
[その][漫画本][おもしろいの？]
↑ㅎの弱音化

② 指定詞の場合

しくみの基本

母音で終わる名詞	＋	~야(?) ~だ / ~なの(か?)
子音で終わる名詞	＋	~이야(?)

例文 🄳DISC 2 / 23

▶ あの人は画家だよ。　指「画家だ」＝ 화가다(ファガダ)

화가 ＋ -야. ➡ 저 사람은 화가야.
↑母音で終わる名詞　チョ サーラム ン ファガ ヤ
[あの][人は][画家だよ。]

STEP 3 193

Lesson 25

잘 저어 드세요.
チャル チョオ ドゥセヨ

よくかき混ぜて召し上がってください。

DISC 2 24~27

学習内容
- ㅅ変則用言
- 推量を表す「～ようだ」「～しそうだ」
- 謙譲の表現「～してさしあげる」「お～する」

■ サンウさんの家で（食後のユズ茶）　DISC 2 24

冬木：이 차는 향기가 좋은데 뭐예요?
　　　イ チャヌン ヒャンギガ チョウンデ ムォエヨ

このお茶は香りがいいですが、何ですか？

オモニ：유자차예요.
　　　　ユ ジャチャ エ ヨ

ユズ茶です。

잘 저어① 드세요.
チャル チョオ ドゥセヨ

よくかき混ぜて召し上がってください。

冬木：정말 맛있어요.
　　　チョーンマル マ シッ ソ ヨ

本当においしいです。

オモニ：일본사람 입에도 맞는 것② 같네요.
　　　　イルボン サラム イ ベド マンヌン ゴッ カンネ ヨ

日本人の口にも合うようですね。

선물로 좀 싸 드릴③까요?
ソーンムルロ ジョム ッサ ドゥ リルッカ ヨ

お土産に少しお包みしましょうか？

単語

【차[茶]】お茶
【향기[香氣]】香り
【유자차[柚子茶]】ユズ茶
【저어】かき混ぜて　〈辞書形〉젓다(チョーッタ)「かき混ぜる」〈ㅅ変則〉⇒ Point①
【일본[日本]】日本
【입】口
【맞는 것 같네요.】合うようですね。　発音は鼻音化して[맞는 걸 갇네요](マンヌン ゴッ カンネヨ)〈辞書形〉맞다(マッタ)「合う」-는 것 같다で「～するようだ」⇒ Point②
【선물[膳物]】お土産、贈り物
【싸 드릴까요?】お包みしましょうか？
〈辞書形〉싸다(ッサダ)「包む」-(아)드리다(〈ア〉ドゥリダ)で「～してさしあげる、お～する」⇒ Point③

Point ❶

ㅅ 変則用言
シオッ

▶ 낫다(ナーッタ)「治る」のように、語幹末がㅅパッチム(シオッ)で終わる用言の一部は不規則な活用をします。これらの用言をㅅ変則用言といいます。

▶ ㅅ変則用言は、活用②と③で不規則な活用をします(下の表を参照)。活用②ではㅅパッチムが脱落したあと、パッチムがとれても나으니까(ナウニッカ)「治るので」のように、-으(ウ)が落ちないので、気をつけましょう。

▶ 活用③では、ㅅパッチムが脱落し、そこに-아(ア)/어(オ)で始まる語尾が取り込まれることなく続きます。

● ㅅ変則用言のしくみ

活用の種類	活用のようす(語幹末の文字の変化)	語尾のつき方	<辞書形> 낫다「より良い」「治る」 ナーッタ 짓다「建てる」 チーッタ
活用①	ㅅ ＋ 語尾 (変化せずにそのまま続く)	「よくなりますよね?」 낫죠? ナーッチョ	語尾がそのままついている
活用②	ㅅ+으 とれる ＋ -으-がついた語尾	「よくなれば…」 나으면… ナウミョン	으はそのまま
活用③	語幹末の母音が陽母音 ㅅ+아 とれる ＋ -아がついた語尾	「よくなります。」 나아요. ナアヨ	아はとり込まれない
	語幹末の母音が陰母音 ㅅ+어 とれる ＋ -어がついた語尾	「建てます。」 지어요. チオヨ	어はとり込まれない

第2章 文法マスター30　Lesson 25　よくかき混ぜて召し上がってください。

STEP 3

▶活用の基本をまとめると次のようになります。

活用の基本

活用 ①	＜語幹にそのまま語尾が続くとき＞	語幹変化なし（ㅅパッチムあり）	＋ 語尾
活用 ②	＜-으-で始まる語尾が続くとき＞	語幹からㅅパッチム脱落	＋ -으-のついた語尾
活用 ③	＜-아/어で始まる語尾が続くとき＞	（語幹末の母音が陽母音）ㅅパッチム脱落	＋ -아のついた語尾
		（語幹末の母音が陰母音）ㅅパッチム脱落	＋ -어のついた語尾

例文 DISC 2 / 25

活用 ①

▷海辺に建てる家（←海のそばに立てる家）　「建てる」＝ 짓다（チーッタ）

짓 ＋ -는 ＋ 　바닷가에 짓는 집
動詞の現在連体形↑　　パ ダッ カ エ　チーンヌン チプ
　　　　　　　　　　　　　　　　鼻音化[t]→[n]

活用 ②

▷ココアに牛乳を入れてかき混ぜてください。[動]「かき混ぜる」＝ 젓다（チョーッタ）

저 ＋ -으세요. ➡ 코코아에 우유를 넣고 저으세요.
　　　　　　↑　　　ココア エ　ウ ユルル ノーコ　チョウセヨ
語幹 젓 から　으はとれない
ㅅパッチム脱落

活用 ③

▷すぐに良くなります。[動]「良くなる」＝ 낫다（ナーッタ）

나 ＋ -아요. ➡ 금방 나아요.
　　　　　　　　　クムバン ナ ア ヨ
語幹 낫 からㅅパッチム脱落
　　　　　　　　　　　아は取り込まれない

● ㅅ変則用言と規則用言の活用例

ㅅ変則用言			規則用言		
辞書形	活用② ～すれば -(으)면 (ウ)ミョン	活用③ ～です、ます -아요/어요 アヨ/オヨ	辞書形	活用② ～すれば -(으)면 (ウ)ミョン	活用③ ～です、ます -아요/어요 アヨ/オヨ
治る 낫다 ナータ	治れば 나으면 ナウミョン	治ります 나아요 ナアヨ	笑う 웃다 ウータ	笑えば 웃으면 ウスミョン	笑います 웃어요 ウソヨ
建てる、作る 짓다 チータ	建てれば 지으면 チウミョン	建てます 지어요 チオヨ	脱ぐ 벗다 ポッタ	脱げば 벗으면 ポスミョン	脱ぎます 벗어요 ポソヨ
かき混ぜる 젓다 チョータ	かき混ぜれば 저으면 チョウミョン	かき混ぜます 저어요 チョオヨ	洗う 씻다 ッシッタ	洗えば 씻으면 ッシスミョン	洗います 씻어요 ッシソヨ

Point ② 推量を表す表現

「～ようだ」「～しそうだ」 ～것 같다
コッ カッタ

▶ -것 같다（コッ カッタ）は、現在・過去・未来いずれかの連体形について、話し手の推測を述べるときに用いる表現です（形容詞、指定詞、存在詞の過去連体形の語尾 ⇒ Lesson 29 Point①）。

▶ 語幹末が母音、ㄹパッチム、その他の子音（パッチム）のどれで終わるかによって、つく形が決まります。

しくみの基本

連体形　現在・過去・未来　＋　～것 같다　←　～ようだ／～しそうだ
　　　　　　　　　　　　　　　コッ　カッタ

● 丁寧な語尾表現

基本の形	～것 같다 コッ カッタ	～ようだ
丁寧で堅い文体 (-ㅂ니다/습니다) ムニダ/スムニダ	～것 같습니다. コッ カッスムニダ	～ようです。
丁寧でうちとけた文体 (-아요/어요) アヨ/オヨ	～것 같아요. コッ カタヨ	

例文 DISC2 26

動詞 「雨が降る」= 비가 오다 (ピガ オダ)

▶雨が降っているようです。

비가 오 + -는 것 같습니다. ➡ 비가 오는 것 같습니다.
　　　　　　　（現在連体形）　　　　ピガ　オヌン　ゴッ　カッスムニダ

▶雨が降ったようです。

비가 오 + -ㄴ 것 같아요. ➡ 비가 온 것 같아요.
　　　　　　　（過去連体形）　　　　ピガ　オン　ゴッ　カタヨ

▶雨が降りそうです。

비가 오 + -ㄹ 것 같아요. ➡ 비가 올 것 같아요.
　　　　　　　（未来連体形）　　　　ピガ　オル　ッコッ　カタヨ
　　　　　　　　　　　　　　　　　　　　　　↑濃音化

形容詞 「少ない」= 적다 (チョークタ)

▶おかずが少ないようです。

적 + -은 것 같습니다. ➡ 반찬이 적은 것 같습니다.
　　　　　（現在連体形）　　パンチャニ　チョーグン　ゴッ　カッスムニダ

▶おかずが少なかったようです。

적 + -었던 것 같아요. ➡ 반찬이 적었던 것 같아요.
　　　　　（過去連体形）　　パンチャニ　チョーゴットン　ゴッ　カタヨ

▶おかずが少なそうです。

적 + -을 것 같아요. ➡ 반찬이 적을 것 같아요.
　　　　　（未来連体形）　　パンチャニ　チョーグル　ッコッ　カタヨ
　　　　　　　　　　　　　　　　　　　　　　　↑濃音化

存在詞 「おもしろい」＝ 재미있다（チェミイッタ）

▶ **その映画はおもしろいみたいです。**

[おもしろい] [～ようです。]　　　　[その] [映画は] [おもしろいようです。]
재미있 ＋ -는 것 같습니다. ➡ 그 영화는 재미있는 것 같습니다.
　　　　　　(現在連体形)　　　　　　ク　ヨンファヌン　チェミ インヌン　ゴッ　カッスムニ ダ
　　　　　　　　　　　　　　　　　　　　　　　　　　　　　　　　↑ 鼻音化 [t]→[n]

▶ **その映画はおもしろかったみたいです。**

[おもしろかった] [～ようです。]　　[その] [映画は] [おもしろかったようです。]
재미있 ＋ -었던 것 같아요. ➡ 그 영화는 재미있었던 것 같아요.
　　　　　　(過去連体形)　　　　　　ク　ヨンファヌン　チェ ミ イッソットン　ゴッ　カタ ヨ

▶ **その映画はおもしろそうです。**

[おもしろ] [～そうです。]　　　　[その] [映画は] [おもしろそうです。]
재미있 ＋ -을 것 같아요. ➡ 그 영화는 재미있을 것 같아요.
　　　　　　(未来連体形)　　　　　　ク　ヨンファヌン　チェ ミ イッスル ッコッ　カタ ヨ
　　　　　　　　　　　　　　　　　　　　　　　　　　　　　　　↑ 濃音化

指定詞 「～だ」＝ 이다（イダ）

▶ **その人は映画監督のようです。**

[～である] [～ようです。]　　　　[その] [人は] [映画監督のようです。]
이 ＋ -ㄴ 것 같습니다. ➡ 그 사람은 영화감독인 것 같습니다.
　　　　　　(現在連体形)　　　　　　ク　サーラムン　ヨンファカム ド ギン　ゴッ　カッスムニ ダ

▶ **その人は映画監督だったようです。**

[～だった] [～ようです。]　　　　[その] [人は] [映画監督だったようです。]
이 ＋ -었던 것 같아요. ➡ 그 사람은 영화감독이었던 것 같아요.
　　　　　　(過去連体形)　　　　　　ク　サーラムン　ヨンファカム ド ギオットン　ゴッ　カタ ヨ

▶ **その人は映画監督だろうと思います。**

[～だろう] [～ようです。]　　　　[その] [人は] [映画監督だろうと思います。]
이 ＋ -ㄹ 것 같아요. ➡ 그 사람은 영화감독일 것 같아요.
　　　　　　(未来連体形)　　　　　　ク　サーラムン　ヨンファカム ド ギル ッコッ　カタ ヨ
　　　　　　　　　　　　　　　　　　　　　　　　　　　　　　　↑ 濃音化

第2章　文法マスター30　Lesson 25　よくかき混ぜて召し上がってください。

STEP 3

● 各用言と連体形の接続のしくみ一覧

現在連体形	意味 ～しているようだ（現在の動作、出来事についての推測）			
	動詞に続く場合	形容詞に続く場合	存在詞に続く場合 있다、없다、계시다	指定詞に続く場合 이다、아니다
	母音語幹 ㄹ語幹（ㄹ脱落） 子音語幹 ＋ -는 것 같다 ヌン ゴッ カッタ	母音語幹 ㄹ語幹（ㄹ脱落） ＋ -ㄴ 것 같다 ン ゴッ カッタ 子音語幹 ＋ -은 것 같다 ウン ゴッ カッタ	語幹 ＋ -는 것 같다 ヌン ゴッ カッタ	語幹 ＋ -ㄴ 것 같다 ン ゴッ カッタ

過去連体形	意味 ～したようだ（過去の動作、出来事についての推測）			
	母音語幹 ㄹ語幹（ㄹ脱落） ＋ -ㄴ 것 같다 ン ゴッ カッタ 子音語幹 ＋ -은 것 같다 ウン ゴッ カッタ	陽母音語幹 ＋ -았던 것 같다 アットン ゴッ カッタ 陰母音語幹 ＋ -었던 것 같다 オットン ゴッ カッタ	語幹 ＋ -었던 것 같다 オットン ゴッ カッタ	語幹 ＋ -었던 것 같다 オットン ゴッ カッタ ※母音で終わる名詞の場合 名詞 ＋ 였던 ヨットン

未来連体形	意味 ～しそうだ（＜動詞＞今にも起こりそうな状態やこれから起こることを表現） ／～そうだ（＜形容詞・存在詞＞現在の状態についての推測）			
	母音語幹 ㄹ語幹（ㄹ脱落） ＋ -ㄹ 것 같다 ル コッカタ 子音語幹 ＋ -을 것 같다 ウル コッカタ	母音語幹 ㄹ語幹（ㄹ脱落） ＋ -ㄹ 것 같다 ル コッカタ 子音語幹 ＋ -을 것 같다 ウル コッカタ	母音語幹 ＋ -ㄹ 것 같다 ル コッカタ 子音語幹 ＋ -을 것 같다 ウル コッカタ	語幹 ＋ -ㄹ 것 같다 ル コッカタ 子音語幹 ＋ -을 것 같다 ウル コッカタ

Point ❸　　　　　　　　　　　　　　　　　　　　謙譲の表現

「～してさしあげる」「お～する」 -아 드리다／어 드리다
　　　　　　　　　　　　　　　　　　　　　　ア　ドゥリダ　　オ　ドゥリダ

▶ -아 드리다（ア ドゥリダ）／-어 드리다（オ ドゥリダ）は、-아 주다（ア ジュダ）／어 주다（オ ジュダ）「～してやる」の謙譲表現で、「ご案内いたします」の「お／ご（御）～いたします」のように、目上の人や敬語が必要な相手に用います。드리다（トゥリダ）は「さしあげる」という意味です。

▶ 語幹末の母音が陽母音か陰母音かによって、つく形が決まります。

しくみの基本

		～してさしあげる / お～する
陽母音（ㅏ, ㅗ）語幹	＋	-아 드리다 (アドゥリダ)
陰母音（ㅏ, ㅗ以外）語幹	＋	-어 드리다 (オドゥリダ)

● 丁寧な語尾表現

基本の形	-아/어 드리다 (ア オ ドゥリダ)	～してさしあげる お/ご(御)～する
丁寧で堅い文体 (-ㅂ니다/습니다) ムニダ/スムニダ	-아/어 드리겠습니다. (ア オ ドゥリゲッスムニダ)	～してさしあげます。 お/ご(御)～いたします。
丁寧でうちとけた文体 (-아요/어요) アヨ/オヨ	-아/어 드리겠어요. (ア オ ドゥリゲッソヨ)	

※ 婉曲の -겠-（ケッ）とともに用いて、より丁寧な形で使われます。

例文　DISC 2　27

▶ **窓をお閉めしましょうか？（←窓を閉めてさしあげましょうか？）**

動「閉める」＝ 닫다（タッタ）

[閉めて] [さしあげましょうか？]
닫 ＋ -아 드릴까요？ ➡ [窓を][閉めて][さしあげましょうか？] 창문을 닫아 드릴까요？
↑陽母音　　　　　　　　　チャンムヌル　タダ　ドゥリルッカヨ
　　　　　　　　　　　　　　　　　　　↑連音化

▶ **荷物をお持ちします。（←荷物を持ってさしあげます。）**

動「持つ」＝ 들다（トゥルダ）

[持って] [さしあげます。]
들 ＋ -어 드리겠습니다. ➡ [荷物を][持って][さしあげます。] 짐을 들어 드리겠습니다.
↑陰母音　　　　　　　　　　チムル　トゥロ　ドゥリゲッスムニダ
　　　　　　　　　　　　　　　　　　↑連音化

▶ **私がご案内いたします。**　動「案内する」＝ 안내하다（アーンネハダ）

[案内して] [さしあげます。]
안내하 ＋ -아/어 드리겠어요. ➡ [私が][案内して][さしあげます。] 제가 안내해 드리겠어요.
↑　　　　　　　　　　　　　　チェガ　アーンネヘ　ドゥリゲッソヨ
하変則用言

（안내하の하が変則活用してして해となる）

Lesson 26

감기가 들었나 봐.
カムギ ガ トゥロン ナ ボァ

風邪をひいたみたいなんだ。

学習内容
- ㅇ変則用言
- 推量、不確実な断定を表す「〜のようだ」「〜みたいだ」
- 禁止を表す「〜するな」

DISC 2 28〜31

■ サンウさんからの電話 DISC 2 / 28

冬木：여보세요?
ヨボセヨ

もしもし。

サンウ：나 상우야. 미안해.
ナ サンウヤ ミアネ

俺、サンウ。ごめん。

갑자기 감기가 들었나 봐.②
カプチャギ カームギガ トゥロン ナ ボァ

急に風邪をひいたみたいなんだ。

冬木：그래요? 형, 괜찮아요?
クレヨ ヒョン クェンチャナヨ

そうですか。サンウさん、大丈夫ですか?

サンウ：너무 아파서① 못 갈 것 같아.
ノム アパソ モッ カル コッ カタ

かなり具合が悪くて、行けそうにないんだ。

지현이가 같이 가니까, 걱정하지 마.③
チヒョニガ カチ カニッカ コクチョンハジ マー

チヒョンが一緒に行くから、心配するな。

単語

【여보세요】もしもし　電話などでの呼びかけの言葉
【나】私、僕、俺
【상우야.】サンウだ。　−야(ヤ)は「〜だ」〈パンマル〉⇒ Lesson 24 Point③
【미안해.】ごめん。　発音はㅎが弱音化して［미아내］（ミアネ）〈辞書形〉미안하다（ミアナダ）「すまない」〈パンマル〉
【갑자기】急に
【감기가 들었나 봐.】風邪をひいたみたいだ。　들었나の発音は、連音化と鼻音化により［드런나］（トゥロンナ）〈辞書形〉감기(가) 들다（カームギ〈ガ〉トゥルダ）「風邪〈を〉ひく」　−나 보다は「〜みたいだ」（推量）
⇒ Point②〈パンマル〉
【아파서】具合がわるくて　〈辞書形〉아프다（アプダ）「痛い、具合が悪い」〈으変則〉⇒ Point① −아서（アソ）は「〜なので」（原因、理由）⇒ Lesson 21 Point②
【못 갈 것 같아.】行けそうにないんだ。　発音は濃音化と連音化により［몯 깔 껃 까타］（モッカル ッコッ カタ）〈パンマル〉〈辞書形〉가다（カダ）「行く」　못（モッ）は「〜できない」（不可能）。−ㄹ 것 같다（ルッコッ カッタ）は「〜しそうだ」⇒ Lesson 25 Point②
【걱정하지 마.】心配するな。　〈辞書形〉걱정하다（コクチョンハダ）「心配する」　−지 말다（チマールダ）は「〜するな」（禁止）⇒ Point③

Point ❶

으変則用言
ウ

▶ 아프다（アプダ）「痛い」のように、語幹末の母音が一（ウ）で終わる用言の中で、르変則用言でも러変則用言でもないものを으変則用言といいます。

▶ 으変則用言は活用③のときにだけ不規則な活用をします（下の表を参照）。また、크다（クダ）「大きい」のように語幹が1音節か、바쁘다（パップダ）「忙しい」のように語幹が2音節以上かによって、活用のしかたが変わります。

● 으変則用言のしくみ

活用の種類	活用のようす（語幹末の文字の変化）	語尾のつき方	＜辞書形＞ 크다「大きい」 クダ 바쁘다「忙しい」 パップダ 기쁘다「うれしい」 キップダ
活用①	□ ＋ 語尾（変化せずにそのまま続く）	「大きいでしょう？」 크죠? クジョ	語尾がそのままついている
活用②	□ ＋ －으－がとれた語尾（変化せずにそのまま続く）	「大きいので…」 크니까… クニッカ	語尾がそのままついている
活用③	＜語幹が1音節＞ □ → ㅓ ＋ －아/어がとれた語尾 とれる	「大きいです。」 커요. コヨ	
活用③	＜語幹が2音節以上＞ 語幹末の1つ前の母音ー陽母音 □□ → ㅏ ＋ －아/어がとれた語尾 とれる	「忙しいです。」 바빠요. パッパヨ	
活用③	語幹末の1つ前の母音ー陰母音 □□ → ㅓ ＋ －아/어がとれた語尾 とれる	「うれしいです。」 기뻐요. キッポヨ	

STEP 3

▶活用の基本をまとめると次のようになります。

活用の基本

活用① <語幹にそのまま語尾が続くとき>
語幹変化なし
(語幹末は母音ㅡ〈ウ〉のまま)
＋ 語尾

活用② <-으-で始まる語尾が続くとき>
語幹変化なし
(語幹末は母音ㅡ〈ウ〉のまま)
＋ -으- が
とれた語尾
(＝母音語幹がつく語尾)

活用③ <-아/어で始まる語尾が続くとき>

<語幹が1音節>
語幹の母音ㅡ〈ウ〉がとれ
ㅓがつく

<語幹が2音節以上>
{ (ㅡ〈ウ〉の前の母音が陽母音)
母音ㅡ〈ウ〉がとれㅏがつく

(ㅡ〈ウ〉の前の母音が陰母音)
母音ㅡ〈ウ〉がとれㅓがつく }

＋ -아/어が
とれた語尾

例文 DISC2 29

活用①

▶お目にかかれてうれしいです。　形「うれしい」＝ 기쁘다 (キップダ)

[うれしい] [〜です。]　　　[お目にかかれて] [うれしいです。]
기쁘 **＋** -ㅂ니다. ➡ 뵙게 돼서 기쁩니다.
　　　　　　　　　ペプケ　ドェソ　キップムニダ

活用②

▶電子辞書をお使いになりますか？　動「使う」＝ 쓰다 (ッスダ)

[使い] [〜なさいますか？]　　[電子辞書を] [お使いになりますか？]
쓰 **＋** -시겠어요? ➡ 전자사전을 쓰시겠어요?
　　　　　　　　　チョンジャサジョヌル　ッス シ ゲッ ソ ヨ

活用 ③

① 語幹が1音節のもの

▶ **電子辞書を一度使ってみてください。** 動「使う」= 쓰다 (ッスダ)

使って: 쓰 (語幹 쓰 から母音ーが脱落) + -ㅓ (ㅓがつく) + 보세요. → 전자사전을 한번 써 보세요.
チョーンジャサジョヌル ハンボン ッソ ボ セ ヨ

② 語幹が2音節以上のもの

▶ **最近とても忙しいです。** 形「忙しい」= 바쁘다 (パップダ)

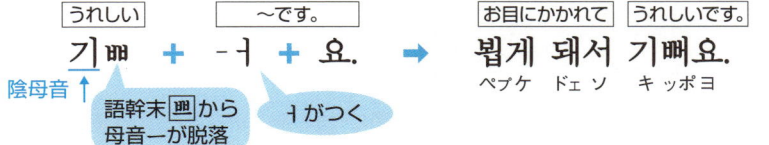

忙しい: 바빠 (陽母音↑ 語幹末 쁘 から母音ーが脱落) + -ㅏ (ㅏがつく) + 요. → 요즘 아주 바빠요.
ヨジュム アジュ パッパヨ

▶ **お目にかかれてうれしいです。** 形「うれしい」= 기쁘다 (キップダ)

うれしい: 기뻐 (陰母音↑ 語幹末 쁘 から母音ーが脱落) + -ㅓ (ㅓがつく) + 요. → 뵙게 돼서 기뻐요.
ペプケ ドェソ キッポヨ

Point ❷ 推量、不確実な断定を表す表現
「〜するようだ」「〜みたいだ」 -나 보다
ナ ボダ

▶ 動詞、存在詞の語幹にそのままついて、推量や不確実な断定を表します。
▶ その他、過去形の語尾 -았(アッ)/었(オッ)- や尊敬の語尾 -시(シ)/으시(ウシ)- と共に用いられるときは、そのあとに -나 보다(ナ ボダ)がつきます。

しくみの基本

母音語幹	
ㄹ語幹(ㄹパッチム脱落)	+ -나 보다 (〜するようだ / 〜みたいだ)
子音語幹(ㄹ語幹を除く)	

● 丁寧な語尾表現

基本の形	-나 보다 ナ ボダ	～(する)ようだ ～みたいだ
丁寧で堅い文体 (-ㅂ니다/습니다) ムニダ/スムニダ	-나 봅니다. ナ ボムニダ	～するようです。 ～みたいです。
丁寧でうちとけた文体 (-아요/어요) アヨ/オヨ	-나 봐요. ナ ボァヨ	

例文 DISC 2 / 30

▶ 外国から恋人が帰って来るようです。 動「帰ってくる」= 돌아오다 (トラオダ)

[帰ってく] [～るようです。]   [外国から] [恋人が] [帰って来るようです。]
돌아오 + -나 봅니다. ➡ 외국에서 애인이 돌아오나 봅니다.
　↑母音語幹　　　　　　　ウェーグ ゲソ　エーイ ニ　トラ オナ　ボムニダ

▶ 春風が吹いているようです。 動「吹く」= 불다 (プールダ)

[吹いてい] [～るようです。]   [春風が] [吹いているようです。]
부 + -나 봐요. ➡ 봄바람이 부나 봐요.
　　　　　　　　　　　ポム パラ ミ　プーナ　ボァヨ

ㄹ語幹
（語幹 불 からㄹ脱落）

▶ 用事があるみたいです。 存「ある」= 있다 (イッタ)

[あ] [～るみたいです。]　[用事が] [ある] [みたいです。]
있 + -나 봐요. ➡ 볼일이 있나 봐요.
↑　　　　　　　　ポール リ リ　インナ　ボァヨ
子音語幹　[n]の挿入と流音化↑　↑鼻音化[t]→[n]

▶ 田口さんは韓国語がお上手だったようですね？

動「上手だ」= 잘하다 (チャラダ)

[上手]　　　　　　　　　[～ようですね？]
잘하 + -시- + -었- + -나 보죠?
　　　　尊敬↲　過去↲　　　　　[田口さんは] [韓国語が] [お上手だったようですね？]
➡ 다구치 씨는 한국말을 잘하셨나 보죠?
　　タ グチ　ッシヌン　ハーングンマルル　チャラションナ　ボジョ

-시-と-었-が
合体した形

Point ❸ 禁止を表す表現

「〜するな」 －지 말다
(チ マールダ)

▶ －지 말다(チ マールダ)は「〜するな」「〜してはいけない」といった禁止の意味を表し、命令形や勧誘形で使われることが多い表現です。用言の語幹にそのままつきます。

▶ パンマルでは、ㄹパッチムが脱落した －지 마(チ マー)という形になり、「〜するな」「〜しないで」という意味になります。

しくみの基本

語幹(母音語幹・子音語幹) ＋ －지 말다 〜するな
(チ マールダ)

● 丁寧な語尾表現

基本の形	－지 말다 (チ マールダ)	〜するな 〜してはいけない
丁寧で堅い文体 (-ㅂ니다/습니다) (ムニダ/スムニダ)	－지 마십시오. (チ マーシプシ オ)	〜しないでください。 〜してはいけません。
丁寧でうちとけた文体 (-아요/어요) (アヨ/オヨ)	－지 마세요. (チ マーセ ヨ)	

例文　DISC 2 / 31

▶ 心配しないでください。　[動]「心配する」＝ 걱정하다 (コクチョンハダ)

걱정하 ［心配し］ ＋ －지 마십시오. ［〜(し)ないでください。］ → 걱정하지 마십시오. ［心配しないでください。］
(コクチョンハジ マーシプシ オ)

▶ いつまでも忘れないでください。　[動]「忘れる」＝ 잊다 (イッタ)

잊 ［忘れ］ ＋ －지 마세요. ［〜(し)ないでください。］ → 영원히 ［永遠に］ 잊지 마세요. ［忘れないでください。］
(ヨーンウォニ イッチ マーセ ヨ)

STEP 3 Lesson 27

옛날부터 오늘에 이르기까지……
イェーンナルブト オヌレ イルギッカジ

昔から今日に至るまで……

学習内容
- 러変則用言
- ものごとの程度や限界を表す「〜するまで」「〜するほど」
- 目的を表す②「〜のために」

DISC 2 32〜35

■ カンヌンで（端午の祭りの取材） DISC 2 32

冬木：이렇게 이른 시간인데도
　　　イロケ　イルン　シ ガ ニンデド

　　　사람들이 많이 모였네요.
　　　サーラムドゥリ マーニ モ ヨンネ ヨ

こんなに早い時間なのに

人がたくさん集まっていますね（←集まりましたね）。

チヒョン：그럼요. 밤새도록② 단오 굿을 하니까요.
　　　　クロムニョ　パムセドロク　タノ　グスル　ハニッカヨ

　　　　옛날부터 오늘에 이르기까지①
　　　　イェーンナルブト　オヌレ　イルギッカジ

　　　　단오제는 계속 이어져 왔어요.
　　　　タノジェヌン ケーソク イ オジョ ワッソ ヨ

もちろんです。夜を徹して（←夜が明けるまで）端午のクッをしますからね。

昔から今日に至るまで

端午祭はずっと続いてきました。

冬木：굿은 뭐 때문에 하죠?
　　　クスン ムォッテム ネ ハ ジョ

クッは何のためにしますか？

チヒョン：마을의 풍요를 위해서③ 해요.
　　　　マウレ プンヨルル ウィヘソ ヘヨ

村の豊作のためにします。

単語

- 【이렇게】このように　発音は激音化して[이러케]（イロケ）〈辞書形〉이렇다（イロタ）「こうだ」
- 【이른 시간】早い時間　〈辞書形〉이르다（イルダ）「早い」〈르変則用言〉
- 【들】〜たち　複数を表す
- 【모였네요.】集まりましたね。　発音は鼻音化して[모연네요]（モヨンネヨ）〈辞書形〉모이다（モイダ）「集まる」
- 【밤새도록】夜が明けるまで、夜を徹して　〈辞書形〉밤새다（パムセダ）「徹夜する」　–도록（トロク）で「〜するまで、〜するほど」⇒Point②
- 【굿】クッ　巫女が供え物を前に、家や村の安泰、豊作、病気の治癒などを祈願する儀式
- 【옛날】昔　発音は鼻音化して[옌날]（イェーンナル）
- 【〜부터】〜から　助詞
- 【이르기까지】至るまで　〈辞書形〉이르다（イルダ）「至る」〈러変則用言〉⇒Point①
- 【계속[繼續]】ずっと、継続して
- 【이어져 왔어요.】続いてきました。　〈辞書形〉이어지다（イオジダ）「続く、つながる」　–어 오다（オ オダ）で「〜してくる」
- 【〜때문에】〜のために　名詞について理由を表す
- 【마을】村
- 【풍요[豊饒]를 위해서】豊作のために　풍요（プンヨ）は「豊かなこと、豊作」。–를 위해서（ルル ウィヘソ）は名詞について「〜のために」（目的）⇒Point③

Point ① 러変則用言

▶ 語幹末が -르(ル)の用言のなかで、으変則用言や르変則用言と異なった活用をするものを **러変則用言**といいます。

▶ この活用をする用言は、푸르다(プルダ)「青い」、이르다(イルダ)「至る」、노르다(ノルダ)「黄色い」、누르다(ヌルダ)「黄色い」などです。

▶ 러変則用言は、活用③のときにだけ不規則な活用をします(下の表を参照)。用言の語幹末の母音が陽母音、陰母音に関係なく語尾 -아(ア)/어(オ)の代わりに -러(ロ)がつきます。

● 러変則用言のしくみ

活用の種類	活用のようす(語幹末の文字の変化)	語尾のつき方	<辞書形> 푸르다「青い」(プルダ)
活用①	르 + 語尾 (変化せずにそのまま続く)	「青いでしょう?」 푸르죠?(プルジョ)	語尾がそのままついている
活用②	르 + -으- がとれた語尾	「青いので…」 푸르니까…(プルニッカ)	語尾がそのままついている
活用③	르(ついたまま) + 러(語幹末につく) + -아/어がとれた語尾	「青いです。」 푸르러요.(プルロヨ)	

▶ 活用の基本をまとめると次のようになります。

活用の基本

活用① <語幹にそのまま語尾が続くとき>	語幹変化なし (語幹末は르のまま)	+ 語尾
活用② <-으-で始まる語尾が続くとき>	語幹変化なし (語幹末は르のまま)	+ -으- がとれた語尾 (= 母音語幹につく語尾)
活用③ <-아/어で始まる語尾が続くとき>	語幹末の르のあとに 러がつく	+ -아/어がとれた語尾

例 文 DISC 2 / 33

活用 ①

▶ 空が青いです。　形「青い」= 푸르다 (プルダ)

　[青い]　　　[〜です。]　　　　　[空が]　[青いです。]
　푸르　+　-ㅂ니다.　➡　하늘이 푸릅니다.
　　　　　　　　　　　　　　　 ハ ヌ リ　プルムニダ

活用 ②

▶ 故郷の青い空を忘れられません。　形「青い」= 푸르다 (プルダ)

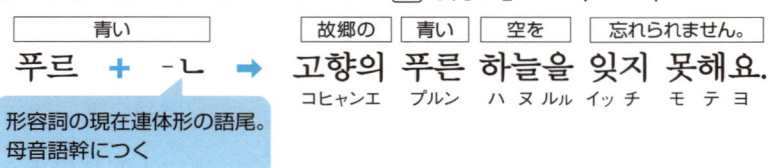

　　　　[青い]　　　　　　　　[故郷の][青い][空を]　[忘れられません。]
　푸르　+　-ㄴ　➡　고향의 푸른 하늘을 잊지 못해요.
　　　　　　　　　　　コヒャンエ　プルン　ハ ヌルル　イッチ　モ テ ヨ

形容詞の現在連体形の語尾。
母音語幹につく

活用 ③

▶ 空が青いです。　形「青い」= 푸르다 (プルダ)

　[青い]　　　[〜です。]　　　　　[空が]　[青いです。]
　푸르　+　-어요.　➡　하늘이 푸르러요.
　　　　　　　　　　　　　　　 ハ ヌ リ　プル ロ ヨ
　　　　　　　　　変化

重要 1　語幹末が르でも活用はいろいろ

▶語幹末が르の用言には、르変則用言（⇒ Lesson 24 Point①）、으変則用言（⇒ Lesson 26 Point①）、러変則用言（⇒ Lesson 27 Point①）、そして不規則活用する用言があります。この中では、르変則用言がもっとも多く、으変則用言は따르다（従う）、치르다（支払う）など、数は限られています。単語をおぼえるときに、一つひとつ確認しましょう。

르変則用言 ⇒ Lesson 24 Point ①	으変則用言 ⇒ Lesson 26 Point ①	러変則用言 ⇒ Lesson 27 Point ①
早い/言う、言いつける 이르다 イルダ	従う/(液体を)注ぐ 따르다 ッタルダ	(ある場所に)着く、至る 이르다 イルダ

重要 2　活用を区別しなければならない単語

▶つづりが同じでも意味が違うと活用も変わります。次の表で比べてみてください。

単語	意味		活用
누르다 ヌルダ	「押す」 (르変則用言)	「押して」	누르 + -어 ➡ 누 + -ㄹ러 ➡ 눌러 ヌルロ
	「黄色い」 (러変則用言)	「黄色くて」	누르 + -어 ➡ 누르 + -러 ➡ 누르러 ヌルロ
이르다 イルダ	「早い」「言う」 (르変則用言)	「言って」「早くて」	이르 + -어 ➡ 이 + -ㄹ러 ➡ 일러 イルロ
	「(時間・場所に)至る」 (러変則用言)	「至って」	이르 + -어 ➡ 이르 + -러 ➡ 이르러 イルロ

Point ②　ものごとの程度や限界を表す表現

「～するまで」「～するほど」　-도록
トロク

▶物事の程度や限界を表します。
▶用言の語幹にそのままつきます。

しくみの基本

語幹（母音語幹・子音語幹）　＋　-도록（～するまで／～するほど）
　　　　　　　　　　　　　　　　　トロク

例 文　DISC 2 / 34

▶徹夜で（←夜が明けるまで）小説を読みました。
　　　　　　　　　　　動「徹夜する」＝ 밤새다（パムセダ）

[夜が明け] [～するまで] [夜が明けるまで] [小説を] [読みました。]
밤새 ＋ -도록 → 밤새도록 소설을 읽었습니다.
　　　　　　　　　パムセ ドロク ソ ソルル イルゴッスムニ ダ

▶酔っ払うほどお酒を飲みました。　動「酔う」＝ 취하다（チュィーハダ）

[酔っぱら] [～するほど] [酔っぱらうほど] [お酒を] [飲みました。]
취하 ＋ -도록 → 취하도록 술을 마셨어요.
　　　　　　　　　チュィーハ ドロク スルル マショッソ ヨ

参考　**目標を表す場合**

-도록（トロク）は「～するように」「～できるように」というように、目標を表す意味でもよく用いられます。

【例】

● 二度と失敗しないように気をつけます。

[失敗しない] [～ように]
실수하지 않- ＋ -도록

[二度と] [失敗しない] [ように] [気をつけます。]
→ 다시는 실수하지 않도록 조심하겠습니다.
　　タ シ ヌン シルス ハ ジ アン トロク チョーシマゲッスムニ ダ

Point ❸ 「～のために」 ～를 위해서／을 위해서
ルル ウィヘソ　ウル ウィヘソ

目的を表す表現②

▶ 名詞について「～のために」という目的を表します。
▶ 위해서(ウィヘソ)の 서(ソ)を取った 위해(ウィヘ)という形もよく用いられます。なお、書き言葉では、～를 위하여(ルル ウィハヨ)／～을 위하여(ウル ウィハヨ)が多く用いられます。

しくみの基本

| 母音で終わる名詞 | ＋ | ～를 위해서 (ルル ウィヘソ) |
| 子音で終わる名詞 | ＋ | ～을 위해서 (ウル ウィヘソ) |

例文　DISC 2 / 35

▶ お母さんのためにプレゼントを買いました。　 名「お母さん」＝ 어머니(オモニ)

| お母さん | ～のために | | お母さんの | ために | プレゼントを | 買いました。 |

어머니 ＋ 를 위해서 ➡ 어머니를 위해서 선물을 샀습니다.
　　　　　　　　　　オ モ ニルル　ウィ ヘ ソ　ソーンムルル　サッスム ニ ダ

↑ 母音で終わる名詞

▶ 成功のために最善を尽くしました。　 名「成功」＝ 성공(ソンゴン)

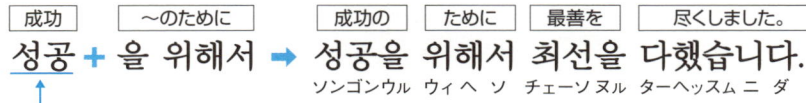

| 成功 | ～のために | | 成功の | ために | 最善を | 尽くしました。 |

성공 ＋ 을 위해서 ➡ 성공을 위해서 최선을 다했습니다.
　　　　　　　　　　ソンゴンウル ウィ ヘ ソ　チェーソ ヌル　ターヘッスム ニ ダ

↑ 子音で終わる名詞

STEP 3 Lesson 28

물어 볼까요?
ムロ　ボルッカヨ

聞いてみましょうか？

DISC 2　36〜38

学習内容
- ㄷ変則用言
- 原因、理由を表す④「〜なので」「〜するので」

■ カンヌンの店で（特産物についてたずねる）　DISC 2　36

冬木：**선물을 사고 싶은데**
　　　ソンムルル　サゴ　シプンデ

　　　강릉은 뭐가 유명해요?
　　　カンヌンウン　モォーガ　ユーミョンヘ ヨ

チヒョン：**글쎄요… 물어① 볼까요?**
　　　クルッセ ヨ　　ムロ　ボルッカ ヨ

おじさん：**강릉은 오징어가 유명하죠.**
　　　カンヌンウン　オジンオガ　ユーミョンハジョ

　　　여기 오징어는 맛있기 때문에②
　　　ヨギ　オジンオヌン　マシッキ　ッテムネ

　　　인기가 많아요.
　　　インッキガ　マナヨ

冬木：**술 안주로 먹기 좋겠네요.**
　　　スル　アンジュロ　モッキ　チョーケンネ ヨ

おみやげを買いたいのですが、

カンヌンは何が有名ですか？

そうですね。聞いてみましょうか？

カンヌンはスルメイカが有名ですよ。

ここのスルメイカはおいしいので

人気があります。

酒のつまみによさそうですね（←食べるのによさそうですね）。

■ 単語

- 【선물[膳物]】贈り物
- 【사고 싶은데】買いたいのですが　発音は連音化して[사고 시픈데] (サゴ シプンデ) 〈辞書形〉사다 (サダ)「買う」 −고 싶다 (コ シプタ) で「〜したい」(願望)。 −은데 (ウンデ) は「〜ですが」(婉曲)
- 【물어 볼까요?】聞いてみましょうか？　물어の発音は連音化して[무러] (ムロ) 〈辞書形〉묻다 (ムッタ)「尋ねる」〈ㄷ変則用言〉⇒ Point ①　 −ㄹ까요? (ルッカヨ) は意向を問う表現
- 【오징어】(スルメ)イカ
- 【맛있기 때문에】おいしいので　発音は連音化と濃音化により[마싣끼 때무네] (マシッキ ッテムネ) 〈辞書形〉맛있다 (マシッタ)「おいしい」 −기 때문에 (キッテムネ) で「〜なので」(理由) ⇒ Point ②
- 【인기[人氣]】人気　発音は濃音化して[인끼] (インッキ)。
- 【술】酒
- 【안주[按酒]】つまみ
- 【먹기 좋겠네요.】食べるのによさそうですね。発音は濃音化、激音化、鼻音化により[먹끼 조켄네요] (モッキ チョーケンネヨ) 〈辞書形〉먹다 (モクタ)「食べる」 −기 좋다 (キ チョータ) で「〜するのによい、〜しやすい」

Point ①

ㄷ変則用言
ティグッ

▶ 語幹がㄷパッチムで終わる動詞のうち、不規則な活用をするものを **ㄷ変則用言**といいます。

▶ ㄷ変則用言は、活用②と③のときに不規則な活用をします(下の表を参照)。活用②、③共にㄷパッチムがㄹに変化します。

● ㄷ変則用言のしくみ

活用の種類	活用のようす(語幹末の文字の変化)	語尾のつき方	<辞書形> 듣다「聞く」トゥッタ
活用①	ㄷ + 語尾 (変化せずにそのまま続く)	「聞くでしょう?」	듣죠? トゥッチョ 語尾がそのままついている
活用②	変化する ㄷ→ㄹ ㄱとれる + -으-がついた語尾	「聞けば…」	들으면… トゥルミョン
活用③	変化する ㄷ→ㄹ ㄱとれる + -아/어がついた語尾	「聞きます。」	들어요. トゥロヨ

▶ 活用の基本をまとめると次のようになります。

活用の基本

活用①	<語幹にそのまま語尾が続くとき>	語幹変化なし	+ 語尾
活用②	<-으-で始まる語尾が続くとき>	語幹末のㄷパッチム ➡ㄹパッチム	+ -으-がついた語尾
活用③	<-아/어で始まる語尾が続くとき>	語幹末のㄷパッチム ➡ㄹパッチム	+ -아/어がついた語尾

STEP 3

▶次の表で変則活用と規則活用を比較してみましょう。

● ㄷ変則用言と規則用言の活用例

ㄷ変則用言			規則用言		
辞書形	活用② 〜すれば -(으)면 (ウ)ミョン	活用③ 〜です、ます -아요/어요 アヨ／オヨ	辞書形	活用② 〜すれば -(으)면 (ウ)ミョン	活用③ 〜です、ます -아요/어요 アヨ／オヨ
「聞く、聴く」 듣다 トゥッタ	「聞(聴)けば」 들으면 トゥルミョン	「聞(聴)きます」 들어요 トゥロヨ	「受け取る」 받다 パッタ	「受け取れば」 받으면 パドゥミョン	「受け取ります」 받아요 パダヨ
「歩く」 걷다 コーッタ	「歩けば」 걸으면 コルミョン	「歩きます」 걸어요 コロヨ	「閉める」 닫다 タッタ	「閉めれば」 닫으면 タドゥミョン	「閉めます」 닫아요 タダヨ
「悟る、自覚する」 깨닫다 ッケダッタ	「悟れば」 깨달으면 ッケダルミョン	「悟ります」 깨달아요 ッケダラヨ	「信じる」 믿다 ミッタ	「信れば」 믿으면 ミドゥミョン	「信じます」 믿어요 ミドヨ
「尋ねる」 묻다* ムーッタ	「尋ねれば」 물으면 ムルミョン	「尋ねます」 물어요 ムロヨ	「埋める」 묻다* ムッタ	「埋めれば」 묻으면 ムドゥミョン	「埋めます」 묻어요 ムドヨ

＊묻다は、「尋ねる」の意味で用いられるときには不規則な活用をしますが、「埋める」の意味のときには規則的な活用をします。

例文

DISC 2 / 37

活用①

▶そんな話、聞いてはいけません。　動「聞く」= 듣다（トゥッタ）

| 聞く | 〜しないで | ください。 | | そんな | 話 | 聞いては | いけません。 |
듣 + -지 마세요. ➡ 그런 말 듣지 마세요.
　　　　　　　　　　　　クロン マール トゥッチ マーセヨ

（語幹変化せず）

活用②

▶歩くと健康にいいです。　動「歩く」= 걷다（コーッタ）

| 歩く | 〜すると | | 歩くと | 健康に | いいです。 |
걸 + -으면 ➡ 걸으면 건강에 좋아요.
　　　　　　　　　　コルミョン コーンガンエ チョアヨ

（語幹末 걷 の ㄷパッチムがㄹに変化）

活用 ③

▶ 一度聞いてみましょうか？　　動「聞く」「尋ねる」＝ 묻다（ムーッタ）

聞いて	～してみましょうか？		一度	聞いて	みましょうか？
물	＋ -어 볼까요？	➡	한번	물어	볼까요？

ハンボン　ムロ　ボルッカヨ

語幹末 묻 の
ㄷパッチムが ㄹ に変化

Point ❷　　　　　　　　　　　　　原因、理由を表す表現 ④
「～なので」「～するので」 -기 때문에
　　　　　　　　　　　　　　キ　ッテムネ

▶ 語幹に -기（キ）をつけて用言を名詞化し、理由を表す 때문에（ッテムネ）を続けると、「～なので」「～するので」という原因や理由を表す表現になります。

▶ -아서（アソ）／어서（オソ）も原因・理由を表す表現ですが、-기 때문에のほうが正式で堅い感じがします（⇒ Lesson 21 Point ②）。

▶ 「～したので」と過去の表現にするときには、過去形の -았（アッ）／었（オッ）- を -기 の前にもってきて -았기（アッキ）／었기（オッキ）とします。

しくみの基本

語幹（母音語幹・子音語幹）	＋	～なので／～するので -기 때문에 キ　ッテムネ

例文　DISC 2 38

▶ 今日は祝日なので休みです。　指「祝日（公休日）だ」＝ 공휴일이다（コンヒュイリダ）

祝日だ		～なので		今日は	祝日なので	休みです。
공휴일이	＋	-기 때문에	➡	오늘은	공휴일이기 때문에	놉니다.

オ ヌルン　コンヒュイリギ　ッテムネ　ノームニダ

▶ 雪が降ったので、飛行機が欠航しました。
動「（雪）が降る」＝（눈이）오다（〈ヌーニ〉オダ）

雪が 降った	～なので		雪が	降ったので	飛行機が	欠航しました。
눈이 왔 ＋	-기 때문에	➡	눈이	왔기 때문에	비행기가	결항됐어요.

ヌーニ　ワッキ　テムネ　ピヘンギガ　キョランドェッソヨ

語幹오と過去を表す
-았- が合体

ㅎの弱音化

Lesson 29

여기서 있었던 일들
ヨギソ　イッソットン　ニルドゥル
ここであったこと

学習内容
- 過去連体形の語尾②－形容詞、存在詞、指定詞
- 動作の同時進行、状態の同時存在を表す「～しながら」
- 意志、約束を表す「～しますよ。」「～しますから。」

DISC 2　39～42

カンヌンからの帰り道（別れを惜しむふたり）　DISC 2　39

チヒョン：**만난 게 엊그제 같은데,**
マンナン　ゲ　オックジェ　ガットゥンデ

　　　　　내일이면 일본으로 떠나시네요.
ネイリミョン　イルボヌロ　ットナシネヨ

会ったのが昨日（2～3日前）のようなのに、

明日には日本にお発ちになるんですね。

冬木：**일본에 돌아가서 메일해도 돼요?**
イルボネ　トラガソ　メイルヘド　ドェヨ

日本に帰ったらメールしてもいいですか？

チヒョン：**그럼요, 기다릴게요③. 꼭 보내세요.**
クロムニョ　キダリルッケヨ　ッコク　ポネセヨ

もちろんです。待っていますから。必ず送ってください。

冬木：**여기서 있었던① 일들을**
ヨギソ　イッソットン　ニルドゥルル

　　　생각하면서② 쓸게요③.
センガカミョンソ　ッスルッケヨ

ここであったことを

思いうかべながら書きますよ。

単語

【만난 게】会ったのが　〈辞書形〉만나다（マンナダ）「会う」－ㄴ(ㄴ)は動詞の過去連体形の語尾
【엊그제】2～3日前、数日前　엊그저께の縮約形
【떠나시네요.】出発されるのですね。　〈辞書形〉떠나다（ットナダ）「去る、発つ」
【돌아가서】戻って　発音は連音化して[도라가서]（トラガソ）〈辞書形〉돌아가다（トラガダ）「戻る」
【메일】メール
【기다릴게요】待っていますから。　発音は濃音化して[기다릴께요]（キダリルッケヨ）〈辞書形〉기다리다（キダリダ）「待つ」－ㄹ게요.（ルッケヨ）は「～しますから」（意志）⇒Point③
【꼭】必ず
【보내세요.】送ってください。　〈辞書形〉보내다（ポネダ）「送る」
【있었던 일들】あったこと　発音は連音化と濃音化、[n]の挿入により[이썯떤 닐들]（イッソットン ニルドゥル）〈辞書形〉있다（イッタ）「ある」－었던（オットン）は存在詞などの過去連体形の語尾⇒Point①
【생각하면서】考えながら　発音は激音化して[생가카면서]（センガカミョンソ）〈辞書形〉생각하다（センガカダ）「考える」－면서（ミョンソ）は「～しながら」（動作の同時進行）⇒Point②
【쓸게요】書きますよ。　発音は濃音化して[쓸께요]（ッスルッケヨ）〈辞書形〉쓰다（ッスダ）「書く」－ㄹ게요.（ルッケヨ）は「～しますよ」（意志）⇒Point③

Point ❶ 過去連体形の語尾② ──形容詞、存在詞、指定詞

「～だった～」 -았던/었던
アットン／オットン

▶形容詞、存在詞、指定詞の語幹について、「～だった～」という過去連体形を作る語尾です。-던(トン)だけでも用いられます。意味はほとんど同じです。
▶語幹末の母音が陽母音か陰母音かによってつく形が決まります。
▶ただし、指定詞이다(イダ)「～だ」の場合は、母音で終わる名詞には～였던(ヨットン)が、子音で終わる名詞には～이었던(イオットン)がつきます。
▶動詞につくと、過去を回想する「～していた～」という意味になります。

しくみの基本

陽母音（ト, ⊥）語幹　＋　**-았던**（アットン）　←～だった～

陰母音（ト, ⊥以外）語幹　＋　**-었던**（オットン）

例文　DISC 2　40

▶景気が良くなかった時代があったんですよ。　形「良い」＝ 좋다 (チョータ)

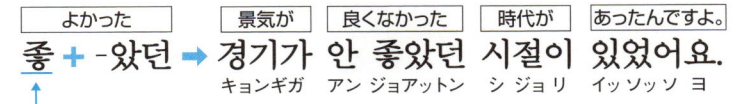

좋 ＋ -았던 → 경기가 안 좋았던 시절이 있었어요.
　　　　　　　キョンギガ　アン ジョアットン　シ ジョリ　イッソッソ ヨ
（よかった）（景気が）（良くなかった）（時代が）（あったんですよ。）
↑
語幹末の母音が陽母音

▶昨日のことは、なかったことにしてください。　存「ない」＝ 없다 (オープタ)

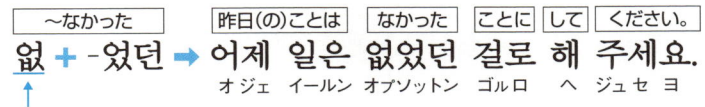

없 ＋ -었던 → 어제 일은 없었던 걸로 해 주세요.
　　　　　　　オジェ　イールン　オプソットン　ゴルロ　ヘ　ジュセ ヨ
（～なかった）（昨日(の)ことは）（なかった）（ことに）（して）（ください。）
↑
語幹末の母音が陰母音

▶新羅の首都だった慶州。　指「首都(ソウル)だ」＝ 서울이다 (ソウリダ)

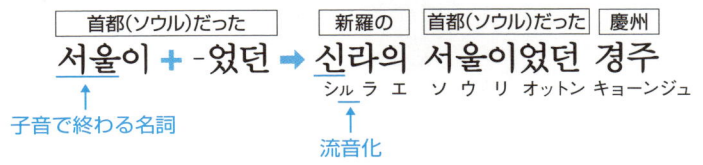

서울이 ＋ -었던 → 신라의 서울이었던 경주
　　　　　　　　　シルラ エ　ソ ウ リ オットン キョーンジュ
（首都(ソウル)だった）（新羅の）（首都(ソウル)だった）（慶州）
↑　　　　　　　　　　　↑
子音で終わる名詞　　　　流音化

Point ❷ 動作の同時進行、状態の同時存在を表す表現

「～しながら」 -면서／으면서
ミョンソ　ウミョンソ

▶ 用言の語幹について、「～しながら」というように2つ以上の動作が同時に進行している様子や、「～であると同時に」というように状態が同時に存在することを表します。

▶ 語幹末が、母音、ㄹパッチム、その他の子音（パッチム）のどれで終わるかによって、つく形が決まります。

しくみの基本

|母音語幹|　|　|
|ㄹ語幹|　|　|

　　　　　　 ＋ -면서　　「～しながら」
　　　　　　　　　 ミョンソ

子音語幹（ㄹ語幹を除く） ＋ -으면서
　　　　　　　　　　　　　　ウ ミョンソ

例文 DISC 2 / 41

▶ 行きながら話しましょう。　[動]「行く」＝ 가다（カダ）

가 ＋ -면서 → 가면서 얘기하죠.
　　　　　　　　カミョンソ イェーギ ハジョ
↑
母音語幹

▶ このチゲ鍋は甘くて（←甘いと同時に）ぴりっと辛いです。
　　　　　　　　　　　　　　　　　　[形]「甘い」＝ 달다（タルダ）

달 ＋ -면서 → 이 찌개는 달면서 매콤해요.
　　　　　　　　イ チゲ ヌン タルミョンソ メ コ メ ヨ
↑
ㄹ語幹（ㄹパッチム脱落せず）

▶ ご飯を食べながら、テレビを見ないでください。[動]「食べる」＝ 먹다（モクタ）

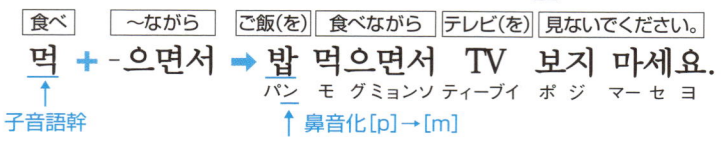

먹 ＋ -으면서 → 밥 먹으면서 TV 보지 마세요.
　　　　　　　　　パン モ グミョンソ ティーブイ ポジ マー セ ヨ
↑　　　　　　　　　↑ 鼻音化[p]→[m]
子音語幹

Point ❸ 意志、約束を表す表現

「〜しますよ。」「〜しますから。」 −ㄹ게요./을게요.
ルッケヨ　ウルッケヨ

▶「〜しますよ。」「〜しますから。」と話し手の意志を表したり、約束を表す文末表現です。話し言葉なので、ぞんざいな印象を与える場合があります。目上の人に使うときは注意しましょう。

▶語幹末が、母音、ㄹパッチム、その他の子音（パッチム）のどれで終わるかによって、つく形が決まります。

▶文末の −요. をとると「〜するよ」「〜するから」というくだけた表現（パンマル）になります。

しくみの基本

母音語幹		〜しますよ。／〜しますから。
ㄹ語幹（ㄹパッチム脱落）	＋	−ㄹ게요. ルッケヨ
子音語幹（ㄹ語幹を除く）	＋	−을게요. ウルッケヨ

例文　DISC2 / 42

▶ 私、先に行きますよ。　動「行く」＝ 가다 (カダ)

가 ＋ −ㄹ게요. → 나 먼저 갈게요.
↑母音語幹　　　　　ナ　モンジョ　カルッケヨ

▶ 私が電話をかけますよ。　動「かける」＝ 걸다 (コールダ)

거 ＋ −ㄹ게요. → 제가 전화를 걸게요.
　　　　　　　　　チェーガ　チョーヌァルル　コールッケヨ
ㄹ語幹
（語幹 걸 から ㄹ 脱落）

▶ この本、明日までには必ず読むよ。　動「読む」＝ 읽다 (イクタ)

읽 ＋ −을게. → 이 책 내일까지는 꼭 읽을게.
↑子音語幹　　　イ　チェク　ネイルッカジヌン　ッコク　イルグルッケ

Lesson 30

놀러 올 테니까.
ノールロ オル テ ニッカ

遊びに来るはずだから。

学習内容
- 予測を含んだ理由を表す「〜するはずだから」「〜だろうから」
- 完了した動作、作用が継続している状態を表す「〜している」

DISC 2 43〜45

空港で（再会の約束）
DISC 2 43

冬木 : 그 동안 신세가 많았습니다.
ク ドンアン シンセガ マナッスムニダ

これまでいろいろお世話になりました。

チヒョン : 아뇨, 저도 즐거웠어요.
アーニョ チョド チュルゴウォッソヨ

いいえ、私も楽しかったです。

サンウ : 너무 섭섭하게 생각하지 마.
ノム ソプソパゲ センガカジ マー

あんまり寂しがることないよ。

내가 일본에 가 있는② 동안
ネガ イルボネ カ インヌン ドンアン

僕が日本に（行って）いる間に

지현이가 놀러 올 테니까.①
チヒョニガ ノールロ オル テニッカ

チヒョンが遊びに来るはずだから。

冬木 : 정말요? 꼭 놀러 오세요.
チョンマルリョ ッコン ノールロ オ セ ヨ

本当ですか？ ぜひ遊びに来てください。

単語

【그 동안】これまで、その間　동안は「間」の意
【신세가 많았습니다.】お世話になりました。　決まり文句。直訳すると「（自分がかけた）世話が多かったです」。많았습니다の発音は連音化、ㅎの無音化、鼻音化により[마나쏨니다]（マーナッスムニダ）
【즐거웠어요.】楽しかったです。　発音は連音化して[즐거워써요]（チュルゴウォッソヨ）〈辞書形〉즐겁다（チュルゴプタ）「楽しい」（ㅂ変則）⇒ Lesson 23 Point②
【섭섭하게】寂しく　発音は濃音化と激音化により[섭써파게]（ソプソパゲ）〈辞書形〉섭섭하다（ソプソパダ）「名残惜しい」

【생각하지 마.】考えないで　発音は激音化して[생가카지 마]（センガカジ マー）〈辞書形〉생각하다（センガカダ）「思う、考える」 −지 마（チ マー）は「〜するな」（禁止）⇒ Lesson 26 Point③
【가 있는】行っている〜　〈辞書形〉가다（カダ）「行く」 −아 있다（ア イッタ）は「〜している」（完了した動作の継続）⇒ Point②　−는（ヌン）は存在詞の現在連体形の語尾
【올 테니까】来るはずだから　〈辞書形〉오다（オダ）「来る」 −ㄹ 테니까（ル テニッカ）で「〜するはずだから」「〜だろうから」⇒ Point①

Point ❶ 予測を含んだ理由を表す表現
「〜するはずだから」「〜だろうから」 -ㄹ 테니까／을 테니까
（ル テニッカ　ウル テニッカ）

▶「〜するはずだ」「〜だろう」という未来の予測を表すときには、-ㄹ 터이다(ル トイダ)／을 터이다(ウル トイダ)あるいは-ㄹ 테다(ル テダ)／을 테다(ウル テダ)を使います。これに、理由を表す-니까(ニッカ)／으니까(ウニッカ)をつけると「〜するはずだから」「〜だろうから」という意味になります。
▶語幹末が、母音、ㄹパッチム、その他の子音(パッチム)のどれで終わるかによって、つく形が決まります。
▶文末にも、文中にも用いられます。

しくみの基本

母音語幹		〜するはずだから／〜だろうから
ㄹ語幹（ㄹパッチム脱落）	＋	-ㄹ 테니까 (ル テニッカ)
子音語幹（ㄹ語幹を除く）	＋	-을 테니까 (ウル テニッカ)

例文　DISC 2　44

▶ 電話がくるはずだから、ちょっと待っていてください。
動「来る」＝ 오다 (オダ)

[来る] [〜はずだから]　　[電話が][来る][はずだから][ちょっと][待っていてください。]
오 ＋ -ㄹ 테니까 ➡ 전화가 올 테니까 좀 기다리세요.
↑母音語幹　　　　　　チョーヌァガ オル テニッカ ジョム キダリセヨ

▶ 今日、デパートは休みのはずだから、明日行きましょう。
動「休む」＝ 놀다 (ノールダ)

[休む] [〜はずだから]　　[今日][デパートは][休むはずだから][明日][行きましょう。]
노 ＋ -ㄹ 테니까 ➡ 오늘 백화점이 놀 테니까 내일 가요.
　　　　　　　　　　　オヌル ペクァジョミ ノール テニッカ ネイル ガヨ

ㄹ語幹
（語幹 놀 からㄹ脱落）

▶早く行きましょう、もうすぐ閉店だから。　動「閉める」＝ 닫다（タッタ）

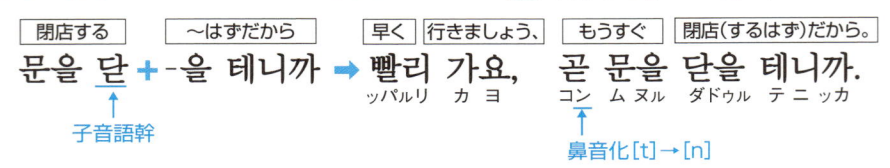

| 閉店する | ～はずだから | | 早く | 行きましょう、 | もうすぐ | 閉店（するはず）だから。|

문을 닫 ＋ -을 테니까 ➡ 빨리 가요, 곧 문을 닫을 테니까.
　　　↑　　　　　　　　ッパルリ　カ　ヨ　　コン　ム　ヌル　ダドゥル　テ ニッカ
　子音語幹
　　　　　　　　　　　　　　　　　　　　　　　　↑
　　　　　　　　　　　　　　　　　　　　　　鼻音化[t]→[n]

参考

■ -ㄹ 테다（ルテダ）/ 을 테다（ウルテダ）は主語が1人称（「私」など）の場合には、「～するつもりだ」という意味になり、-니까（ニッカ）と共に用いると「～するつもりだから」になります。

【例】
- これは、私が食べるつもりだから、食べないでください。

| 食べる | ～する | つもりだ | これ(は) | 私が | 食べるつもりだから | 食べないでください。|

먹 ＋ -을 테니까 ➡ 이거 내가 먹을 테니까 먹지 마세요.
　　　　　　　　　　イゴ　ネガ　モグル　テニッカ　モクチ　マーセ ヨ

Point ❷　完了した動作、作用の継続状態を表す表現

「～している」　-아 있다/어 있다
　　　　　　　　　　ア　イッタ　オ イッタ

▶「昨日から韓国に行っている」「来ている」のように、「（すでに）～（し）ている」という完了した動作や作用が継続している状態を表す表現です。

▶現在進行中の動作を表す「～している」の場合は、「-고 있다」（コ イッタ）を使います。

▶語幹末の母音が陽母音か陰母音かによって、つく形が決まります。

しくみの基本

　　　　　　　　　　　　　　　　　　　　　　　～している

| 陽母音（ㅏ, ㅗ）語幹 | ＋ | -아 있다 |
　　　　　　　　　　　　　　　　　　　　　　　　ア　イッタ

| 陰母音（ㅏ, ㅗ以外）語幹 | ＋ | -어 있다 |
　　　　　　　　　　　　　　　　　　　　　　　　オ　イッタ

●丁寧な語尾表現

基本の形	-아/어 있다 ア　オ　イッタ	～している
丁寧で堅い文体 (-ㅂ니다/습니다) ムニダ/スムニダ	-아/어 있습니다. ア　オ　イッスムニダ	～しています。
丁寧でうちとけた文体 (-아요/어요) アヨ/オヨ	-아/어 있어요. ア　オ　イッソヨ	

例文　DISC 2 / 45

▶ **あの人は2時間も座っています。**（すでに座っている状態）

動「座る」= 앉다（アンタ）

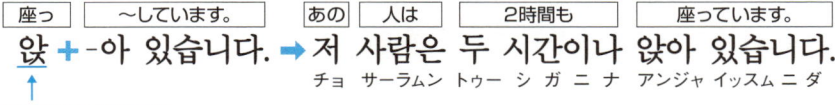

座っ	～しています。		あの	人は	2時間も	座っています。

앉 + -아 있습니다. → 저 사람은 두 시간이나 앉아 있습니다.
　　　　　　　　　　　　チョ　サーラムン　トゥー　シ　ガ　ニ　ナ　アンジャ　イッスムニダ
↑
語幹末の母音が陽母音

▶ **封筒の中にチケットが入っていますか？**（すでに入っている状態）

動「入る」= 들다（トゥルダ）

入っ	～していますか？		封筒(の)	中に	チケットが	入っていますか？

들 + -어 있어요? → 봉투 안에 티켓이 들어 있어요?
　　　　　　　　　　　ポントゥ　アネ　ティケシ　トゥロ　イッソヨ
↑
語幹末の母音が陰母音

参考　-아/어 있다(ア/オ イッタ)と -고 있다(コ イッタ)の比較

【例】

• 今、駅に来ています。
　＜もうその場にいる状態＞
　지금 역에 와 있어요.
　チグム　ヨゲ　ワ　イッソヨ

• 今、駅に（向かって）行っています。
　＜今、行きつつある状態＞
　지금 역으로 가고 있어요.
　チグム　ヨグロ　カゴ　イッソヨ

STEP 3 まとめ

本書で紹介した語尾表現がどの活用パターンに続くのか、活用の種類別に分類しました。

▶ **3段活用と語尾一覧** ＊1 ㄹ語幹につくときは、ㄹパッチムが脱落　＊2 ㄹパッチムが脱落しない

	活用のしくみ	語尾	意味	ページ
活用①	語幹 + 語尾	-게	〜に　〜く　〈用言の副詞化〉	154
		-겠-	〜する(つもり)　〈意志・未来・推量・判断・婉曲〉	94
		-고	〜して　〈並列、動作の先行〉	141
		-고 싶다	〜したい　〈願望〉	119
		-고 있다	〜している　〈動作の進行・反覆・習慣〉	135
		-군요	〜ですね。〈形・存・指の詠嘆〉	160
		-는군요 *1	〜ですね。〈動の詠嘆〉	161
		-기	〜すること　〈用言の名詞化〉	173
		-기 때문에	〜なので　〜するので　〈原因・理由〉	217
		-기 좋다	〜しやすい　〈利便性〉	133
		-나 보다 *1	〜するようだ　〜みたいだ　〈推量、不確実な断定〉	205
		-네요 *1	〜ですね。〜しますね。〈詠嘆〉	117
		-는 *1	〜する〜　〈動の現在連体形の語尾〉	146
		-는 *1	〜ある〜、〜ない〜　〈存の現在連体形の語尾〉	149
		-는 것 같다 *1	〜しているようだ〈動・存の現在の推量〉	198
		-는데요 *1	〜ですが。〜ですね。〜ますが。〈動・存の婉曲〉	152
		-도록	〜するまで　〜するほど	212
		-죠	〜しましょう。〈勧誘、柔らかい疑問・確認・判断〉	120
		-지 말다	〜するな　〈禁止〉	207
		-지 않다	〜しない　〜くない　〜ではない〈用言の否定〉	109
		-지만	〜だが、〜するが　〈逆説〉	142
活用②	母音語幹 + 으のとれた語尾	-ㄴ/은	〜な〜　〜である〜　〈形・指の現在連体形の語尾〉	169
	ㄹ語幹(ㄹパッチム脱落) + 으のとれた語尾	-ㄴ/은	〜した〜　〈動の過去連体形の語尾〉	186
		-ㄴ 것 같다/은 것 같다	〜ようだ　〈形・指の現在の推量〉〜だったようだ　〈動の過去の推量〉	198
	子音語幹(ㄹ語幹を除く) + 으のついた語尾	-ㄴ 지/은 지	〜してから　〜して以来	187
		-ㄴ데요	〜ですが。〜ですね。〈指の婉曲〉	150
		-ㄴ데요/은데요	〜ですが。〜ですね。〈形の婉曲〉	151
		-니까/으니까	〜ので　〜だから　〈原因・理由〉	157
		-ㄹ/을	〜する(予定の)〜　する(はずの)〜　〈用言の未来連体形の語尾〉	191

＊3 子音語幹の後でも으はつかない

	活用のしくみ	語尾	意味	ページ
活用②		-ㄹ 것 같다/을 것 같다	～しそうだ　　　　〈未来の推量〉	198
		-ㄹ 것이다/을 것이다	～だろう　～だと思う 　　　　～するつもりだ〈推量、意志〉	178
		-ㄹ 수 없다/을 수 없다	～することができない　〈不可能〉	165
		-ㄹ 수 있다/을 수 있다	～することができる　　〈可能〉	164
		-ㄹ 테니까/을 테니까	～するはずだから　～だろうから	223
		-ㄹ게요/을게요	～しますよ。～しますから。 　　　　　　　　　〈意志、約束〉	221
		-ㄹ까요?/을까요?	～でしょうか？　～しましょうか？	177
		-러/으러＊2	～しに　　　　　　　〈目的〉	145
		-려고 하다/으려고 하다＊2	～しようと思う　～しようとする	163
		-ㅁ/음	～すること　～であること 　　　　　　　　〈用言の名詞化〉	171
		-면 되다/으면 되다＊2	～ならいい　～すればいい〈許容・助言〉	122
		-면서/으면서＊2	～しながら　　〈動作の同時進行〉	220
		-ㅂ니까?/-습니까?＊3	～ですか？　～ますか？	79
		-ㅂ니다./-습니다.＊3	～です。　～ます。	77
		-ㅂ시다./읍시다.	～しましょう。　　　〈勧誘〉	100
		-세요./으세요.	～なさい(ませ)。してください。 　　　　　　　　〈少し丁寧な命令〉	107
		-시/으시-	お～になる　　　　　〈尊敬〉	129
活用③	陽母音(ㅏ, ㅗ)語幹 　　+ -아 陰母音(ㅏ, ㅗ以外)語幹 　　+ -어	-아(?)/어(?)	～だ。～なの(か?) 　　　　〈動・形・存のパンマル〉	192
		-아 드리다/어 드리다	～してさしあげる　お～する	200
		-아 보다/어 보다	～してみる　　　　　〈試み〉	115
		-아 있다/어 있다	～している　〈完了した動作の継続〉	224
		-아 주세요./어 주세요.	～してください。　　〈依頼〉	108
		-아도 되다/어도 되다	～してもいい　　　　〈許可〉	116
		-아서/어서	～して　　　　　〈動作の先行〉	159
			～して　～なので　〈原因・理由〉	170
		-아요(?)/어요(?)	～ですか(?)　～ます(か?)	103
		-아지다/어지다	～くなる　～になる　〈変化〉	142
		-았/었-, -였/이었-	～だった　　　〈過去形の語尾〉	137
		-았던/었던-	～だった～ 　　〈形・存・指の過去連体形の語尾〉	219
		-았던 것 같다/ 　　었던 것 같다	～だったようだ 　　　　〈形・存・指の過去の推量〉	198

反切表(ハングル早見表)

子音字 \ 母音字	ㅏ ア[a]	ㅑ ヤ[ja]	ㅓ オ[ɔ]	ㅕ ヨ[jɔ]	ㅗ オ[o]	ㅛ ヨ[jo]	ㅜ ウ[u]	ㅠ ユ[ju]	ㅡ ウ[ɯ]	ㅣ イ[i]
ㄱ [k, g]	가 カ/ガ	갸 キャ/ギャ	거 コ/ゴ	겨 キョ/ギョ	고 コ/ゴ	교 キョ/ギョ	구 ク/グ	규 キュ/ギュ	그 ク/グ	기 キ/ギ
ㄴ [n]	나 ナ	냐 ニャ	너 ノ	녀 ニョ	노 ノ	뇨 ニョ	누 ヌ	뉴 ニュ	느 ヌ	니 ニ
ㄷ [t, d]	다 タ/ダ	댜 ティヤ/ディヤ	더 ト/ド	뎌 ティョ/ディョ	도 ト/ド	됴 ティョ/ディョ	두 トゥ/ドゥ	듀 テュ/デュ	드 トゥ/ドゥ	디 ティ/ディ
ㄹ [r, l]	라 ラ	랴 リャ	러 ロ	려 リョ	로 ロ	료 リョ	루 ル	류 リュ	르 ル	리 リ
ㅁ [m]	마 マ	먀 ミャ	머 モ	며 ミョ	모 モ	묘 ミョ	무 ム	뮤 ミュ	므 ム	미 ミ
ㅂ [p, b]	바 パ/バ	뱌 ピャ/ビャ	버 ポ/ボ	벼 ピョ/ビョ	보 ポ/ボ	뵤 ピョ/ビョ	부 プ/ブ	뷰 ピュ/ビュ	브 プ/ブ	비 ピ/ビ
ㅅ [s]	사 サ	샤 シャ	서 ソ	셔 ショ	소 ソ	쇼 ショ	수 ス	슈 シュ	스 ス	시 シ
ㅇ [ɸ]	아 ア	야 ヤ	어 オ	여 ヨ	오 オ	요 ヨ	우 ウ	유 ユ	으 ウ	이 イ
ㅈ [tʃ, dʒ]	자 チャ/ジャ	쟈 チャ/ジャ	저 チョ/ジョ	져 チョ/ジョ	조 チョ/ジョ	죠 チョ/ジョ	주 チュ/ジュ	쥬 チュ/ジュ	즈 チュ/ジュ	지 チ/ジ
ㅊ [tʃʰ]	차 チャ	챠 チャ	처 チョ	쳐 チョ	초 チョ	쵸 チョ	추 チュ	츄 チュ	츠 チュ	치 チ
ㅋ [kʰ]	카 カ	캬 キャ	커 コ	켜 キョ	코 コ	쿄 キョ	쿠 ク	큐 キュ	크 ク	키 キ
ㅌ [tʰ]	타 タ	탸 ティヤ	터 ト	텨 ティョ	토 ト	툐 ティョ	투 トゥ	튜 テュ	트 トゥ	티 ティ
ㅍ [pʰ]	파 パ	퍄 ピャ	퍼 ポ	펴 ピョ	포 ポ	표 ピョ	푸 プ	퓨 ピュ	프 プ	피 ピ
ㅎ [h]	하 ハ	햐 ヒャ	허 ホ	혀 ヒョ	호 ホ	효 ヒョ	후 フ	휴 ヒュ	흐 フ	히 ヒ
ㄲ [ʔk]	까 ッカ	꺄 ッキャ	꺼 ッコ	껴 ッキョ	꼬 ッコ	꾜 ッキョ	꾸 ック	뀨 ッキュ	끄 ック	끼 ッキ
ㄸ [ʔt]	따 ッタ	땨 ッティヤ	떠 ット	뗘 ッティョ	또 ット	뚀 ッティョ	뚜 ットゥ	뜌 ッテュ	뜨 ットゥ	띠 ッティ
ㅃ [ʔp]	빠 ッパ	뺘 ッピャ	뻐 ッポ	뼈 ッピョ	뽀 ッポ	뾰 ッピョ	뿌 ップ	쀼 ッピュ	쁘 ップ	삐 ッピ
ㅆ [ʔs]	싸 ッサ	쌰 ッシャ	써 ッソ	쎠 ッショ	쏘 ッソ	쑈 ッショ	쑤 ッス	쓔 ッシュ	쓰 ッス	씨 ッシ
ㅉ [ʔtʃ]	짜 ッチャ	쨔 ッチャ	쩌 ッチョ	쪄 ッチョ	쪼 ッチョ	쬬 ッチョ	쭈 ッチュ	쮸 ッチュ	쯔 ッチュ	찌 ッチ

※ ㄱ、ㄷ、ㅂ、ㅈは、語頭と語中で発音が変わります。発音記号の左側が語頭にきた場合、右側が語中にきた場合の発音です(⇒23～26、28ページ)。
※ ㅇは初声では発音されません。表中の発音記号[ɸ]は発音しないという意味です。
※ 子音字の発音記号は初声の発音です。子音字のなかには、初声と終声(パッチム)で発音が変わるものがいくつかあります。

付　録

日常必須単語集

● 名　詞

食　事

◀食事一般▶　DISC 2　46

食事	식사 シクサ	スープ	국 クク
定食	정식 チョーンシク	お粥	죽 チュク
おやつ	간식 カーンシク	おかず	반찬 パンチャン
デザート	후식 / 디저트 フーシク / ティジョトゥ	チゲ （鍋料理）	찌개 ッチゲ
おつまみ	안주 アンジュ	のり巻き	김밥 キームパプ
乾き物	마른 안주 マルナンジュ	焼肉	불고기 プルゴギ
ご飯	밥 パプ	刺身、 なます	회 フェー
麺	면 / 국수 ミョン / ククス	焼き魚	생선구이 センソングイ
冷麺	냉면 ネンミョン	キムチ	김치 キムチ
ラーメン	라면 ラミョン	チヂミ	전 チョーン

◀店・食事の種類▶　DISC 2　47

食堂	식당 シクタン	カフェ	카페＊ ッカペ
韓国料理	한식 ハーンシク	コーヒー ショップ	커피숍 コーピショプ
中華料理	중국요리 チュングンニョリ	喫茶店	다방 タバン
和食	일식 イルシク	伝統茶屋	전통 찻집 チョントン チャッチプ
洋食	양식 ヤンシク	餅屋	떡집 ットクチプ
軽食（洋式）	경양식 キョンヤンシク	飲み屋	술집 スルチプ
軽食 （韓国式）	분식 プンシク	回転ずし	회전 초밥 フェジョン チョパプ

＊카페の카の音は濃音[까]（ッカ）と発音されます。

◀調味料など▶ DISC 2 / 48

塩	소금 ソグム		唐辛子みそ	고추장 コチュジャン
醤油	간장 カンジャン		胡椒	후추 フチュ
みそ	된장 テェンジャン		酢	식초 シクチョ
唐辛子（粉）	고추가루 コチュッカル		砂糖	설탕 ソルタン

◀食器など▶ DISC 2 / 49

箸	젓가락 チョッカラク		器	그릇 クルッ
スプーン	숟가락 スッカラク		皿	접시 チョプシ
フォーク	포크 ポーク		灰皿	재떨이 チェットリ

◀飲み物▶ DISC 2 / 50

コーヒー	커피 コーピ		ビール	맥주 メクチュ
アイスコーヒー	냉커피 ネンコピ		ウイスキー	위스키 ウィスキ
紅茶	홍차 ホンチャ		焼酎	소주 ソジュ
伝統茶	전통차 チョントンチャ		ぶどう酒/ワイン	포도주/와인 ポドジュ/ワイン
アイスティー	아이스티 アイスティ		日本酒	정종/청주 チョーンジョン/チョンジュ
ジュース	주스 ジュス		濁り酒（マッコリ）	막걸리 マッコルリ
コーラ	콜라 コルラ		トンドン酒	동동주 トンドンジュ
ミルク（牛乳）	밀크/우유 ミルク/ウユ		洋酒	양주 ヤンジュ

食材

◀肉類▶ DISC 2 / 51

肉	고기 コギ		豚肉	돼지고기 テージゴギ
牛肉	쇠고기/소고기 ソェーゴギ/ソゴギ		鶏肉	닭고기 タッコギ

付録 日常必須単語集

231

卵	계란 ケラン		カルビ	갈비 カルビ
三枚肉、 ばら肉	삼겹살 サムギョプサル		ヒレ	등심 トゥンシム

◀ 魚介類 ▶ DISC 2 / 52

魚	생선 センソン		タコ	문어 ムノ
マグロ	참치 チャムチ		イカ	오징어 オジンオ
ヒラメ	넙치 ノプチ		ワタリガニ	꽃게 ッコッケ
スズキ	농어 ノンオ		貝	조개 チョゲ
タイ	도미 トーミ		カキ	굴 クル
エビ	새우 セウ		アワビ	전복 チョンボク
フグ	복어 ポゴ		ウニ	성게 ソーンゲ

◀ 野菜 ▶ DISC 2 / 53

野菜	야채 ヤーチェ		人参	당근 タングン
唐辛子	고추 コチュ		大根	무(우) ム(ウ)
青唐辛子	풋고추 プッコチュ		キノコ	버섯 ポソッ
ニラ	부추 プーチュ		ほうれん草	시금치 シグムチ
にんにく	마늘 マヌル		サンチュ (チシャ)	상추 サンチュ
長ネギ	파 パ		キュウリ	오이 オイ
玉ネギ	양파 ヤンパ		キャベツ	양배추 ヤンベチュ
大豆	콩 コン		ジャガイモ	감자 カムジャ
大豆もやし	콩나물 コンナムル		なす	가지 カジ
ワラビ	고사리 コサリ		トマト	토마토 トマト
白菜	배추 ペーチュ		サツマイモ	고구마 コグマ

胡麻	참깨 チャムッケ		高麗人参	인삼 インサム
とうもろこし	옥수수 オクスス		生姜	생강 センガン

◀ 果物・木の実 ▶ DISC 2 / 54

果物	과일 クァイル		パイナップル	파인애플 パイネプル
リンゴ	사과 サグァ		スイカ	수박 スーバク
梨	배 ペ		マクワウリ	참외 チャムェ
柿	감 カーム		メロン	멜론 メルロン
ぶどう	포도 ポド		イチゴ	딸기 ッタールギ
桃	복숭아 ポクスンア		さくらんぼ	앵두 エンドゥ
みかん	귤 キュル		栗	밤 パーム
オレンジ	오렌지 オレンジ		胡桃	호두 ホドゥ
レモン	레몬 レモン		松の実	잣 チャーッ
バナナ	바나나 バナナ		ピーナッツ	땅콩 ッタンコン

衣料品

◀ 衣類 ▶ DISC 2 / 55

上着	웃도리 ウットリ		スカート	치마 チマ
ブラウス	블라우스 プルラウス		子供服	아동복 アドンボク
セーター	스웨터 スウェト		水着	수영복 スヨンボク
カーディガン	카디건 カーディゴン		背広	양복 ヤンボク
ワイシャツ	와이셔츠 ワイショチュ		靴	구두 クドゥ
ズボン	바지 パジ		運動靴	운동화 ウンドンファ

付録　日常必須単語集

◀衣料小物▶ DISC 2 56

ネクタイ	넥타이 ネクタイ	マフラー	목도리 モクトリ
ハンカチ	손수건 ソンスゴン	ハンドバッグ	핸드 백 ヘンドゥッペク
スカーフ	스카프 スカプ	カバン	가방 カバン
手袋	장갑 チャーンガプ	靴下	양말 ヤンマル

◀装飾品▶ DISC 2 57

ベルト	벨트 ペルトゥ	ネックレス	목걸이 モッコリ
腕時計	손목 시계 ソンモク シゲ	イアリング	귀걸이 クィゴリ
指輪	반지 パンジ	ブレスレット	팔찌 パルチ

いろいろな店 DISC 2 58

免税店	면세점 ミョーンセジョム	書店	서점 ソジョム
デパート	백화점 ペクァジョム	CDショップ （レコード店）	레코드가게 レコドゥガゲ
市場	시장 シージャン	文房具店	문방구점 ムンバングジョム
スーパーマーケット	슈퍼마켓 シュポマケッ	韓国衣装店	한복집 ハーンボクチプ
商店街	상가 サンガ	靴店	구두 가게 クドゥ ガゲ
ディスカウントショップ	대형할인점 テーヒョンハリンジョム	女性用サウナ (汗蒸幕)	한증막 ハーンジュンマク
電気商店街	전자상가 チョーンジャサンガ	美容エステ	피부미용실 ピブミヨンシル
眼鏡屋	안경가게 アンギョンガゲ	サウナ	사우나 サウナ

観光

◀観光地▶ DISC 2 59

博物館	박물관 パンムルグァン	動物園	동물원 トーンムルォン
美術館	미술관 ミースルグァン	植物園	식물원 シンムルォン

水族館	수족관 スジョックァン		寺	절 チョル
遊園地	유원지 ユウォンジ		温泉	온천 オンチョン
競技場	경기장 キョーンギジャン		カラオケ	노래방 ノレバン
公園	공원 コンウォン		競馬	경마 キョーンマ
劇場	극장 ククチャン		競輪	경륜 キョーンニュン
映画館	영화관 ヨンファグァン		カジノ	카지노 カジノ

◀ 観光に関する単語 ▶　DISC 2 / 60

旅行会社	여행사 ヨヘンサ		入場料	입장료 イプチャンニョ
観光案内所	관광안내소 クァングァンアンネソ		ガイド料	가이드 요금 カイドゥ　ヨグム
市内観光バス	시티투어 버스 シティトゥオ　ポス		案内放送	안내방송 アンネバンソン
観光客	관광객 クァングァンゲク		手荷物預かり所	소지품 보관소 ソジプム　ポグァンソ

交　通

◀ 乗り物 ▶　DISC 2 / 61

タクシー	택시 テクシ		バス	버스 ポス
一般タクシー	일반 택시 イルバン　テクシ		リムジンバス	리무진 버스 リムジン　ポス
個人タクシー	개인 택시 ケーイン　テクシ		市内バス	시내 버스 シーネ　ポス
模範タクシー	모범 택시 モボム　テクシ ※相乗りのない高級タクシー		市外バス	시외 버스 シーウェ　ポス
電車	전철 チョーンチョル		座席バス	좌석 버스 チャーソク　ポス ※全員座れる快速バス
地下鉄	지하철 チハチョル		高速バス	고속 버스 コソク　ポス
列車	열차 ヨルチャ		自転車	자전거 チャジョンゴ
汽車	기차 キチャ		遊覧船	유람선 ユラムソン
高速鉄道 (KTX)	고속철도 コソクチョルト		飛行機	비행기 ピヘンギ

付録　日常必須単語集

235

◀鉄道に関する単語▶ DISC 2 / 62

駅	역 ヨク	待合室	대합실 テーハプシル
切符	표 ピョ	急行	급행 クペン
切符売り場	표 파는 곳 ピョ パヌン ゴッ	各駅停車	완행 ワネン
自動券売機	자동발매기 チャドンバルメギ	駅員	역무원 ヨンムウォン
予約	예약 イェーヤク	車掌	차장 チャジャン
前売り	예매 イェーメ	運転士	운전사 ウンジョンサ
片道	편도 ピョーンド	案内係	안내원 アンネウォン
往復	왕복 ワーンボク	乗り換え	갈아타는 곳 カラタヌン ゴッ
○○行	○○행 ○○ヘン	乗り場	타는 곳 タヌン ゴッ
改札口	개찰구 ケーチャルグ	入り口	입구 イプク
プラットホーム	승강장 スンガンジャン	出口	출구 チュルグ
降り場	내리는 곳 ネリヌン ゴッ	弁当	도시락 トシラク

病　気

◀病気・症状▶ DISC 2 / 63

病気	병 ピョーン	下痢	설사 ソルサ
熱	열 ヨル	腹痛	배탈 ペタル
せき	기침 キチム	頭痛	두통 トゥトン
風邪	감기 カームギ	歯痛	치통 チトン

◀病院、診療科▶ DISC 2 / 64

個人病院／町医者	의원 ウィウォン	内科	내과 ネーックァ
漢方医院	한의원 ハーニウォン	外科	외과 ウェーックァ

小児科	소아과 ソーアックァ		退院	퇴원 トェーウォン
診察	진찰 チーンチャル		手術	수술 ススル
入院	입원 イブォン		救急車	구급차 クーグプチャ

◀ **薬局で** ▶ DISC 2 / 65

薬	약 ヤク		抗生物質	항생물질 ハーンセンムルチル
薬局	약국 ヤックク		解熱剤	해열제 ヘーヨルチェ
調剤	조제 チョジェ		救急ばんそうこう	반창고 パンチャンゴ
処方	처방 チョーバン		体温計	체온계 チェオンゲ
鎮痛剤	진통제 チーントンジェ		湿布（薬）	파스 パス
胃薬	위장약 ウィジャンニャク		マスク	마스크 マスク
目薬	안약 アーニャク		子供用の薬	어린이용 オリニヨン

身体の部位 DISC 2 / 66

身体	몸 モム		歯	이 イ
顔	얼굴 オルグル		舌	혀 ヒョ
頭	머리 モリ		のど・首	목 モク
髪	머리카락 モリカラク		肩	어깨 オッケ
ひげ	수염 スヨム		胸	가슴 カスム
目	눈 ヌン		背中	등 トゥン
鼻	코 コ		腹	배 ペ
口	입 イブ		腕	팔 パル
耳	귀 クィ		手	손 ソン

指	손가락 ソンカラク	脚	다리 タリ
足	발 パル	ひざ	무릎 ムルプ

仕　事

◀ **職業** ▶　DISC 2 / 67

職業	직업 チゴプ	薬剤師	약사 ヤクサ
会社員	회사원 フェーサウォン	美容師	미용사 ミーヨンサ
公務員	공무원 コンムウォン	教師	교사 キョーサ
銀行員	은행원 ウネンウォン	教授	교수 キョース
警察官	경찰관 キョーンチャルグァン	エンジニア	기술자 キスルチャ
主婦	주부 チュブ	自営業	자영업 チャヨンオプ
医師	의사 ウィサ	農業	농업 ノンオプ
看護師	간호사 カノサ	漁業	어업 オオプ

◀ **役職** ▶　DISC 2 / 68

社長	사장 サジャン	次長	차장 チャジャン
副社長	부사장 プーサジャン	代理	대리 テーリ
取締役	이사 イーサ	係長	계장 ケージャン
専務	전무 チョンム	新入社員	신입사원 シニプサウォン
常務	상무 サンム	職員	직원 チグォン
部長	부장 プジャン	社員	사원 サウォン
課長	과장 クァジャン	アルバイト	아르바이트 アルバイトゥ

◀ビジネス用語▶ DISC 2 / 69

残業	잔업 チャノプ
出勤	출근 チュルグン
退勤、退社	퇴근 トェーグン
出張	출장 チュルチャン
労働組合	노동조합 ノドンジョハプ
ボーナス	보너스 ポノス
休暇	휴가 ヒュガ
同僚	동료 トンニョ
上司	상사 サーンサ
部下	부하 プハ
会社	회사 フェーサ

本社	본사 ポンサ
支店	지점 チジョム
工場	공장 コンジャン
事務所	사무실 サームシル
給料、月給	월급 ウォルグプ
昇進	승급 スングプ
入社	입사 イプサ
就職	취직 チュィージク
転職	전직 チョーンジク
退職	퇴직 トェージク

人　生 DISC 2 / 70

人生	인생 インセン
生涯	생애／평생 センエ／ピョンセン
命	생명／목숨 センミョン／モクスム
誕生日	생일 センイル
(生後)百日目の記念日	백일 ペギル
1才の誕生日	돌 トール
赤ちゃん	아기 アギ
幼児	유아 ユア
少年	소년 ソーニョン

少女	소녀 ソーニョ
思春期	사춘기 サチュンギ
青年	청년 チョンニョン
青春	청춘 チョンチュン
恋愛	연애 ヨーネ
見合い	선／맞선 ソーン／マッソン
婚約	약혼 ヤコン
結婚	결혼 キョロン
妊娠	임신 イームシン

付録　日常必須単語集

出産	출산 チュルサン	死	죽음 チュグム
還暦	회갑, 환갑 フェガプ, ファーンガプ	葬式	장례식 チャーンネシク
長寿	장수 チャンス	墓	묘/무덤 ミョー／ムドム
寿命	수명 スミョン	祝う	축하하다 チュカハダ

教　育　（DISC 2 / 71）

教育	교육 キョーユク	大学	대학／대학교 テハク ／ テハッキョ
幼稚園	유치원 ユチウォン	大学院	대학원 テハグォン
保育園	보육원 ポユグォン	合格	합격 ハプキョク
小学校	초등학교 チョドゥンハッキョ	不合格	불합격 プラプキョク
中学校	중학교 チュンハッキョ	入学	입학 イッパク
高校	고등학교 コドゥンハッキョ	卒業	졸업 チョロプ

趣　味　（DISC 2 / 72）

囲碁	바둑 パドゥク	写真	사진 サジン
将棋	장기 チャーンギ	料理	요리 ヨリ
釣り	낚시 ナクシ	音楽鑑賞	음악감상 ウマッカムサン
読書	독서 トクソ	絵画鑑賞	그림감상 クーリムカムサン

スポーツ　（DISC 2 / 73）

スポーツ	스포츠 スポーチュ	バスケットボール	농구 ノング
野球	야구 ヤーグ	ラグビー	럭비 ロクピ
サッカー	축구 チュック	柔道	유도 ユド
卓球	탁구 タック	剣道	검도 コームド
バレーボール	배구 ペグ	テコンド	태권도 テックォンド

相撲	씨름 ッシルム		ダンス	댄스 テンス
ボクシング	권투 クォントゥ		ジョギング	조깅 チョギン
レスリング	레슬링 レスルリン		ダイビング	다이빙 タイビン
アーチェリー	궁도(양궁) クンド（ヤングン）		テニス	테니스 テニス
体操	체조 チェジョ		サーフィン	서핑 ソーピン
乗馬	승마 スンマ		スケート	스케이트 スケイトゥ
水泳	수영 スヨン		バドミントン	배드민턴 ペドゥミントン
射撃	사격 サギョク		ハイキング	하이킹 ハイキン
ボーリング	볼링 ポルリン		登山	등산 トゥンサン
ゴルフ	골프 コルプ		ビリヤード	당구 タング

自　　然

◀ 植物 ▶　　DISC 2　74

植物	식물 シンムル		ツツジ	진달래/철쭉 チンダルレ／チョルッチュク
花	꽃 ッコッ		レンギョウ	개나리 ケナリ
木	나무 ナム		ウメ	매화 メファ
サクラ	벚꽃 ポッコッ		バラ	장미 チャンミ
ムクゲ	무궁화 ムグンファ		ボタン	모란 モラン
マツ	소나무 ソナム		モクレン	목련 モンニョン
竹	대나무 テナム		イチョウ	은행나무 ウネンナム

◀ 動物 ▶　　DISC 2　75

動物	동물 トーンムル		虫	벌레/곤충 ポルレ／コンチュン
魚	물고기 ムルコギ		イヌ	개 ケー

付録　日常必須単語集

ネコ	고양이 コヤンイ		アヒル	오리 オリ
ブタ	돼지 トェージ		ハト	비둘기 ピドゥルギ
ウシ	소 ソ		スズメ	참새 チャムセ
羊	양 ヤン		カラス	까마귀 ッカマグィ
ウマ	말 マル		ヘビ	뱀 ペーム
サル	원숭이 ウォンスンイ		クジャク	공작 コーンジャク
トラ	호랑이/범 ホランイ / ポーム		カエル	개구리 ケグリ
ウサギ	토끼 トッキ		カバ	하마 ハマ
ゾウ	코끼리 コッキリ		チョウ	나비 ナビ
ワシ	독수리 トクスリ		セミ	매미 メーミ
ニワトリ	닭 タク		トンボ	잠자리 チャムジャリ

◀ **地理** ▶ DISC 2 / 76

自然	자연 チャヨン		森	숲 スプ
山	산 サン		谷	계곡 ケゴク
川	강 カン		火山	화산 ファサン

◀ **季節** ▶ DISC 2 / 77

春	봄/춘 ポム / チュン		冬	겨울/동 キョウル / トン
夏	여름/하 ヨルム / ハ		真夏	한여름 ハンニョルム
秋	가을/추 カウル / チュ		真冬	한겨울 ハンギョウル

行　事　DISC 2 / 78

法事	기제 キジェ		祭祀	제사 チェーサ

記念日	기념일 キニョミル	子供の日	어린이날 オリニナル
元旦	설/설날 ソール／ソールラル	両親の日	어버이날 オボイナル
休日	휴일 ヒュイル	先生の日	스승의 날 ススンエ ナル
祝日／公休日	공휴일 コンヒュイル	顕忠日（慰霊の日）	현충일 ヒョンチュンイル
休み（学校の）	방학 パンハク	制憲節（憲法記念日）	제헌절 チェーホンジョル
休暇	휴가 ヒュガ	光復節（独立記念日）	광복절 クァンボクチョル
連休	연휴 ヨニュ	チュソク（お盆）	추석 [秋夕] チュソク
3.1節（独立運動記念日）	삼일절 サミルチョル	開天節（建国記念日）	개천절 ケチョンジョル
植樹の日	식목일 シンモギル	ハングルの日	한글날 ハングルラル
釈迦誕生日	석가탄신일 [釈迦誕辰日] ソッカタンシニル	クリスマス	성탄절 [聖誕節]／크리스마스 ソーンタンジョル／クリスマス

時間に関する単語　DISC 2 / 79

時刻	시각 シガク	未来	미래 ミーレ
今	지금 チグム	将来	장래 チャンネ
後で	나중에 ナージュンエ	真夜中	한밤중 ハンバムチュン
後ほど	이따가 イッタガ	朝	아침 アチム
昔	옛날 イェーンナル	昼	낮 ナッ
過去	과거 クァゴ	夕方	저녁 チョニョク
現在	현재 ヒョーンジェ	夜	밤 パム

日にちに関する単語　DISC 2 / 80

一昨日	그저께 クジョッケ	今日	오늘 オヌル
昨日	어제 オジェ	明日	내일 ネイル

付録　日常必須単語集

あさって(明後日)	모레 モーレ	今年	올해/금년 オレ／クムニョン
先週	지난 주/저번 주 チナン ジュ／チョボン ッチュ	来年	내년/다음 해 ネニョン／タウム ヘ
今週	이번 주/금주 イボン ッチュ／クムジュ	毎日	매일 メーイル
来週	다음 주 タウム ッチュ	毎週	매주 メージュ
先月	지난 달 チナン ダル	毎月	매월 メーウォル
今月	이번 달 イボン ッタル	週末	주말 チュマル
来月	다음 달 タウム ッタル	月末	월말 ウォルマル
去年	작년 チャンニョン	年末年始	연말연시 ヨンマルヨンシ

位置・方向

位置	위치 ウィチ	横、隣	옆/곁 ヨプ／キョッ
方向	방향 パンヒャン	角	모퉁이 モトゥンイ
上	위 ウィ	隅	구석 クソク
下	아래 アレ	向かい	건너편/맞은편 コンノピョン／マジュンピョン
前	앞/전 アプ／チョン	左側	왼쪽/좌측 ウェーンチョク／チュアーチュク
後ろ	뒤/후 トゥィー／フー	右側	오른쪽/우측 オルンッチョク／ウーチュク
真ん中	가운데 カウンデ	東	동 トン
間	사이 サイ	西	서 ソ
中	속/안 ソク／アン	南	남 ナム
外	밖 パク	北	북 プク

● 形容詞

意味	辞書形	例文	メモ
明るい	밝다 パクタ	彼らの将来は明るいです。 그들의 장래는 밝아요. クドゥレ チャンネヌン パルガヨ	[反対語] 暗い： 어둡다(オドゥプタ)
暑い	덥다 トプタ	韓国の夏は暑いですか？ 한국의 여름은 덥습니까? ハーングゲ ヨルムン トプスムニッカ	[反対語] 寒い： 춥다(チュプタ)
熱い	뜨겁다 ットゥゴプタ	このコーヒーは熱いです。 이 커피는 뜨겁습니다. イ コピヌン ットゥゴプスムニダ	[反対語] 冷たい： 차갑다(チャガプタ)
暖かい	따뜻하다 ッタットゥタダ	春は暖かいです。 봄은 따뜻해요. ポムン ッタットゥテヨ	[反対語] 涼しい： 시원하다(シウォナダ) ・「温かい」も따뜻하다(ッタットゥタダ)を使います。
厚い	두껍다 トゥッコプタ	この辞書は厚いです。 이 사전은 두껍습니다. イ サージョヌン トゥッコプスムニダ	[反対語] 薄い： 얇다(ヤルタ)
忙しい	바쁘다 パップダ	最近、忙しいですか？ 요즘 바쁩니까? ヨジュム パップムニッカ	[反対語] 暇だ： 한가하다 (ハンガハダ)
痛い	아프다 アプダ	頭が痛いです。 머리가 아픕니다. モリガ アプムニダ	
嬉しい	기쁘다 キプダ	お会いできて嬉しいです。 만나서 기쁩니다. マンナソ キップムニダ	[反対語] 悲しい： 슬프다(スルプダ)
おいしい	*맛있다 マシッタ	とても美味しいです。 아주 맛있어요. アジュ マシッソヨ	[反対語] まずい： 맛없다(マドプタ)
美しい	아름답다 アルムダプタ	景色が美しいです。 경치가 아름답습니다. キョンチガ アルムダプスムニダ	
多い	많다 マーンタ	量がとても多いです。 양이 너무 많아요. ヤンイ ノム マーナヨ	[反対語] 少ない： 적다(チョークタ)
大きい	크다 クダ	規模が大きいですか？ 규모가 큽니까? キュモガ クムニッカ	[反対語] 小さい： 작다(チャークタ)
重い	무겁다 ムゴプタ	このかばんは重いです。 이 가방은 무겁습니다. イ カバヌン ムゴプスムニダ	[反対語] 軽い： 가볍다(カビョプタ)

意味	辞書形	例文	メモ
おもしろい	*재미있다 チェミイッタ	その映画はおもしろいですか？ 그 영화는 재미있어요? ク ヨンファヌン チェミイッソヨ	[反対語] つまらない：재미없다 （チェミオープタ）
硬(堅,固)い	딱딱하다 ッタクッタカダ	椅子が硬いです。 의자가 딱딱해요. ウィジャガ ッタクタケヨ	[反対語] 柔(軟)らかい：부드럽다 （プドゥロプタ）
格好良い	*멋있다 モシッタ	私の彼は格好いいです。 내 남자친구는 멋있어요. ネ ナムジャチングヌン モシッソヨ	[反対語] 格好悪い：멋(이) 없다 （モ〈シ〉オープタ）
可愛い	귀엽다 クィーヨプタ	くまのぬいぐるみは可愛いです。 곰 인형은 귀엽습니다. コム イニョンウン クィヨプスムニダ	
奇麗だ	예쁘다 イェーップダ	バラの花が奇麗です。 장미꽃이 예쁩니다. チャンミッコチ イェーップムニダ	
怖い	무섭다 ムソプタ	先生は怖いですか？ 선생님이 무섭습니까? ソンセンニミ ムソプスムニッカ	
寂しい	외롭다 ウェロプタ	ひとりで寂しくないですか？ 혼자서 외롭지 않아요? ホンジャソ ウェロプチ アナヨ	
清潔だ	깨끗하다 ッケックタダ	この服はきれいです。 이 옷은 깨끗해요. イ オスン ッケックテヨ	[反対語] 汚い：더럽다（トーロプタ）
退屈だ	심심하다 シムシマダ	とても退屈です。 너무 심심합니다. ノム シムシマムニダ	[反対語] 愉快だ：즐겁다（チュルゴプダ）
(値段が)高い	비싸다 ピッサダ	物価が高いです。 물가가 비쌉니다. ムルカガ ピッサムニダ	[反対語] 安い：싸다（ッサダ）
(高さが)高い	높다 ノプタ	雪岳山は高いですか？ 설악산은 높습니까? ソラクサヌン ノプスムニッカ	[反対語] 低い：낮다（ナッタ）
楽しい	즐겁다 チュルゴプダ	遠足は楽しかったです。 소풍은 즐거웠습니다. ソプウン チュルゴウォッスムニダ	
疲れる	피곤하다 ピゴナダ	仕事が多くて疲れます。 일이 많아서 피곤해요. イーリ マーナソ ピゴネヨ	
強い	강하다 カンハダ	父は意志が強いです。 아버지는 의지가 강해요. アボジヌン ウィージガ カンヘヨ	[反対語] 弱い：약하다（ヤカダ）

意味	辞書形	例文	メモ
強い	세다 セーダ	彼は力が強いですか？ 그 사람은 힘이 세요? ク　サーラムン　ヒミ　セーヨ	[反対語] 弱い： 약하다(ヤカダ)
長い	길다 キールダ	その猫のしっぽは長いですか？ 그 고양이는 꼬리가 길어요? ク　コヤンイヌン　ッコリガ　キロヨ	[反対語] 短い： 짧다(ッチャルタ)
速い	빠르다 ッパルダ	その車は速いですか？ 그 차는 빠릅니까? ク　チャヌン　ッパルムニッカ	[反対語] 遅い： 느리다(ヌリダ)
広い	넓다 ノルタ	先生は心が広いです。 선생님은 마음이 넓어요. ソンセンニムン　マウミ　ノルボヨ	[反対語] 狭い： 좁다(チョプタ)
深い	깊다 キプタ	この湖は深いですか？ 이 호수는 깊어요? イ　ホスヌン　キポヨ	[反対語] 浅い： 얕다(ヤッタ)
太い	굵다 ククタ	この家の柱は太いです。 이 집의 기둥은 굵어요. イ　チベ　キドゥンウン　クルゴヨ	[反対語] 細い： 가늘다(カヌルダ)
変だ	이상하다 イーサンハダ	からだの調子が変です。 몸이 이상해요. モミ　イーサンヘヨ	
良い	좋다 チョータ	アイディアが良いです。 아이디어가 좋아요. アイディオガ　チョアヨ	[反対語] 悪い： 나쁘다(ナップダ)

＊日本語の意味に準じてここでは形容詞に分類していますが、活用は存在詞と同様なので本文解説では「存在詞」として扱っています。

● 動　詞

DISC 2 / 83

意味	辞書形	例文	メモ
愛する、 恋する	사랑하다 サランハダ	本当に愛してます。 정말로 사랑해요. チョーンマルロ　サランヘヨ	
上がる、 登る	오르다 オルダ	また物価が上がります。 또 물가가 오릅니다. ット　ムルカガ　オルムニダ	[反対語] 下がる、 降りる：내리다 (ネリダ)
開ける	열다 ヨールダ	ドアを開けてください。 문을 열어 주세요. ムヌル　ヨロ　ジュセヨ	[反対語] 閉める： 닫다(タッタ)
遊ぶ	놀다 ノールダ	子供たちは外で遊びます。 아이들은 밖에서 놀아요. アイドゥルン　パッケソ　ノラヨ	
集める	모으다 モウダ	趣味で切手を集めています。 취미로 우표를 모읍니다. チュィーミロ　ウピョルル　モウムニダ	

意味	辞書形	例文	メモ
行く	가다 カダ	韓国へ旅行に行きますか？ 한국에 여행을 가요? ハーングゲ ヨヘンウル カヨ	反対語 来る： 오다(オダ)
入れる	넣다 ノータ	カバンに入れました。 가방에 넣었어요. カバンエ ノオッソヨ	反対語 取り出す： 꺼내다(ッコーネダ)
歌う	부르다 プルダ	歌を歌います。 노래를 부릅니다. ノレルル プルムニダ	参照→ 「呼ぶ」
売る	팔다 パルダ	のり巻を売っています。 김밥을 팔고 있습니다. キームパブル パルゴ イッスムニダ	反対語 買う： 사다(サダ)
教える	가르치다 カルチダ	私は日本語を教えています。 저는 일본어를 가르치고 있습니다. チョヌン イルボノルル カルチゴ イッスムニダ	反対語 教わる： 배우다(ペウダ)
思う、 考える	생각하다 センガカダ	私たちの未来を考えましょう。 우리의 미래를 생각합시다. ウリエ ミーレルル センガカプシダ	
終わる	끝나다 ックンナダ	もうすぐ休暇が終わります。 곧 휴가가 끝납니다. コッ ヒュガガ ックンナムニダ	反対語 始まる： 시작하다 (シジャカダ)
起きる	일어나다 イロナダ	朝6時に起きます。 아침 6시에 일어납니다. アチム ヨソッシエ イロナムニダ	反対語 寝る： 자다(チャダ) ・6＝여섯(ヨソッ) 固有数詞
落ちる	떨어지다 ットロジダ	成績が落ちました。 성적이 떨어졌습니다. ソンジョギ ットロジョッスムニダ	反対語 上がる： 오르다(オルダ)
驚く	놀라다 ノルラダ	とてもびっくりしました。 깜짝 놀랐어요. ッカムッチャン ノルラッソヨ	
買う	사다 サダ	キムチを買いたいです。 김치를 사고 싶어요. キムチルル サゴ シポヨ	反対語 売る： 팔다(パルダ)
書く	쓰다 ッスダ	母に手紙を書きます。 어머니에게 편지를 씁니다. オモニエゲ ピョンジルル ッスムニダ	
かける	걸다 コールダ	友だちに電話をかけました。 친구에게 전화를 걸었어요. チングエゲ チョーヌァルル コロッソヨ	
通う	다니다 タニダ	毎日、学校に通っています。 매일 학교에 다니고 있습니다. メーイル ハッキョエ タニゴ イッスムニダ	

意味	辞書形	例文	メモ
借りる	빌리다 ピルリダ	部屋を借ります。 방을 빌립니다. パンウル　ピルリムニダ	反対語 貸す： 빌려주다 (ピルリョジュダ)
感じる	느끼다 ヌッキダ	季節を感じてみてください。 계절을 느껴 보세요. ケージョルル　ヌッキョ　ボセヨ	
聞く	듣다 トゥッタ	ジャズ（音楽）を聴きますか？。 재즈 음악을 듣습니까? チェズ　ウマグル　トゥッスムニッカ	
嫌う	싫어하다 シロハダ	魚が嫌いです。 생선을 싫어해요. センソヌル　シロヘヨ	反対語 好む： 좋아하다 (チョアハダ)
来る	오다 オダ	いらっしゃいませ。 어서 오세요. オソ　オセヨ	反対語 行く： 가다(カダ)
消す	끄다 ックダ	明かり（火）を消してください。 불을 꺼 주세요. プルル　ッコ　ジュセヨ	反対語 点ける： 켜다(キョダ)
好む	좋아하다 チョーアハダ	トリ肉が好きです。 닭고기를 좋아합니다. タッコギルル　チョーアハムニダ	反対語 嫌う： 싫어하다(シロハダ)
下げる、降りる	내리다 ネリダ	値段を下げます。 값을 내립니다. カプスル　ネリムニダ	反対語 上げる： 올리다(オルリダ)
注文する	시키다 シキダ	何を注文なさいますか？ 뭘 시키세요? ムォル　シキセヨ	
信じる	믿다 ミッタ	その人を信じます。 그 사람을 믿습니다. ク　サーラムル　ミッスムニダ	反対語 疑う： 의심하다 (ウィシマダ)
閉める	닫다 タッタ	窓を閉めてください。 창문을 닫아 주세요. チャンムヌル　タダ　ジュセヨ	反対語 開ける： 열다(ヨールダ)
出発する、離れる	떠나다 ットナダ	今朝、家を出発しました。 오늘 아침 집을 떠났어요. オヌル　アチム　チブル　ットナッソヨ	
捨てる	버리다 ポリダ	ゴミを捨てないでください。 쓰레기를 버리지 마세요. ッスレギルル　ポリジ　マーセヨ	反対語 拾う： 줍다(チュプタ)
住む、暮す	살다 サールダ	ソウルに住んでいます。 서울에 살고 있어요. ソウレ　サールゴ　イッソヨ	

付録　日常必須単語集

意味	辞書形	例文	メモ
する	하다 ハダ	一生懸命、努力します。 열심히 노력하겠습니다. ヨルシミ　ノリョカゲッスムニダ	
座る	앉다 アンタ	ここに座ってください。 여기 앉으세요. ヨギ　アンジュセヨ	[反対語] 立つ： 서다(ソダ)
出す	내다 ネーダ	報告書を出してください。 보고서를 내 주세요. ポーゴソルル　ネ　ジュセヨ	[参考] 出る： 나다(ナダ)
	내다 ネーダ	ここは私が払います。(←私が出します。) 여기는 제가 내겠습니다. ヨギヌン　チェガ　ネゲッスムニダ	
尋ねる	묻다 ムーッタ	道をちょっとお尋ねします。 길 좀 묻겠습니다. キル ジョム ムッケッスムニダ	
食べる	먹다 モクタ	毎日、パンを食べます。 매일 빵을 먹어요. メーイル ッパヌル モゴヨ	
違う、間違える	틀리다 トゥルリダ	答えが違います。 답이 틀렸습니다. タビ　トゥルリョッスムニダ	[反対語] 合う： 맞다(マッタ)
使う	쓰다 ッスダ	この傘を使ってください。 이 우산을 쓰세요. イ　ウーサヌル　ッセヨ	
作る	만들다 マンドゥルダ	ケーキを作ります。 케이크를 만들어요. ケイクルル　マンドゥロヨ	
できる (生じる)	생기다 センギダ	明日、用事ができました。 내일 일이 생겼어요. ネイル　イーリ　センギョッソヨ	
出る	나다 ナダ	急に熱が出ました。 갑자기 열이 났어요. カプチャギ　ヨリ　ナッソヨ	[参考] 出す： 내다(ネダ)
飛ぶ	날다 ナルダ	鳥がたくさん飛んでいます。(←飛びます。) 새가 많이 날아요. セーガ　マーニ　ナラヨ	
撮る	찍다 ッチクタ	写真を撮ります。 사진을 찍어요. サジヌル　ッチゴヨ	
寝る	자다 チャダ	夜9時に寝ます。 저녁 9시에 자요. チョニョク アホプシエ　チャヨ	[反対語] 起きる： 일어나다(イロナダ) ・9＝아홉(アホプ) 固有数詞

意味	辞書形	例文	メモ
飲む	마시다 マシダ	お酒を1杯、飲みましょう。 술 한 잔 마십시다. スル ハン ジャン マシプシダ	
乗る	타다 タダ	リムジンバスはここで乗ります。 공항버스는 여기서 탑니다. コンハンポスヌン ヨギソ タムニダ	[反対語] 降りる： 내리다(ネリダ)
走る	달리다 タルリダ	汽車が走ります。 기차가 달립니다. キチャガ タルリムニダ	
始める	시작하다 シジャカダ	ダイエットを始めました。 다이어트를 시작했어요. ダイオトゥルル シジャケッソヨ	[反対語] 終わる： 끝나다(ックンナダ)
働く	일하다 イーラダ	父は工場で働いています。 아버지는 공장에서 일합니다. アボジヌン コンジャンエソ イーラムニダ	
話す、言う	말하다 マーラダ	真実を話してください。 진실을 말하세요. チンシルル マーラセヨ	[類義語] 이야기하다 (イヤギハダ)
学ぶ、習う	배우다 ペウダ	弟は韓国語を習っています。 남동생은 한국말을 배웁니다. ナムドンセンウン ハーングンマルル ペウムニダ	[反対語] 教える： 가르치다(カルチダ)
見る	보다 ポダ	昨日映画を見ました。 어제 영화를 보았어요. オジェ ヨンファルル ポアッソヨ	
持つ	들다 トゥルダ	カバンを（手に）持っています。 가방을 들고 있습니다. カバンウル トゥルゴ イッスムニダ	[類義語] 가지다(カジダ)
呼ぶ	부르다 プルダ	タクシーを呼んでください。 택시를 불러 주세요. テクシルル プルロ ジュセヨ	[参照→]「歌う」
読む	읽다 イクタ	朝刊を読みます。 조간 신문을 읽어요. チョガン シンムヌル イルゴヨ	
わかる、知る	알다 アールダ	先生の住所を知ってますか？ 선생님의 주소를 알고 있어요? ソンセンニメ チューソルル アールゴ イッソヨ	[反対語] わからない、知らない： 모르다(モルダ)
笑う	웃다 ウーッタ	その女の子は明るく笑います。 그 소녀는 밝게 웃습니다. ク ソーニョヌン パルッケ ウーッスムニダ	[反対語] 泣く： 울다(ウールダ)

付録 日常必須単語集

日本語索引

―――― 主要文法項目索引 ――――

●ア行
あります。…71，87
ありますか？…72，87
ありません。…73，88
ありませんか？…74，88
～ある～(存在詞の現在連体形)…149
ある…71，87
いない…71，73，88
います。…71，87
いますか？…72，87
いません。…73，88
いませんか？…74，88
いる…71，87
お～する(謙譲)…200
お～になる(尊敬)…129

●カ行
～が＜助詞＞…47，80，112
～から＜助詞＞(起点を表す)…134
　　　(時間・順序)(人・動物)(物事・場所)…112
～く(用言の副詞化)…154
～くない(用言の否定)…109
　　　(用言の否定・話し言葉)…111
～くなる(変化)…142

●サ行
～さん(敬称)…64
～しそうだ(推測)…197
～した～(動詞の過去連体形)…186
～したい(希望、願望)…119
～(した)時…188
～して(原因、理由、根拠)…170
　　　(動作の先行)…141，159
　　　(並列)…141
～していた～(動詞、過去回想)…219
～している(現在進行中の動作)…224
　　　(動作の完了、継続している状態)…224
　　　(動作の進行、反復、習慣)…135
～して以来…187
～してから…187
～してください。(少し丁寧な命令)…107
　　　(丁寧な依頼)…108
～してさしあげる(謙譲)…200
～している～(動詞の現在連体形)…146
～してみる(試みる行為)…115
～してもいい(許可)…116
～しなさい。(命令)…104
～しない(用言の否定)…109，111

～しながら(動作の同時進行、状態の同時存在)…220
～しに(目的)…145
～しましょう。(勧誘)…100，104，120
～しましょうか？(相手の意向を問う)…177
～しますから。(意志、約束)…221
～しますね。(感嘆・詠嘆、発見を表す)…117
～しますよ。(意志、約束)…221
～しやすい…133
～しようと思う…163
～する(하変則用言)…125
～する(つもり)(意志)…94
～する(はずの)～(未来連体形)…191
～する(予定の)～(未来連体形)…191
～する～(動詞の現在連体形)…146
～するが(逆接)…142
～するから。(パンマル)…221
～すること(用言の名詞化)…171～173
～することができない(不可能)…165
～することができる(可能)…164
～(する)つもりだ。(推量、意志)…178
～するはずだから…223
～するな(禁止)…207
～するのがよい…133
～するので(原因、理由)…217
～するほど(ものごとの程度、限界)…212
～するまで(ものごとの限度、限界)…212
～するよ。(パンマル)…221
～するようだ…205
～するように(目標)…212
～すれば(条件、仮定)…122
～すればいい(許容、助言)…122

●タ行
～だ(하変則用言)…125
～だ。(パンマル)…192
～だが(逆接)…142
～だから(原因・理由)…157
～だと思う(推量、意志)…178
～だった～(形容詞,存在詞,指定詞の過去連体形)
　　　　　　　　　　　　　　…219
～だった(過去形)…137
～だな。(パンマル)…160
～だね。(パンマル)…160
～だろう…178
～だろうから(予測を含んだ理由)…223
～で＜助詞＞(手段)…81
　　　(場所)…85，112
　　　(道具・手段)…112

~である…63
~である~(形容詞・指定詞の現在連体形)…169
~であること(用言の名詞化)…171
~できない(不可能)…126
~できるように(目標)…212
~でしょうか？(推量)…177
~です。…63，77，83，103
~ですか？…64，79，103
~ですが。(婉曲)…150
~ですね。(詠嘆)…117,160
　　　　(婉曲)…150
　　　　(感嘆・詠嘆、発見を表す)…117
~でない(用言の否定)…63，67，109，111
~でないので…132
~ではありません。…67
~ではありませんか？…68
~と＜助詞＞…112

●ナ行
~な~(形容詞・指定詞の現在連体形)…169
ない…71，73，88
~ない~(存在詞の現在連体形)…149
~なさい(ませ)。(少し丁寧な命令)…107
~なの(か？)(パンマル)…192
~なので(原因、理由、根拠)…131,170，217
~なら…122
~になる(状態の変化)…136
　　　　(変化)…142
~に(用言の副詞化)…154
~に＜助詞＞(場所を示す)…89
　　　　(方向)…95，112
　　　　(人・動物に)(物事・場所に)…112
~の＜助詞＞…112
~のために(目的)…213
~ので(原因・理由)…157

●ハ行
~は＜助詞＞…47，65，112
~へ＜助詞＞(方向)…95，112

●マ行
~ます…77，103
~ますか？…79，103
~まで＜助詞＞(場所・時間)…112
~みたいだ(推量、不確実な断定)…205
も＜助詞＞…112

●ヤ・ワ行
~ようだ(推測)…197
~を＜助詞＞(動作の目的を表す)…105，112

──── 用語索引 ────

●ア行
陰母音…18

音節…12

●カ行
外来語…40
過去連体形…180，219
家族や親せきの呼び方…101
活用…45
漢字語…39
基本形…44
疑問詞…112
訓民正音…21
敬語…48
敬称…64
激音…23，29
激音化…35
原形…44
現在連体形…146，149，169
硬音…30
口蓋音化…37
語幹…44
語幹末…44
語順…42
語尾…45
固有語…38

●サ行
子音…12
子音語幹(用言)…71，77
子音字…12
時刻…91，92，99
指示代名詞…75，113
辞書形…44
終声…23，32
縮約(形)…103，113，139
助詞…46，112
初声…32
助数詞…93，99
数詞…91，97
絶対敬語…49
相対敬語…49
尊敬表現…49，167

●タ行・ナ行
体言…42
中声…32
丁寧表現…48
日本語のハングル表記…69
濃音…30
濃音化…34

●ハ行
パッチム…23，32
ハングル…10，21

253

反切表…16, 228
パンマル…49, 192
鼻音化…35、36
平音…23, 28
母音…12
母音語幹(用言)…71, 77
母音字…12
母音調和…103
●マ行・ヤ行
未来連体形…178, 191, 198

有声音化…28, 34
用言…42, 44
用言の名詞化…171～173
陽母音…18
●ラ行・ワ行
流音化…36
連音化…34
分かち書き…41

韓国語索引

●ㄱ
가/이(助詞)…67,68,80,112,136
～가/이 되다(状態の変化)…136
～가/이 아니라서…132
～가/이 아닙니까?…68
～가/이 아닙니다.…67
-개(用言の名詞化)…171,173
～것 같다(推量)…197,200
-게(用言の副詞化)…154
-게 되다(状態の変化)…155
-게 하다(使役)…155
-겠-(意志、未来、推量、判断、婉曲)…94
-고 (並列)(動作の先行)…141
-고 싶다(希望、願望)…119
-고 있다(動作の進行、反復、習慣)…135,224,225
-군요.(形・存・指の詠嘆)…160
-는군요.(動の詠嘆)…161
-기(用言の名詞化)…171,173
-기 때문에(原因、理由)…217
-기 좋다(利便性)…133
기억…25
까지(助詞)…112
께, 께서, 께서는(助詞)…167
●ㄴ
ㄴ[n]音の挿入…127
-ㄴ/은(動の過去連体形の語尾)…186
　　　(形・指の現在連体形の語尾)…169
-ㄴ/은 지…187
-ㄴ/은 것 같다(動の過去の推量)…198,200
　　　(形・指の現在の推量)…198,200
-ㄴ다…192
-ㄴ데요.(指の婉曲)…150
-ㄴ데요.(形の婉曲)…151
-는데요.(動・存の婉曲)…152
-나 보다(推量、不確実な断定)…205
-나(?)…192
-네요.(詠嘆)…117

누구(疑問詞)…112
는/은(助詞)…65,112
-는(動の現在連体形の語尾)…146
-는(存の現在連体形の語尾)…149
-는 것 같다(動・存の現在の推量)…198
-는다…192
-니(?)…192
-니까/으니까(原因、理由)…157,159,170
니은…24
●ㄷ
ㄷ変則用言…215
-던(形・存・指の過去連体形の語尾)…219
도(助詞)…112
도록(ものごとの程度、限界)(目標)…212
되다…116,122
디귿…24
●ㄹ
ㄹ語幹(用言)…77,175
-ㄹ/을(未来連体形の語尾)…178,191
-ㄹ/을 것이다(推量、意志)…178
-ㄹ/을 수 없다(不可能)…165
-ㄹ/을 수 있다(可能)…164
-ㄹ/을 터이다…223
-ㄹ/을 테니까.(予測を含んだ理由)…223
-ㄹ/을 것 같다(未来の推量)…198
-ㄹ게요/을게요.(意志、約束)…221
-ㄹ까요/을까요?(推量、相手の意向を問う)…177
～라서/이라서(原因、理由)…131
러変則用言…209,211
-러/으러(目的)…145
-려고/으려고 하다(近い未来の意志)…163
로/으로(方向・助詞)…95,112
　　　(手段・助詞)…81,112
르変則用言…189,211
～를/을(動作の目的・助詞)…105,112
～를/을 위해서(目的)…213
리을…24

●ㅁ
-ㅁ/음(用言の名詞化)…171,172
-면/으면(条件、仮定)…122
-면/으면 되다(許容、助言)…122
-면서/으면서(動作の同時進行)…220
몇(疑問詞)~…92,112
못…126,165
무슨(疑問詞)+名詞…112
무엇(뭐)(疑問詞)…112
미음…23

●ㅂ
ㅂ変則用言…183,185
-ㅂ니까?/습니까?…79
-ㅂ니다./습니다.…71,77
-ㅂ시다./읍시다.(勧誘)…100
부터(助詞)…112
비읍…23

●ㅅ
ㅅ変則用言…195
-세요./으세요.(少し丁寧な命令)…107
-셔/으셔-…129,158
-시/으시-(尊敬)…129
시옷…26

●ㅇ
~아, 이(名前の後につく)…168
-아/어(?)(動・形・存のパンマル)…192
아니다…67,137
아니었다…137
-아도/어도 되다(許可)…116
-아/어 드리다(謙譲)…200
-아라/어라…192
-아/어 보다(試みる)…115
-아서/어서(動作の先行)…159
    (原因、理由)…170
-아요.(?)/어요.(?)…103,104
-아/어 있다(完了した動作の継続)…224,225
-아/어 주세요.(依頼)…108
-아지다/어지다(状態の変化)…142,143
    (受身、自発)…143
안(否定)…111
-았/었-(動・形・存の過去形の語尾)…137,138
-았던/었던 것 같다(形・存の過去の推量)…198
-았던/었던(形・存の過去連体形の語尾)…219
~야/이야(?)(指のパンマル)…192
어느(疑問詞)+名詞…75, 76,112
어디(疑問詞)…75,112,118
어떻게(疑問詞)…112,156
언제(疑問詞)…112
얼마(疑問詞)…112,114

없다…71,73,88
없습니까?…74
없습니다.…73
없어요.(?)…88
에(場所・助詞)…89,112
에게, 에게서(助詞)…112
에서(場所・助詞)…85,112
~였/이었-(指の過去形の語尾)…137,138,139
~였던/이었던(指の過去連体形の語尾)…219
~예요./이에요.…83
~예요?/이에요?…84
-오.…175
와/과(助詞)…112
왜(疑問詞)…112
~요?/이요?…84
으変則用言…203, 211
의(助詞)…112
-이(用言の名詞化)…171,173
이다…63,83
이응…13,27
입니까?…64
입니다.…63
있다…71,87
있습니까?…72
있습니다.…71
있어요.(?)…87

●ㅈ
-자…192
-죠.(勧誘、柔らかい疑問、確認・同意、判断・意志)…120,121
-지만…142
-지 말다…207
-지 못하다…126,165
-지 않다…109
지읒…26

●ㅊ・ㅋ・ㅌ・ㅍ
치읓…26
키읔…25
티읕…24
피읖…23

●ㅎ
ㅎ変則用言…181
ㅎの無音化…37
ㅎの弱音化…37
하고(助詞)…112
하変則用言、하다用言、여変則用言…125
한테, 한테서(助詞)…112
합니다体…77
해요体…77,103
히읗…27

● 著者略歴 ●

長友 英子（ながとも　えいこ）

早稲田大学時代に韓国語と出会う。卒業後、韓国ソウル大学大学院に留学。筑波大学大学院博士課程教育学研究科で、戦後韓国の教育制度史を研究。2006～2007年度NHKテレビハングル講座講師、2011年4～9月NHKラジオ毎日ハングル講座講師を務める。現在、NHKBSの放送通訳、首脳会談など会議通訳として活躍中。著書に『韓国語をひとつひとつわかりやすく。』（学研教育出版刊、共著）ほか多数。

荻野 優子（おぎの　ゆうこ）

埼玉県生まれ。東京外国語大学外国語学部朝鮮語学科卒業。韓国ソウル大学国語国文科に留学。東京大学大学院総合文化研究科言語情報科学専攻博士課程でも韓国語を研究。慶應義塾大学、桜美林大学、フェリス女学院大学兼任講師。著書に『韓国語をひとつひとつわかりやすく。』（学研教育出版刊、共著）ほか多数。

編集協力	編集工房アモルフォ
執筆協力	李泰文（デジタルハリウッド大学助教授）
本文デザイン・DTP	遠藤進一（ウォークオンスタジオ）　松井孝夫（スタジオプラテーロ）
本文イラスト	山村マユミ
ナレーター	林周禧　李哉彧　李泰文　松井弘子
録音	株式会社アーキー　ログスタジオ株式会社
Special thanks	河野秀勝

CD 収録時間　DISC 1　38分（P.19～154）
　　　　　　　DISC 2　58分（P.156～251）

＊本書に付属のCDは、図書館およびそれに準ずる施設において、館外へ貸し出すことを許可します。

本書は、当社のロングセラー『文法をしっかり学ぶ韓国語』（2005年4月発行）のカバー、並びに本文の一部をリニューアルし、書名を変えて復刊したものです。

文法がしっかりわかる韓国語　CD2枚付き

● 協定により検印省略

著　者 ── 長友英子
　　　　　　荻野優子
発行者 ── 池田士文
印刷所 ── 大日本印刷株式会社
製本所 ── 大日本印刷株式会社
発行所 ── 株式会社池田書店
　　　　　　〒162-0851
　　　　　　東京都新宿区弁天町43番地
　　　　　　電話（03）3267-6821／振替 00120-9-60072

落丁・乱丁本はお取り替えいたします。

© Nagatomo Eiko, Ogino Yuko 2016, Printed in Japan
ISBN978-4-262-16969-9

本書のコピー、スキャン、デジタル化等の無断複製は著作権法上での例外を除き禁じられています。本書を代行業者等の第三者に依頼してスキャンやデジタル化することは、たとえ個人や家庭内での利用でも著作権法違反です。